KB058828

리더는 무엇에 집중하는가

◆ 존 맥스웰의 리더십 특강 ◆

리더는 무엇에
집중하는가

존 맥스웰 지음 | 이종호 옮김

비즈니스북스

옮긴이 | **이종호**

서강대학교 경제학과를 졸업하고 국제금융, 해외 자본 유치, 해외 IR 업무를 담당하며 직장생활을 했다. 현재는 독일에 거주하며 자동차 업계에 몸담고 있다. 번역가 모임인 바른번역의 회원으로 활동하고 있으며, 옮긴 책으로는 《레이 달리오의 금융 위기 템플릿》, 《아웃사이더》, 《또래압력은 어떻게 세상을 치유하는가》, 《모든 악마가 여기에 있다》, 《하버드 경영대학원 교수의 금융 수업》 등이 있다.

리더는 무엇에 집중하는가

1판 1쇄 발행 2024년 4월 16일
1판 2쇄 발행 2024년 6월 4일

지은이 | 존 맥스웰
옮긴이 | 이종호
발행인 | 홍영태
편집인 | 김미란
발행처 | (주)비즈니스북스
등 록 | 제2000-000225호(2000년 2월 28일)
주 소 | 03991 서울시 마포구 월드컵북로6길 3 이노베이스빌딩 7층
전 화 | (02)338-9449
팩 스 | (02)338-6543
대표메일 | bb@businessbooks.co.kr
홈페이지 | http://www.businessbooks.co.kr
블로그 | http://blog.naver.com/biz_books
페이스북 | thebizbooks
ISBN 979-11-6254-368-9 03320

이 책을 짐 블랜처드와
시스 블랜처드 부부에게 바친다.

좋은 리더를 키우면 모두가 상생한다

왜 리더를 키워야 할까? 왜 시간과 노력, 에너지와 자원을 투입해 리더를 육성해야 할까? 그만한 가치가 있는 일일까? 리더를 육성하면 어떤 변화가 나타날까? 투입한 노력에 값하는 성과를 가져올까?

물론이다. 어딜 가도 리더십 부족에 허덕인다. 전 세계에서 좋은 리더가 부족하다고 아우성이다. 미국은 말할 것도 없다. 미국인이라면 좋은 리더가 부족하다는 데 입을 모아 동의할 것이다. 각 주에서도, 지역사회에서도 더 나은 리더가 더 많이 필요하다. 기업, 비영리단체, 가정 할 것 없이 좋은 리더가 부재한 상황이다.

희소식이라면 리더는 만들어진다는 것이다. 리더가 좋은 리더를 육성할 때 모두 상생할 수 있다. 리더의 계층과 리더의 직위를 떠나 리더가 리더를 육성하면 조직에도 득이 된다. 게다가 당장 오늘부터 할 수 있는 일이다.

나는 여러분이 리더를 육성하는 데 도움을 주고자 한다. 리더가 투자 대비 가장 큰 보상을 얻을 수 있는 길로 안내하고자 한다. 바로 새로운 리더를 유치하고 키우고 그 수를 늘리는 일 말이다. 국가, 가족, 조직, 기관을 막론하고 성공의 열쇠는 리더 육성에 있다.

리더를 키우기 전 알아두어야 할 것들

나는 수십 년간 리더 육성에 관한 지식을 쌓아왔다. 성공도, 실패도 해봤다. 평생 리더를 육성하는 일을 해오면서 리더가 중도에 낙오하거나 스스로를 부적격이라고 여기는 경우를 부지기수로 봤다. 자신은 미처 깨닫지 못했던 잠재력에 눈뜨는 경우도, 끝내 가능성을 펼치지 못하는 경우도 있었다. 그 과정에서 실망도 하고 낙담도 했다. 그래도 포기하지 않았다. 리더를 육성하는 일보다 더 좋은 투자는 없기 때문이다.

리더 육성의 여정에 오르기에 앞서 여러분이 미리 알아두어야 할 것들이 있다.

1. 리더 양성은 가치 있는 일이다

어떤 조직에서든 리더 역할을 해본 사람이라면, 그것이 쉽지 않은 일이라는 데 모두 동의할 것이다. 쉬운 날이 하루도 없다. 원래 가치 있는 일이 힘든 법이다. 안락한 삶이 목표라면 리더십이라는 부담을 떠안으려

하지 않을 것이다.

그러나 리더 육성은 리더가 되는 것보다 훨씬 더 어려운 일이다. 리더들이 잠재 리더를 발굴해 육성하기보다 추종자들을 끌어모아 군림하며 안락을 추구하는 경우가 많아진 것도 그런 이유 때문이다. 추종자는 리더를 따르는 사람이지만, 리더는 남을 따르며 안락을 추구하는 사람이 아니다.

리더를 육성하는 일에 삶을 투자하면 큰 보상을 얻을 수 있다. 내 친구 아트 윌리엄스도 종종 이렇게 말한다. "쉬울 거라고 장담은 못 하지만 그만한 가치가 있는 일이라는 건 분명해."[1]

나는 47년간 열과 성을 다해 리더를 육성해왔다. 이 여정에 뛰어들 때만 해도 소수만 육성하겠다는 생각이었지만 꿈에도 생각지 못한 일이 벌어졌다. 지금까지 내가 키워낸 리더가 남녀 불문하고 수백만 명에 이른 것이다. 초기에는 리더십에 관한 책을 쓰게 되리라는 상상조차 하지 못했다. 책을 집필할 수 있을 만큼 충분한 경험이 쌓이면서 두 권 정도는 쓰겠지 싶었는데, 현재까지 집필한 책이 수십 권에 달한다. 소수의 지역 주민을 대상으로 리더 교육을 하는 단출한 일로 시작했지만, 현재는 내가 운영하는 단체들이 전 세계에서 리더를 양성하고 있다.

그 숫자의 규모 때문에 흐뭇해하는 게 아니다. 한 명 한 명이 갖는 의미 때문에 흐뭇한 것이다. 그들의 이름을 일일이 알진 못하지만 우리가 키워낸 한 명 한 명의 리더들은 또 다른 리더들의 헌신 덕분에 더 나은 삶을 살게 됐다. 이렇게 양성된 리더들이 주변 사람들의 삶을 긍정적으로 변화시키고 세상을 바꾸고 있다.

나는 25세 때 리더십이야말로 모든 것의 흥망을 좌우하는 핵심 요인임을 깨달았다. 이를 확신했던 덕에 스스로 리더로 성장하는 데 박차를 가할 수 있었다. 그러한 신념은 더욱 굳건해져, 지금은 이를 리더를 육성하는 동력으로 삼고 있다. 리더 육성이라는 과업은 노력이 아깝지 않은 일일뿐더러 다른 사람에게 엄청난 가치를 더하는 일이자 내게 큰 기쁨을 주는 일이다. 리더의 시간과 에너지, 비전, 문화, 돈, 그리고 목표를 배가시키는 유일한 길이다.

> "쉬울 거라고 장담은 못 하지만 그만한 가치가 있는 일이라는 건 분명해."
> – 아트 윌리엄스

2. 리더 양성은 끝이 없는 일이다

나는 리더십의 중요성을 처음 깨달은 21세 무렵부터 리더십 역량을 개발하기 시작했다. 당시에는 언젠가 리더십 전문가가 되리라는 막연한 생각만 있었다. 시간이 얼마나 소요될지, 리더십 분야에 통달하는 결승점에 언제 도달할 수 있을지 궁금해했다. 5년이면 실현될까? 10년이면 끝날까? 15년쯤 지나면 웬만한 지식은 쌓으리라고 생각했다. 70대 초반이 된 지금, 나는 마침내 그 답을 찾았다. 바로 결승점은 없다는 것이다. 리더십에 대해 더 많이 알아갈수록 모르는 게 더 많다는 사실을 알게 됐다. 그리고 그 어느 때보다 절실하게 리더십에 대한 지식을 갈구하게 됐다.

리더십 개발에 대해 방대한 연구를 수행해온, 웨스트몬트 컬리지Westmont College 총장 게일 비비Gayle Bebee는 그의 저서 《효율적인 리더 만들기》The Shaping of an Effective Leader에서 다음과 같이 말한다.

리더십은 하루아침에 이해할 수 없다. 시간이 필요하다. '조급함을 추구하는' 문화 속에서 우리는 점진적으로 리더로 성장시켜 주는 사고와 성찰, 행동을 건너뛰려고 한다. 리더가 어떻게 성장하고 리더가 왜 중요한지를 이해하려면 분별력과 지혜, 통찰력이 필요하다.[2]

여기에는 시간도 필요하다. 리더로 성장하는 것이 일생의 과정이라면 리더를 육성하는 일도 결코 끝나지 않는 평생의 과정임을 알아야 한다. 조직도 다르지 않다. 그간 셀 수 없을 만큼 수많은 조직을 도와 리더를 발굴하고 육성하고 성장시키면서 "도움은 필요 없습니다. 좋은 리더가 이미 많거든요."라고 말하는 관계자는 여태 한 명도 보지 못했다. 기업들은 늘 리더십 부재에 시달린다.

모든 조직이 마찬가지다. 내가 설립한 기업과 비영리단체 모두 리더 양성을 전문으로 하고 있고, 나도 수년째 리더십 전문가로 불리고 있다.[3] 그럼에도 좋은 리더는 여전히 부족하다. 하나같이 리더십 문화와 리더십 비전, 리더십 멘토링 프로그램을 보유하고 있음에도 더 나은 리더가 더 많이 필요한 상황이다. 왜일까? 리더십이 흥망을 좌우하기 때문이다. 조직이 리더 육성을 멈추는 순간 성장도 멈춘다.

나는 최근에 친구들과 나파 밸리Napa Valley 소재의 한 포도 농장을 방문했다. 3대째인 현 소유주가 그곳의 돌담을 가리키며 농장을 처음 일군 그의 할아버지 대에 세워진 것이라고 했다. 아버지를 거쳐 그에 이르기까지 돌담은 보강을 거듭하는 중이었다. 그의 말을 들으며 돌담을 이 리저리 살펴보고 있노라니 그의 아버지와 할아버지에 대한 자부심과 존경심이 느껴졌다. 전통과 일치된 비전이 세대를 관통하고 있었다. 그처럼 유산을 중시하는 마음은 하루아침에 생기는 것이 아니다.

대담한 비전을 실현하거나 위대한 일을 해내고 싶다면 냄비 근성 같은 리더십을 버려야 한다. 리더 육성은 뚝딱 해치울 수 있는 일이 아니다. 밥을 지을 때 뜸을 들이는 것과 같다. 가치 있는 일은 시간이 걸린다. 결승점을 넘겠다는 마음을 접고 내면의 결승점을 찾아내야 한다. 이 더딘 과정을 염두에 두고 매일매일 넘어설 수 있는 내면의 결승점을 설정해야 한다.

> **대담한 비전을 실현하거나 위대한 일을 해내고 싶다면 냄비 근성 같은 리더십을 버려야 한다.**

3. 리더 양성은 조직을 성장시키는 최선의 방법이다

리더십 관련 콘퍼런스를 진행할 때마다 조직이 성장하고 발전하는 방법에 관한 질문을 자주 받는다. 답은 쉽다. 리더가 성장해야 조직이 성장한다는 것이다. 리더가 내부에서 먼저 성장해야 조직도 꾸준히 성장할 수 있다.

기업들이 성장으로 이어지지도 않는 활동에 쏟아붓는 지출에 놀랄 때가 한두 번이 아니다. 마케팅에 거액을 투입하면서도 정작 고객 응대법은 가르치지 않는다. 고객이 왕이라고 말하지만 고객은 양질의 서비스와 헛된 약속을 구분할 줄 안다. 번지르르한 광고와 그럴싸한 슬로건으로는 무능한 리더십을 극복할 수 없다.

혹은 직원들을 타 부서로 배치하거나 부서 이름을 바꾸고 저절로 성장하길 바라며 조직을 재정비한다. 그것도 헛수고다. 조직의 힘은 곧 리더의 힘에서 비롯된다. 리더가 약하면 조직도 약하다. 리더가 강하면 조직도 강하다.

조직이나 부서를 성장시키고 리더십 역량을 강화하고 싶은가? 그렇다면 가장 가까이에 있는 직원을 키우는 것부터 시작하라. 그들이 조직의 성공 한계를 결정할 것이기 때문이다. 리더가 리더 육성을 멈추는 순간, 조직의 성장도 멈춘다. 《존 맥스웰 리더십 불변의 법칙》에 소개한 첫 번째 법칙인 '한계의 법칙'Law of the Lid에 따르면 리더십 역량이 성공의 한계를 결정한다.[4] 이 말은 개인뿐 아니라 조직에도 해당된다. 조직이 보유한 리더십 역량이 조직의 명운을 좌우한다. 평균 수준의 리더들로는 평균 이상의 기업을 만들어낼 수 없다. 팀의 잠재 리더들은 자산이 될 수도 있고 골칫거리가 될 수도 있다. 경영학자 피터 드러커Peter Drucker가 말했듯 "직원이 강하고 효율적이면 경영자가 고생을 면한다."[5]

자신의 꿈은 과대평가하고 자신이 속한 팀은 과소평가하는 경우가 비일비재하다.

자신의 꿈은 과대평가하고 자신이 속한 팀은 과소평가하는 경우가 비일비재하다. 이들은 '믿음을 가지면 이룰 수 있다'는 생각에만 빠져 있다. 하지만 이는 사실이 아니다. 믿음만으론 그 무엇도 이룰 수 없다. 그 이상이 필요하다. 여러분이 속한 팀이 그 열쇠를 쥐고 있다. 원대한 꿈을 꾸는 자에게 형편없는 팀은 크나큰 악재다.

4. 리더 양성은 리더십 문화를 조성하는 유일한 길이다

지난 10년간 사람들은 조직문화가 중요하다는 사실을 절감하기 시작했다. 문화는 조직 전반에 영향을 미친다. 부정적인 문화는 끔찍한 환경을 만들어내고, 들불처럼 번져 조직을 파괴한다.

　리더십 문화가 없어 성장이 멈춰 있던 조직의 리더가 됐을 때 그곳의 리더들에게 가르친 것 중 하나가 두 양동이의 교훈이었다. 조직이 안고 있는 여러 문제점은 작은 불씨나 화재에 비유할 수 있다. 리더는 양손에 양동이를 하나씩 들고 현장에 가장 먼저 도착한다. 각 양동이에는 물과 휘발유가 들어 있다. 휘발유를 부으면 불길이 걷잡을 수 없이 커지고 물을 부으면 불이 꺼진다. 나는 리더들이 휘발유가 아닌 물을 사용하길 바랐다. 리더는 조직문화를 만들어낸다. 조직문화의 성격은 조직에서 할 수 있는 일과 없는 일을 결정한다. 리더십 문화가 조성돼야 리더를 육성하는 일도 훨씬 수월해진다. 리더십 문화는 조직 내부의 리더들만이 만들어낼 수 있다. 수년간 칙필레Chick-fil-A에서 리더들을 육성하며 관련 저서를 다수 저술한 바 있는 마크 밀러Mark Miller는《리더들은 이곳에서 탄생한다》Leaders Made Here에 이렇게 썼다.

> 여러분을 성공으로 이끌어줄 리더들을 만나려면 어떻게 해야 하는가?
> 바로 리더십 문화를 조성해야 한다.
> 먼저 용어부터 정확히 해두자. 리더십 문화란 리더를 일상적으로 체계적으로 육성하는 문화이자, 다가올 기회나 도전

에 준비돼 있는 리더들이 넘쳐나게 하는 문화다.[6]

그는 약한 조직의 경우 기존 리더들이 리더십 문화를 조성하는 데 장애가 될 때가 많다고 지적한다. 그들은 자신들이 성과를 내고 있다고 합리화하거나 너무 바빠 리더를 육성하지 못한다고 생각한다. 그래서는 평균에서 절대 벗어나지 못한다.

조직의 리더만이 긍정적인 리더십 문화를 창출할 수 있다. 이를 위한 유일한 방법이 리더를 육성하는 것이다. 밀러는 긍정적인 리더십 문화를 창출하는 방법을 다음과 같이 설명한다.

1. 정의하라-조직에 적합한 리더십에 대한 합의를 이끌어내라.
2. 가르쳐라-리더십에 대한 합의를 모두에게 숙지시키고 리더들이 성공에 필요한 역량을 갖추게 하라.
3. 연습하라-역량강화 과제를 배정해 리더들과 차기 리더들이 리드해보도록 기회를 만들어줘라.
4. 측정하라-리더십 개발 활동의 성과를 추적하고 그에 따라 전략과 전술을 조정하라.
5. 솔선수범하라-말을 실행에 옮기고 모범을 보여라. 사람들은 늘 리더를 지켜본다.[7]

조직에 리더십 문화를 안착시키는 일은 더디게 진행된다. 하지만 그만한 가치가 있다. 리더 육성은 성장하고 개선하고 추동력을 만들어내고 더 큰 성공을 달성하는 단 하나의 방법이기 때문이다.

19세기 철강왕이자 자선사업가인 앤드루 카네기Andrew Carnegie는 다음의 명언을 남겼다. "내게 걸맞은 묘비명은 '자기보다 현명한 이들을 끌어모으는 법을 알았던 사람, 이곳에 잠들다'라고 생각한다."[8] 이를 위한 단 하나의 비결은 더 많은 리더들을 육성해 잠재력을 발휘하게 하는 것이다. 이는 다른 사람에게 떠넘기거나 방임해서는 안 될 리더의 책무다. 또 다른 리더를 육성하려면 리더가 그 자질을 보여야 한다.

나는 이 책에서 리더 육성의 전 과정을 단계별로 설명하려 한다. 팀의 역량을 키우고 꿈을 이루고 싶다면 다음의 각 단계를 거쳐야 한다.

1. 탐색하기: 리더로 성장할 인재가 누구인지 알아보라
2. 인재 모으기: 서로 교류하고 자극할 수 있는 성장의 장을 마련하라
3. 경청하고 이해하기: 무작정 리드하기보다 먼저 들어주고 교감하라
4. 동기 부여하기: 목표를 찾도록 돕고 이를 이룰 수 있게 격려하라
5. 훈련시키기: 한 사람의 온전한 전문가로서 준비시키고 트레이닝하라
6. 권한 위임하기: 자율성을 주어 자신의 가능성과 일의 즐거움을 깨닫게 하라
7. 적재적소에 배치하기: 강점을 발휘할 수 있는 자리를 찾아주어 가치를 더 빛나게 하라
8. 멘토링하기: 최적의 피드백으로 최선의 역량을 이끌어내라
9. 리더십 문화 조성하기: 인재 양성을 1순위로 두는 조직문화를 만

들어라

10. 시너지 발휘하기: 새로운 리더들과 함께 최강의 조직으로 거듭나라

내 친구 지그 지글러Zig Ziglar는 이렇게 말하곤 했다. "성공은 자신의 능력을 최대한 발휘하는 것이다."[9] 나는 이 정의가 일반인에게나 통한 다고 생각한다. 리더가 성공하려면 그 이상이 필요하다. 리더는 자신과 함께 일하는 이들이 능력을 최대한 발휘할 때 성공한다. 그리고 리더가 자신의 능력을 극대화하고 잠재력을 발휘할 유일한 방법은 구성원을 리 더로 육성하는 것이다. 지금부터 다룰 내용들이 여러분이 그 일을 해내 는 데 도움이 되길 바란다.

차례

IDENTIFYING LEADERS

제1장

탐색하기

리더로 성장할 인재가
누구인지 알아보라

나는 강연 중에 청중의 질문을 받고 답하는 것을 즐긴다. 최근에 칙필레가 주최한 콘퍼런스에서 한 청중이 좋은 리더를 육성하는 방법을 물은 적이 있다. 나는 이렇게 답했다. "좋은 리더가 어떤 사람인지 먼저 파악해야 합니다."

싱거운 답이라고 생각하겠지만 사실이다. 대다수는 좋은 리더 또는 좋은 잠재 리더가 어떤 사람인지 제대로 설명하지 못한다. 리더십 전문가이자 저술가인 제임스 쿠제스James M. Kouzes와 배리 포스너Barry Z. Posner는 이렇게 말한다. "우리는 리더와 리더십을 혼동한다."[1] 리더에 대한 개념조차 모르는데 좋은 리더를 알아볼 수 있을 리 만무하다.

나는 강연을 많이 다녀 여행이 잦은 편이다. 그럴 때마다 주최 측에서 공항으로 운전기사를 보내는 경우가 더러 있는데, 수년간의 경험을 통해 운전기사가 두 유형으로 나뉜다는 것을 알게 됐다. 첫 번째는 수하물 찾는 곳 가까이에서 내 이름이 쓰인 푯말이나 아이패드를 들고 서 있는 유형이다. 이 경우 내가 그들을 먼저 찾아내 이름을 밝힌다. 두 번째는 내가 에스컬레이터에서 내리는 즉시 나를 찾아내고는 내게 다가와 이렇게 말하는 유형이다. "맥스웰 씨, 안녕하십니까? 제가 호텔까지 모시겠습니다."

일면식도 없는 사이인데 두 번째 유형은 나를 용케 찾아낸다. 왜일까? 내가 쓴 책이나 웹사이트에 나온 내 사진을 미리 봐뒀기 때문이다. 일부러 시간을 내는 적극성을 발휘해 찾아야 할 고객을 미리 알아둔 것이다.

리더를 육성하는 리더로서 둘 중 어떤 유형이 되고 싶은가? 잠재 리더가 지닌 자질을 알아보고 그들을 찾아내고 싶은가? 아니면 푯말을 들고 서서 누가 찾아와주길 바라는 사람이 되고 싶은가? 당신의 선택에 달린 문제다.

테일러 기타Taylor Guitars의 공동창립자이자 내 오랜 친구인 밥 테일러Bob Taylor는 세계 최고 품질의 기타를 제작하는 장인이다. 그가 장인이 될 수 있었던 비결은 무엇일까? 아마도 그는 디자인과 제조 공정이라고 답할 것이다. 그는 무엇으로도 기타를 만들어낼 수 있다. 이를 입증하려고 화물적재용 팔레트로 기타를 제작한 적도 있다. 하지만 이는 기타 제작의 정석이 아니다. 테일러는 되도록 우수한 품질의 목재를 쓰는데, 이 자재를 구입하기란 점점 하늘의 별 따기가 되고 있다. 최고의 수입 자재 중 대다수가 멸종 위기종으로 지정돼 있거나 실제로 멸종됐기 때문이다. 그는 이렇게 말한다. "마음만 먹으면 온갖 나무를 구할 수 있는 세상'에서 '그렇지 못한 세상'으로 변해가는 시대에 살고 있다."[2]

10여 년 전, 〈뉴욕 타임스〉와의 인터뷰에서 그는 이렇게 말했다. "1970년만 해도 목재 야적장에서 브라질 자단목Brazilian rosewood을 1평방피트당 2달러면 살 수 있었습니다. 지금은 브라질 자단목으로 기타를 만들기도 어렵고 수입하기도 어렵죠. 소량 입수한다 해도 매우 비쌉니다. 벌목 자체가 더 이상 불가능하기 때문이죠. 애디론댁Adirondack(미국 뉴욕주 북부의 산맥―옮긴이) 가문비나무도 이제 구할 수 없습니다. 마호가니는 풍부해서 흔히 볼 수 있는 목재였지만 이제 전문 벌목꾼들만 구할 수 있는 데다 가격도 치솟았죠. 전부 제가 사는 동안 일어난 일들입니다."[3]

이런 현상을 우려한 그는 책임감 있게 목재를 구입하고 당장의 미래가 아닌 60년, 80년, 100년 뒤의 먼 미래와 후세대를 위해 나무를 가꾸는 데 향후 20년을 바칠 생각이다. 테일러는 이렇게 말했다. "우리는 더는 개척 시대에 살고 있지 않습니다. 자원 낭비의 시대에 살고 있죠."[4]

그는 어떤 자재가 기타 제작용 목재로 적합한지 알고 있다. 성공적으로 리더를 육성하려는 사람도 이처럼 잠재 리더로 적합한 인재상을 파악해야 하며 기타 제작용 자재를 찾아내는 테일러처럼 끈질겨야 한다. 팀원이 새로 들어올 때마다 상황이 좋아질 수도, 나빠질 수도 있다. 여러분이 육성하는 리더도 더 나은 리더로 거듭날 수도, 그렇지 않을 수도 있다. 그런 까닭에 아마존의 창립자 제프 베이조스Jeff Bezos도 이렇게 말한 바 있다. "부적합한 직원을 고용하느니 아무도 뽑지 않는 편이 낫다."[5]

리더를 알아보는 여섯 가지 방법

리더를 육성하는 리더에게는 능력보다 더 귀하고 훨씬 더 중요한 자질이 필요하다. 바로 능력을 알아보는 능력이다. 성공적인 리더의 주요 책무 중 하나는 잠재 리더를 알아보는 것이다. 피터 드러커는 이와 관련해 다음과 같이 말한 바 있다.

> 올바른 인사 결정은 조직을 잘 다스리는 궁극의 수단이다. 올바른 인사 결정은 경영진이 얼마나 유능한지, 경영진이 지향하는 가치가 무엇인지, 경영진으로서의 책무를 얼마나 진지하게 받아들이고 있는지를 알려준다. 조직 구성원들에게 인사 결정을 철저히 비밀에 부치려 한들 숨길 수 없다. 인사 결정은 확연히 드러난다. (…) 인사 결정을 바로잡지 않으려는 경영자들은 형편없는 성과를 무릅쓰는 것보다 더 위험한 일을 하는 셈이다. 자신이 이끄는 조직의 존경심을 잃는 위험천만한 일이다.[6]

그렇다면 어떻게 해야 할까? 좋은 잠재 리더는 어떻게 알아볼 수 있을까? 말했듯 좋은 잠재 리더의 상을 구체적으로 그릴 수 있어야 한다. 나는 이 책에서 그 인재상을 제시하려 한다. 잠재 리더를 알아보는 여섯 가지 방법을 살펴보고 그에 따른 질문에 답하다 보면 원하던 상을 그릴 수 있을 것이다.

1. 조직의 니즈 평가하기: "무엇이 필요한가?"

당신은 어떤 인재를 찾고 있는가? 조직의 목표가
나무를 오르는 것이라면 다람쥐를 고용하겠는가,
말을 훈련시키겠는가? 이 질문의 답은 쉽다. 당신
의 조직이 목표로 하는 것은 무엇인가? 뚜렷한 목
표가 있는가? 무엇을 추구하는지 알고 있는가?

> 리더를 육성하는 리더에게는 능
> 력보다 더 귀하고 훨씬 더 중요한
> 자질이 필요하다. 바로 능력을 알
> 아보는 능력이다.

그 답을 찾다보면 조직의 발전을 위해 어떤 리더를 찾아야 하는지 알 수
있다. 목표를 알아보지 못하면 목표를 맞힐 수 없다.

리더를 발굴하고 교육시킨 경험이 풍부한 마크 밀러는 이렇게 말했다.

> 목표를 명확하게 정의하지 못하는 경우가 얼마나 잦은가?
> 리더십을 발휘하지 못했던 사례들을 떠올려보라. 직간접적
> 으로 목표가 분명하지 않았기 때문에 리더십을 발휘하지 못
> 했던 경우가 얼마나 많았는가?
> 구성원들을 위해 리더가 해서는 안 되는 일은 매우 많다. 조
> 직의 임무와 목표를 명확히 세우는 일은 아무리 해도 지나
> 치지 않다. 달성하려는 목표가 무엇인지 늘 파악해야 한다.[7]

목표를 정의하지 못했거나 최근에 목표를 재점검하지 않았다면 잠재
리더를 발굴하기에 앞서 먼저 다음 질문에 답해보라.

- 당신의 비전은 무엇인가?
- 당신의 미션은 무엇인가?
- 비전과 임무를 실현시키기 위해 당신의 팀에는 어떤 사람이 필요한가?
- 비전과 임무를 실현시키기 위해 어떤 자원이 필요한가?

나에게 무엇이 필요한지 내가 무엇을 찾고 있는지 아는 것은 성공의 필수 요건이다. 육성해야 할 사람을 마구잡이로 뽑아놓고 성공하길 바랄 수는 없는 일이다.

2. 내부 인재 육성하기: "내부에 잠재 리더가 있는가?"

잠재 리더를 발굴하기에 최적인 첫 번째 장소는 어디일까? 바로 당신이 몸담은 조직이나 팀이다. 그 이유는 바로 다음과 같다

내부 인재는 아는 사람이다

면접을 통해 외부에서 잠재 리더를 영입하는 경우와 달리 내부 인재의 경우 미래의 성과를 짐작할 필요가 없다. 자신들에게 유리한 자기 포장에만 기댈 필요도 없다. 자신들에게 유리하게 고른 추천인들의 의견에 기댈 필요도 없다. 그들의 잠재력을 가늠하려면 실제 성과를 보면 된다. 그들을 지켜보면서 장점을 직접 알아낼 수도 있다. 동료들과 얘기를 나누며 당사자에 대해 직접 알아볼 수도 있다.

조직문화에 이미 적응돼 있다

외부인을 영입하는 경우 조직문화에 적응할 수 있을지, 기존 구성원들과 협력할 수 있을지 짐작하기 어렵다. 하지만 내부인은 조직에 적응한 공동체의 일원으로 이미 검증받은 사람이다.

영향력을 지니고 있다

좋은 리더는 교육이나 경험이 부족하다 하더라도 타인에게 영향력을 발휘한다. 잠재 리더를 발굴할 때는 이 영향력을 파악해야 한다. 리더십 자체가 영향력이므로 리더로 육성시키고자 하는 사람이라면 반드시 갖춰야 할 요건이다. 영향력이 없다면 리더가 될 수 없다. 조직에서 얼마간 영향력을 발휘하고 있는 사람은 향후 업무를 처리할 때 유용하게 써먹을 자산을 보유한 셈이다. 경주에서 남보다 먼저 출발해 유리한 고지를 선점한 것과 같다. 이런 사람에게 과업을 맡기면 기존의 영향력을 발휘해 구성원들을 결집시킬 수 있다.

영향력은 어떻게 측정할 수 있을까? 리더십의 5단계를 활용하면 된다. 하위에서 최상위에 이르는 각 단계는 다음과 같다.

1. 지위: 리더의 지위 때문에 사람들이 따른다.
2. 승인: 리더와의 관계 때문에 사람들이 따른다.
3. 성과: 리더의 성과 때문에 사람들이 따른다.
4. 인재 개발: 리더가 삶에 변화를 일으켰기 때문에 사람들이 따른다.
5. 최고 경지: 리더의 평판을 존중하기 때문에 사람들이 따른다.

앤드루 카네기는 잠재 리더를 알아보는 대가였다. 한번은 어느 기자가 43명의 백만장자들을 어떻게 고용할 수 있었는지 묻자 그는 그들이 처음부터 백만장자는 아니었다고 답했다. 그들은 카네기의 부하직원으로 일했던 덕에 백만장자가 된 것이다. 이어서 기자가 그 직원들을 가치 있는 리더로 육성시킬 수 있었던 비결을 묻자 그는 이렇게 답했다. "금을 캐는 것과 같습니다. (…) 1온스의 금을 얻으려면 수 톤의 흙을 파헤쳐야 하지요. 하지만 흙을 캐려고 금광에 들어가는 건 아닙니다. 우리가 찾는 건 금이지요."[8]

리더가 될 수 없는 사람들을 흙이라고 부를 순 없겠지만 리더가 될 사람이 금인 건 분명하다. 당신은 어디에 초점을 두겠는가? 리더가 될 수 없는 사람인가, 조직 내에 묻혀 있지만 리더가 될 수 있는 금과 같은 인물인가?

내가 가장 훌륭한 리더 중 하나로 꼽는 사람은 내 친구이자 앨라배마주 버밍햄 소재의 하이랜드 교회를 개척한 크리스 호지스Chris Hodges다. 그는 이 교회를 2001년에 개척했다. 22개 지부에서 매주 5만 5천 명의 신도들이 예배를 보기 위해 몰려들고 부채 없이 2억 6천만 달러의 자산을 보유하고 있으며 그가 드림팀이라 칭하는 자원봉사자가 2만 2천 명 이상이다. 목회의 세계를 잘 모르는 이들을 위해 쉽게 말하자면, 한마디로 엄청난 규모다.

나는 주기적으로 그와 만나 리더십을 주제로 대화하는 것을 즐긴다. 그에게 수천 명의 리더를 어떻게 알아보고 육성시키는지를 물었더니, 다음과 같은 두 가지 원칙을 들려주었다.[9]

첫째, 최대한 많은 이들을 끌어모아라

먼저 광범위하게 시작한다. 그는 이렇게 말했다. "누가 차기 리더가 될지, 조직 내부 어디에서 등장할지는 알 도리가 없습니다." 그래서 그는 메이저리그처럼 2군팀을 도입했다. 프로야구팀은 다양한 수준의 2군을 운영한다. 구단과 계약한 선수들은 현재 기량에 따라 2군에 배정되고 노력 여하에 따라 1군으로 올라갈 기회를 갖는다. 그들의 야망은 마이너리그에서 메이저리그로 올라가는 것이다.

호지스는 이와 유사한 모델을 따른다. 차이점이라면 싱글A, 더블A, 트리플A가 아니라 22개의 지부에 배정된다는 점이다. 각 지부는 자원봉사자를 모집하고 교육하고 봉사할 기회를 주는 2군이다. 잠재 리더는 자연스레 정상까지 올라 훈련을 통해 리더십 역량을 연마한다.

둘째, 말로 표현하라

22개 지부 모두 리더를 육성하는 2군 역할을 하지만 그 과정에서 모든 팀이 똑같이 성과를 내는 건 아니다. 리더를 발굴해 양성하는 비율이 높은 곳도, 그렇지 않은 곳도 있다. 그 이유를 묻자 호지스는 그 자신도 이 사실을 알고 나서 같은 질문을 던졌다고 말했다. 그는 조사 끝에 그 답을 찾았다. 성공적인 지부는 리더로서의 잠재력을 알아볼 뿐만 아니라 크리스의 말마따나 '잠재 리더에게 이를 직접 말로 표현하는' 리더들이 꾸려나간다는 사실을 알게 됐다.

친구이자 강연자이자 작가인 마크 샌번Mark Sanborn에 따르면 "위대한 리더는 성장 잠재력을 키워주는 사람이다."[10] 최고의 성과를 낸 지부의 리더들이 바로 그런 경우다. 훌륭한 리더 육성가도 마찬가지다. 대개는 자신의 삶에 가장 중요한 영향을 끼친 사람들이 주문하는 대로 자신을 변화시키려 한다. 자신이 아끼는 사람이 혹평을 가하면 더 나은 사람으로 변화하기가 어렵다. 리더가 될 재목이 아니라는 말을 매일같이 듣는다면 리더가 될 시도조차 하지 않을 것이다. 반대로 상대가 당신을 신뢰하고 이를 지속적으로 표현한다면 자신감을 얻어 더 열심히 노력할 것이다. 영향력을 지닌 사람이 신뢰를 표하면 스스로에 대한 회의감을 떨쳐버릴 수 있다. 그러니 에이브러햄 링컨Abraham Lincoln이 이렇게 말한 것도 놀랍지 않다. "내가 오늘날 성공한 것은 나를 믿어준 친구와 그를 실망시키지 않겠다는 결심 덕분이었다."[11]

책을 잠시 내려놓고 당신의 잠재력을 신뢰하고 존경하는 사람을 떠올려보라. 당신의 삶에 그런 사람이 있는가? 이제 그 사람 앞에서 어떻게 행동했는지 떠올려보라. 그 사람의 확신이 최고의 역량을 발휘하도록 당신을 이끌어주었는가?

우리는 우리에게 말로 표현한 신뢰에 부응하기 위해 전력을 다한다. 그런 까닭에 나는 인재를 육성하는 리더로서 내 말의 중요성을 잘 알고 있다. 나는 기회가 닿는 대로 리더들의 숨은 잠재력을 말로 직접 표현한다. 왜일까? 삶의 중대한 시점들을 돌이켜보면, 인생에서 중요한 사람이 내게 격려의 말을 건네주었을 때 정점에 오를 수 있었기 때문이다. 격려는 리더의 영혼에 산소와도 같다. 잠재 리더를 육성하는 리더라면 그들을 격려하고 숨 쉴 수 있도록 해야 한다.

당신이 속한 조직이나 부서나 팀에 인재로 육성시킬 2군이 있는가?

없다면 조직해보길 권한다. 이들에게는 두각을
드러내고 리더십을 펼치며 훈련할 수 있는 공간
이 필요하다. 잠재 리더들에게 긍정적인 격려의
말을 건네고 있는가? 그렇지 않다면 오늘부터 당
장 시작하라.

> "위대한 리더는 성장 잠재력을 키
> 워주는 사람이다."
> –마크 샌번

3. 외부 인재 영입하기: "외부의 잠재 리더는 누구인가?"

이처럼 내부 인재 육성의 장점은 크지만 내부에서 인재를 찾지 못할 때
도 있다. 그렇다고 외부에서 인재를 영입하려니 여러 미지수를 고려해
야 한다. 내 생각에 가장 큰 문제는 조직문화의 차이다.

뉴욕 소재 부동산중개 기업 트리플민트Triplemint의 설립자이자 대표
인 데이비드 워커David Walker는 〈잉크〉지에 이렇게 쓴 바 있다.[12] "창업
자의 밤잠을 설치게 만드는 것은 단연코 인재 영입이다. 최고의 인재를
영입하는 문제는 중대한 만큼 매번 골머리를 앓게 한다. (…) 조직문화
는 저마다 다르겠지만, 해당 후보자가 적임자인지 판별하게 해주는 네
가지 질문은 어떤 조직문화에서든 통한다."

> 마지막으로 근무한 기업의 문화는 자율성과 권한을 얼마나
> 부여했나요?
> 가장 훌륭했던 직장 상사의 특징은 무엇인가요?
> 동료들과의 갈등을 어떻게 해결했는지 말해보세요.
> 역할 수행에 대한 피드백은 어떤 식으로, 어떤 주기로 받고

싶은가요?

이 방법의 장점은 여러 가지다. 첫 번째 질문은 후보자의 이전 조직문화를 알 수 있게 해준다. 두 번째 질문은 리더십에 대한 후보자의 관점을 알 수 있게 해준다. 세 번째 질문은 후보자의 대인관계 기술을 알 수 있게 해준다. 네 번째 질문은 피드백과 관련한 후보자의 기대치를 알 수 있게 해준다.

그는 이렇게 말했다. "완벽에 가까운 적임자를 고용하기도 했고 성과가 부진했던 사람을 고용한 적도 있다. 매번 성공할 수는 없다. 사람 보는 눈이 있어도 실수하게 마련이다."

외부에서 리더를 영입할 때는 원하는 인재상을 분명히 알리는 것이 중요하다. 나는 전작《다시 리더를 생각하다》에서 우리 조직은 외부 영입 시 다음과 같이 인재상을 분명히 알린다고 언급한 바 있다.

- "중요한 건 나도, 당신도 아니다. 큰 그림을 보는 게 중요하다."
- "자기개발에 매진하는 사람이어야 한다."
- "다른 이들을 중시할 줄 알아야 한다."
- "늘 책임지는 자세로 임해야 한다."
- "우리 조직은 어려운 대화를 피하지 않는다."[13]

이에 대한 양 당사자의 의견이 일치할수록 서로 상생할 가능성도 커진다.

4. 잠재 리더의 자세: "의지가 있는가?"

최근에 나는 델타 항공의 최고경영자이자 친구인 에드 배스천Ed Bastian 과 고용을 주제로 대화를 나눴다. 그는 내게 이렇게 말했다. "델타 항공 은 태도를 보고 인재를 선발하고 실력은 교육을 통해 키웁니다. 언제고 태도가 먼저입니다. 우리는 기존 구성원들과 즐겁게 협력할 수 있는 사 람을 영입하지요."[14]

태도는 마음먹기에 달려 있고 좋은 태도는 의 지에서 나오는 것이다. 배우려는 의지, 발전하려 는 의지, 봉사하려는 의지, 타인을 배려하려는 의 지, 가치를 창출하려는 의지, 옳은 일을 하려는 의 지, 팀을 위해 희생하려는 의지 말이다. 리더십 기 술은 머리에서 나올지 몰라도 리더십 태도는 마 음에서 나온다.

> "델타 항공은 태도를 보고 인재를 선발하고 실력은 교육을 통해 키 웁니다. 언제고 태도가 먼저입니 다. 우리는 기존 구성원들과 즐겁 게 협력할 수 있는 사람을 영입하 지요."
> – 에드 배스천

훌륭한 리더는 구성원들에게서 원하는 것보다 더 많은 것을 구성원들 에게 베푼다. 구성원들은 리더가 자신을 아낀다고 생각할 때 비로소 리 더의 능력에 관심을 둔다. 그러려면 리더는 구성원에 대해 잘 알고 공감 할 줄 알아야 한다. 제프리 콘Jeffrey Cohn과 제이 모건Jay Morgan은 이렇 게 말한다. "리더십에서 공감 능력은 중요하다. 이유는 다양하다. 진정 성과 공감이 결합할 때 신뢰를 이끌어낸다. 공감 능력은 리더가 구성원 들의 욕구를 고려하고 있다는 확신을 심어줘 긍정적인 에너지를 만들어 낸다. 리더가 자신을 아끼고 있다는 사실을 알게 된 구성원은 더 헌신적 인 자세로 직무에 임한다."[15]

잠재 리더가 바람직한 태도로 임하면 이를 저절로 깨우치게 된다. 진정성 있는 자세로 임할 때 열정은 저절로 발산된다. 버크셔 해서웨이Berkshire Hathaway의 회장이자 최고경영자인 워런 버핏Warren Buffet은 자기 일을 너무도 사랑한 나머지 이렇게 말했을 정도다. "매일 탭댄스를 추며 출근합니다."[16] LA 다저스 감독을 역임하며 팀을 월드시리즈 우승으로 이끈 토미 라소다Tommy Lasorda는 또 다른 예다. 1981년 플레이오프에서 휴스턴에 대패한 후에도 그는 불굴의 의지를 보였다. 어떻게 낙관적인 자세를 견지하느냐는 질문에 그는 이렇게 답했다고 한다. "내 인생에서 가장 좋았던 순간은 이긴 팀의 감독이었을 때였고, 두 번째로 좋았던 순간은 패배한 팀의 감독이었을 때였다."[17] 잠재 리더들이 지녀야 할 자세가 바로 이것이다. 성공할 수 있다는 믿음을 가져야 한다. 기꺼이 시간과 노력을 들여야 한다. 패배할 게 분명하더라도 유쾌하게 계속해서 정진해야 한다.

나는 이런 긍정적인 자세를 높이 평가하며 이런 자세를 지니라고 가르친다. 하지만 긍정적인 사람도 도움이 필요할 때가 있다. 2018년 11월, 나는 라스베이거스 로큰롤 마라톤 대회Rock 'n' Roll Las Vegas Marathon에 존 맥스웰 컴퍼니의 최고경영자 마크 콜Mark Cole과 동반 참가한 적이 있다. 콜은 마라톤에 여러 번 출전한 경험이 있었지만 나는 아니었다. 30대에 농구를 접은 이후로 달리기와는 담을 쌓은 상태였다. 게다가 양쪽 무릎에는 인공관절을 심었다. 그럼에도 불구하고 뛰지 말고 걷자는 마음으로 함께 대회에 출전했다.

마라톤 대회가 처음이었던 나는 출발 직전에 흥분에 휩싸였다. 이렇게 큰 규모의 마라톤 대회에 나가본 경험이 있다면 특유의 짜릿한 분위기를 익히 알 것이다. 수많은 사람들이 출발선에서 신호만 기다린다. 음악이 울려 퍼진다. 특이한 의상을 입은 사람들도 보인다. 게다가 야간 경주다.

10마일쯤 달리자 초반의 흥이 사라지며 의욕도 떨어졌다. 체력은 이미 바닥나 그만두고 싶다는 생각뿐이었다. 그래도 멈추지 않았다. 옆에 있던 콜이 체력과 의지가 바닥난 내가 긍정적인 태도를 잃지 않도록 독려했기 때문이다. 그만한 가치가 있었다. 결승선을 통과하자 나는 자부심을 느꼈다. 71세 노인이 마라톤에 참가하는 일은 드물다. 콜이 없었다면 결코 해낼 수 없었을 것이다.

태도와 관련해 한 가지 더 알아야 할 게 있다. 지금까지 언급한 긍정적인 자세의 특징들, 즉 봉사하려는 의지, 이타심, 공감 능력, 자기개발, 희생정신 등을 한데 결속시키는 것은 훌륭한 인성이라는 점이다. 인성은 이 모든 것을 단단하게 지탱한다. 인성 없이는 이 성향들도 무너지기 쉽다. 인성은 삶을 잘 다스릴 때 형성된다. 그러니 인성이 형성된 사람은 다른 이들을 잘 이끄는 법이다. 게일 비비는 이렇게 말한다. "인성이 형성된 사람을 보면 리더십 역량을 예측할 수 있다. 예측 가능성, 신뢰성, 일관성은 믿음이 가는 리더십을 이끌어내고 사람들에게 신뢰감을 심어준다. 리더의 힘은 신뢰를 바탕으로 할 때 발휘된다."[18]

바람직한 마음가짐으로 매일 긍정적으로 생활하고 훌륭한 인성을 지녀 구성원을 올바른 선택

> 인성은 삶을 잘 다스릴 때 형성된다. 그러니 인성이 형성된 사람은 다른 이들을 잘 이끄는 법이다.

으로 이끄는 잠재 리더는 더 나은 리더로 거듭나는 데 필요한 의지를 갖고 있다. 그런 사람이야말로 리더로 육성할 가치가 있다.

5. 잠재 리더의 능력 : "유능한가?"

델타 항공이 직원 고용 시 태도를 우선으로 본다고 해서 능력을 무시한다는 뜻은 아니다. 배스천은 이렇게 말했다. "우리는 인재를 찾습니다. 그들이 조직의 역량을 키워주기 때문이지요." 내 식대로 표현하자면 잠재 리더는 조직을 긍정적으로 변화시키는 가장 큰 요소다.[19] 인재 없이는 제아무리 노력한들 월등해질 수 없다. 그 어떤 성공적인 조직도 인재 없이는 지금의 자리에 오를 수 없었을 것이다. 한마디로 불가능한 일이다. 좋은 리더를 발굴하는 것은 좋은 높이뛰기 선수를 발굴하는 것과 같다. 1피트를 뛰는 사람 일곱 명이 있다 해도 7피트를 뛰는 한 사람만 못하다. 리더십은 어렵고 복잡해 평균 수준의 사람 여럿이 달려들어도 발휘될 수 없다. 상황이 어려울수록 리더는 더 높이 도약할 수 있어야 한다.

성경 말씀 중에 "사람의 선물은 그의 길을 넓게 하며 또 존귀한 자 앞으로 그를 인도하느니라."라는 구절이 있다. 이와 유사하게 시인 랄프 왈도 에머슨Ralph Waldo Emerson도 이렇게 쓴 바 있다. "사람은 저마다 소명이 있다. 재능은 곧 소명이다. 재능을 따르면 모든 기회가 하나의 길로 연결될 것이다."[20] 각자에게 주어진 길이란 타고난 재능을 보인 분야를 말한다. 우리는 그 분야에서 유능할 뿐 아니라 더 많은 일을 해낼 수 있다.

잠재 리더가 특정 분야에 재능을 보이는지는 다음과 같은 기준으로 판단할 수 있다.

- 그 일을 잘하게 된다. 즉, 월등함을 보여준다.
- 재능을 이용할 기회가 생긴다. 즉, 발전을 거듭한다.
- 다른 이들을 끌어모으게 된다. 즉, 유인력을 지니고 있다.
- 그 일을 즐기게 된다. 즉, 성취감을 느낀다.

재능 있는 잠재 리더는 자신의 월등함으로 전체 조직의 역량을 키우고 기회를 통해 조직을 발전시킨다. 매우 강력한 조합이 아닐 수 없다. 노벨문학상을 수상한 알렉산드르 솔제니친Aleksandr Solzhenitsyn의 말처럼 "재능을 지닌 이는 재능이 나누라고 있는 것임을 잘 알아 기꺼이 나누고자 한다."[21]

6. 잠재 리더의 성취 : "성과를 낸 적이 있는가?"

잠재 리더를 발굴할 때 마지막으로 살펴봐야 할 부분은 과거 성과다. 잠재 리더는 어떤 성취를 이뤘는가? 과업을 훌륭하게 완수하는가? 목표를 달성하는가, 아니면 초과하는가? 성과를 내는가? 잠재 리더가 스스로 성과를 낼 수 있다면 다른 이들을 도와 성공으로 이끌 잠재력을 갖고 있는 것이다. 주도적으로 일한 적이 없다면 다른 사람도 성공으로 이끌 수 없다.

좋은 리더는 출신, 연령, 외양, 성향을 초월한다. 인성도 제각각이고

> "재능을 지닌 이는 재능이 나누라고 있는 것임을 잘 알아 기꺼이 나누고자 한다."
> – 알렉산드르 솔제니친

리더십을 발휘하는 방식도 제각각이다. 하지만 리더가 될 재목은 이기는 법을 이미 알고 있어 평균적인 사람들과는 달리 두각을 나타낸다. 누군가가 도와준다면 가치를 창출해낼 수 있는 사람이다.

가치를 창출하는 '빌더'builder는 다음과 같은 다섯 가지 특징이 있다.

빌더는 성과를 사랑한다

토머스 에디슨Thomas Edison은 이렇게 말한 것으로 유명하다. "여기에 규칙이란 없다. 무언가를 성취하려 노력할 뿐이다."[22] 이것이 빌더의 정신이다.

존 맥스웰 팀의 회장 폴 마르티넬리Paul Martinelli는 빌더다. 그는 코치와 연사를 육성하겠다는 일념으로 단체를 조직해 140개국이 넘는 나라에서 2만 명 이상을 양성했다. 그는 자기개발을 거듭했다. 그가 연중 가장 좋아하는 때는 직원들과 한 해의 성과를 점검하며 내년을 계획하고 업무를 개선하는 연말이다. 빌더는 성과를 만들어내는 사람이다.

빌더는 만족을 모른다

빌더는 안정을 추구하지 않는다. 그들은 내가 전작《사람은 무엇으로 성장하는가》에서 언급한 '고무줄 법칙'Law of the Rubber Band에 입각해 생활한다.[23] 이 법칙에 따르면 현 위치와 달성 가능한 위치의 팽팽한 긴장이 사라지면 성장도 멈춘다. 빌더는 역량을 최대한 발휘하고 싶어 한다. 인디카IndyCar 레이서 출신인 마리오 안드레티Mario Andretti가 말했듯 "모든 것이 순조롭게 돌아가는 것처럼 느껴진다면 빨리 달리지 않는다는 뜻이다."[24]

빌더는 불확실성에 익숙하다

꾸준한 변화는 진일보하는 데 필수다. 하지만 불확실성을 동반한다. 빌더는 불확실성에 익숙하다. 모든 답을 알지 못하더라도, 정보가 부족하더라도 전진해야 할 때가 있다는 것을 알고 있다. 하지만 답이 있을 것이라고, 알아낼 수 있으리라고 믿고 묵묵히 전진하면 발전할 것이라고 믿는다. 그런 점에서 불확실성은 리더십을 발휘할 기회다. 불확실성이 클수록 좋은 리더는 길을 찾아내 다른 이들을 이끌고 나아가야 한다. 빌더는 가능성을 열고 계속 성장해 나갈 길을 부단히 찾는다. 빌더는 전적으로 확신할 수 없을 때야말로 무엇이든 가능하다는 것을 알고 있다.

빌더는 인내심이 없다

세상에는 두 가지 유형의 발전이 있다. 노력해서 이뤄내야 하는 발전이 있고 때가 되면 이뤄지는 발전도 있다. 빌더는 노력으로 이뤄내는 발전에 탁월한 재능을 보인다. 내가 그렇듯 빌더는 인내심을 미덕의 탈을 쓴 절망으로 본다. 나도 인내심이 부족하다. 인내심 속성 과정이 있다면 당장 듣고 싶을 정도다.

내 성급한 성격은 타고난 것인지도 모른다. 90대인 우리 아버지는 늘 빌더의 면모를 보여주었고 인내심이라곤 조금도 없는 사람이다. 얼마 전에 누이 트리시Trish가 아버지를 모시고 자동차 오일을 교환하러 간 적이 있다. 정비소가 매우 분주해 예상보다 대기 시간이 길어졌다. 누이 현재 하고 있는 일과 이뤄낼 수 있는 일의 간극을 비전 격차라고 부른다. 빌더는 이 비전 격차를 줄이려고 안달하는 사람이다.

말로는 대기 시간이 30분 이상 길어지자 아버지가 초조하게 서성거리며 얼마나 더 기다려야 되느냐고 성화를 부리셨다고 한다. 결국 더는 참지 못하고 딸의 팔을 붙잡고는 이렇게 말씀하셨다고 한다. "트리시, 새 차를 사러 가자꾸나. 그 편이 더 빠를 테니 말이다."

내 친구 호지스는 현재 하고 있는 일과 이뤄낼 수 있는 일의 간극을 비전 격차라고 부른다. 빌더는 이 비전 격차를 줄이려고 안달하는 사람이다.

빌더는 전염성이 강하다

최근 존 맥스웰 팀은 폴란드 지부에서 리더십 교육을 운영하기로 공식 결정했다. 폴란드 현지의 여성 코치 이보나 폴코브스카가 이와 관련해 화상회의를 주최했다. 회의 직전에 나와 이야기를 나누던 그녀는 화상회의에 1천 명 이상이 참여할 예정이라고 말했다. 나는 감탄하며 축하의 말을 전했다. 그러자 그녀는 다소 실망한 기색으로 이렇게 말했다. "시작이 미약한 편이에요. 폴란드 인구가 3천 8백만 명이니 말이에요." 나는 그 말에 고무됐다. 그녀가 사람의 가치를 창출해줄 이 교육을 자국에서 대대적으로 홍보하리라는 확신이 들었다.

빌더는 지금 하는 일에도, 앞으로 펼쳐질 미래에도 열의를 보인다. 이들의 열정은 다른 사람들도 동참하도록 영감을 준다. 할 수 있다는 정신을 퍼뜨린다. 시간이 부족한가? 빌더는 시간을 만들어낸다. 돈이 부족한가? 빌더는 돈을 만들어낸다. 사람이 부족한가? 빌더는 사람을 발굴해 낸다. 어떻게 가능한 걸까? 타인을 돕고 동참을 독려하기 때문이다.

빌더의 핵심은 늘 무언가를 만들어낸다는 점이다. 그들은 빈말을 하지 않는다. 빌더는 성취한 사람들이다. 그들의 성과는 앞으로의 활약을 잘 보여주는 지표다. 그것만으로도 다른 이들을 성공적으로 리드할 자격이 있다.

좋은 선수가 없으면 승리할 수 없다

오랫동안 NBA 보스턴 셀틱스의 단장을 역임한 바 있는 레드 아우어바흐Red Auerbach는 이렇게 말했다. "사람을 뽑는 일은 뽑은 후에 관리하는 일보다 중요하다. 바람직한 인재를 뽑으면 나중에 문제가 생기지 않는다. 어떤 이유에서든 직원을 잘못 고용하면 큰 어려움에 빠지게 되고 그 어떤 혁신적인 경영 기법으로도 구제할 수 없다."[25] 위대한 팀이 되는 단 하나의 길은 제대로 된 선수를 알아보고 찾아내는 것이다.

최고의 기타 제작용 목재를 알아보는 데 탁월한 재능을 지닌 테일러도 마찬가지다. 그의 재능은 취미로 기타를 만들던 고등학교 시절부터 전업 제작자가 된 20대를 거쳐 미국 국내 통기타 중 40퍼센트를 생산하는 기타 제조기업의 공동설립자가 된 현재에 이르기까지 꾸준히 갈고닦아온 것이다. 그는 뛰어난 리더이기도 하다. 뛰어난 리더가 아니었다면 지금의 기업으로 성장시키지 못했을 것이다. 몇 년 전, 50대 후반에 들어선 테일러는 후계자를 찾아야 한다는 데 생각이 미쳤다. 자신과 함께 기타를 제작해온 오랜 동업자 래리 브리드러브Larry Breedlove도 이미 은퇴한 뒤라 후계자가 없으면 테일러 기타는 성장이 멈춰 후세대에게 더 좋은 기타를 선보이기가 어려워질 것이라고 판단했다.

테일러는 자신보다 더 뛰어난 기타 제작자를 찾아내고 싶었다. 그는 통기타 제작 및 앰프 분야에서 혁신을 이룬 사람이었다. 그는 자신보다 더 혁신적이고 참신한 사람을 원했다. 관련 교육을 받은 사람이 아니라 혼자서 기타 제작 공정을 깨우친 사람이 이 분야를 더 잘 이해할 거라고 생각했다.[26] 그런 만큼 내부에서 후계자를 찾아내긴 어려웠다.

하루는 차분히 앉아 자신이 찾는 인재상을 써 내려갔다. 토니 폴레카스트로Tony Polecastro와의 인터뷰에서 그는 그 내용을 다음과 같이 밝힌 바 있다.

"신이시여, 저보다 뛰어난 기타 제작자 한 명이 필요합니다. 다른 기타 공장에서 제작법을 배우지 않고 스스로 깨우친 사람, 프로 연주자이면서 누구와도 즉석에서 기타를 연주할 수 있는 사람이 필요합니다. 최고의 연주자들과 어깨를 나란히 하며 무대에 설 수 있고 인격적으로 훌륭한 사람이 필요합니다. 15년간 이 자리를 지키며 기타 제작에만 전념할 수 있는 사람이어야 합니다. 기타의 역사를 잘 이해하고 기타를 만드는 법도 아는 사람이어야 합니다. 기타 제작 경력이 20년은 돼야 하고, 30세 이하여야 됩니다. 참, 샌디에이고 출신이어야 하고요."[27]

이 모든 요건을 충족시키기는 불가능하다는 건 잘 알고 있었다. 그런 사람은 이 세상에 없다. 그런데 찾아낸 것이다. 그는 바로 앤디 파워스Andy Powers다. 테일러는 세계 최대 음악산업 박람회인 냄쇼NAMM Show에서 가수 제이슨 므라즈Jason Mraz의 기타 반주를 맡아 테일러 기타 부스에서 연주하고 있던 그를 만났다. 테일러는 곧 파워스와 알고 지내는 사이가 되었다. 하루는 파워스를 만나고 집으로 돌아가던 중 일 년 넘게 책상 서랍 속에 고이 잠들어 있던 목록을 떠올렸다. 파워스는 모든 항목에 정확히 들어맞는 사람이었다. 심지어 북부 샌디에이고 카운티에 살고 있다는 것까지도. 더 놀라운 건 28세에 불과한 그가 8세 때부터 기타를 제작했다는 점이었다. 테일러는 차기 리더를 찾아낸 것을 현대판 기적이라 부른다.

파워스는 테일러의 말을 이렇게 회상했다.

테일러가 이렇게 말했죠. "상황은 이렇다네. 나도 언젠가는 은퇴할 테지. 테일러 기타가 장인정신을 중시하는 기업으로 남길 바라. 자식에게 물려주고 싶지는 않아. 내가 물러나면 누가 기타를 만들겠나?" 그러면서 이렇게 말하시더군요. "이보게, 난 후계자를 찾아 전 세계를 뒤졌어. 자네가 적임자야. 2주든 2년이든 괜찮으니 시간을 갖고 생각해보게나. 자네 말고는 아무도 없네."[28]

그는 테일러의 제안을 받아들여 고급 기타 제작 공방을 폐업하고 2010년에 테일러 기타에 합류했다. 지금은 법적 후계자다. 테일러는 이렇게 말한다. "그에게 전부 물려주겠다는 확신에는 흔들림이 없습니다. 파워스는 내 평생 처음 본 최고의 기타 제작자입니다."[29]

파워스가 합류하면서 테일러 기타는 조직의 미래를 보장받았을 뿐만 아니라 상품 또한 획기적으로 개선되고 있다. "기타를 사랑하는 기존 고객과 잠재 고객에게 장담할 수 있는 것은 누구보다 기타를 사랑하는 마음입니다. 파워스는 그 어떤 애호가보다도 기타를 사랑합니다. 후세대는 역사상 가장 훌륭한 기타를 보게 될 것이며 파워스가 기타 산업 분야의 핵심 인물로 부상하는 모습을 보게 될 것입니다."[30] 파워스가 테일러 기타의 리더로 영입되면서 테일러는 자유의 몸이 되어 숲을 보존하고 가꾸는 일에 나설 수 있었다.

테일러는 말한다. "저는 '원하는 것을 말하면 구한다'는 주의가 아니라 '원하는 것을 적어두면 눈앞에 나타났을 때 알아볼 수 있다'는 주의입니다. 그러지 않으면 그냥 지나쳐버릴 테니까요."[31]

테일러는 어떻게 해낸 걸까? 먼저 원하는 인재상을 정확히 파악해야 한다. 그는 내가 이 장에서 제시한 다음의 여섯 가지 원칙을 따랐다.

1. 조직의 니즈 평가하기: "무엇이 필요한가?"
2. 내부 인재 육성하기: "내부에 잠재 리더가 있는가?"
3. 외부 인재 영입하기: "외부의 잠재 리더는 누구인가?"
4. 잠재 리더의 자세: "의지가 있는가?"

5. 잠재 리더의 능력: "유능한가?"

6. 잠재 리더의 성취: "성과를 낸 적이 있는가?"

정확히 알지 못하면 찾아낼 수도 없다. 흔히 '보면 안다'라고 말하는데, 이는 좋은 전략이 아니다. 나는 '잘 아니까 눈에 보인다'라고 말한다. 테일러는 자신에게 필요한 것을 상세하게 적어둘 만큼 정확히 알고 있었다. 그리고 그 사람을 알아보고 테일러 기타에 영입했다.

팀, 부서, 그리고 조직의 리더라면 이와 똑같은 과정을 거쳐야 한다. 리더십이 성패를 가르는 만큼 이 과정을 반드시 따라야 한다. 차기 리더를 알아보지 못하면 리더로서의 잠재력과 미래는 늘 한계에 부딪힐 것이다.

> 흔히 '보면 안다'라고 말하는데, 이는 좋은 전략이 아니다. 나는 '잘 아니까 눈에 보인다'라고 말한다.

ATTRACTING LEADERS

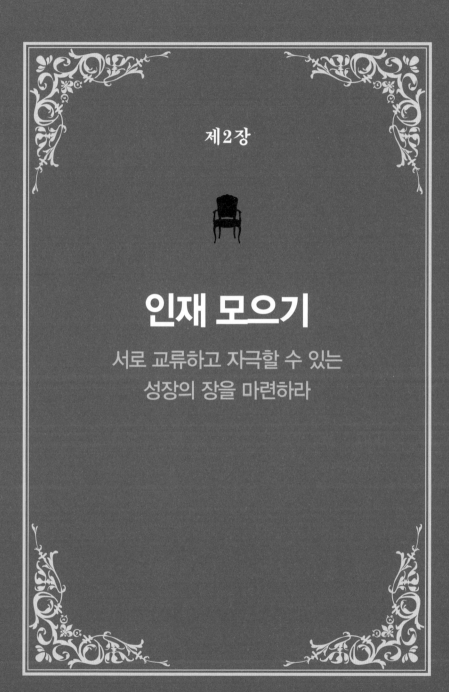

제 2 장

인재 모으기

서로 교류하고 자극할 수 있는
성장의 장을 마련하라

나는 예나 지금이나 언어를 사랑하며, 단어 게임도 즐겨 한다. 아마도 40년 넘게 소통 전문가로, 또 작가로 살아왔기 때문이 아닌가 싶다. 내가 각별하게 여기는 단어 중 하나가 '테이블'table이다. 특별할 것 없는 단어지만 개인적으론 남다른 의미가 있다. 지금껏 살면서 겪은 소중한 경험들이 대부분 테이블에서 이루어졌다고 해도 과언은 아니기 때문이다. 유년 시절, 부모님과 형제자매가 다 함께 둘러앉아 저녁 식사를 하던 테이블이 그 출발점이었다. 당시 저녁 식사 테이블은 늘 즐거움이 가득한 가족 모임의 장이었다. 커 가면서 내 자신과 다른 이들이 변화를 맞이한 곳에는 늘 테이블이 있었다.

식탁이 그렇다. 식탁은 훌륭한 배움의 장이다. 맛있는 음식과 즐거운 대화를 즐길 수 있는 테이블보다 더 좋은 건 없다. 물론 나는 둘 다를 원한다. 사람들을 초대해 질문을 던지며 심오한 대화를 나눌 수 있는 좋은 레스토랑을 고르는 생각만 해도 신이 난다. 테이블에는 마법 같은 힘이 잠재돼 있다. 테이블에 앉은 사람들에 대해 더 많이 알아가고 더 나은 삶으로 이끄는 새로운 것들을 배울 때 나는 그 마법의 힘을 경험한다.

원탁도 마찬가지다. 원탁은 도움의 장이다. 내가 설립한 비영리단체인 이큅Equip과 존 맥스웰 재단은 지역사회와 국가를 위한 변화의 기폭제가 되고자 한다. 이 목표를 위해 원탁에 둘러앉은 이들에게 가치와 리더십을 교육한다. 남녀로 구성된 여러 소집단이 이 원탁에 모여 각자의 경험을 나누고 가치 기반의 교훈을 생활에 적용하고 서로의 긍정적 변화를 고취시킨다. 원탁에 대등하게 마주 앉아 서로를 더 깊이 이해하게 되면 신뢰가 쌓이고 삶의 내력을 진솔하게 털어놓다 보면 얼마 지나지 않아 서로를 진심으로 아끼게 되고 진정한 변화를 받아들이게 된다.

내가 가장 좋아하는 테이블은 리더십 테이블이다. 잠재 리더들을 육성하는 성장의 장이기 때문이다. 물론 리더십 테이블이 꼭 물리적일 필요는 없다. 리더십 테이블은 조직이나 팀 내에 마련된 배움의 장소이자 성공과 실패를 겪으며 리더십을 단련하는 기회이자 리더의 역량을 한껏 발휘할 수 있는 장이다.

조직 안팎의 리더들을 끌어모으는 최선의 방법은 리더십 테이블을 모두에게 개방하는 것이다. 잠재 리더 입장에서 리더십 테이블에 합류해 달라는 제안만큼 구미가 당기는 것은 없다. 전작 《존 맥스웰 리더십 불변의 법칙》에서 언급한 '끌어당김의 법칙'Law of Magnetism은 자신의 위상이 주변에 모여드는 사람이 누구냐에 따라 결정되는 것을 이른다.[1] 리더의 잠재력을 지닌 이들은 현재의 리더들 곁에 있고 싶어 한다. 좋은 리더십을 관찰하고 좋은 리더십에 관한 대화를 나누고 좋은 리더십을 직접 경험하고 싶어 한다. 리더십 테이블은 리더가 되려는 열망에 불을 지피는 불쏘시개다. 진정한 리더십 테이블은 리더가 되고자 하는 열망과 배움의 의지가 충만한 사람이라면 누구라도 동참할 수 있는 장이다.

리더십 테이블로의 초대장

나는 리더로 경력을 쌓던 초창기 시절에 리더십 테이블에 초대받았던 적이 있다. 샌디에이고로 이주한 직후인 1981년이었다. 30대 초반이었던 나는 10년 남짓 여러 조직에서 리더 역할을 해왔지만 경험은 여전히 일천했다. 그러다 때마침 LA에서 열리는 리더 콘퍼런스에 초대받았다. 메이저리그 승격을 통보받은 야구 선수라도 된 기분이었다. 내가 존경하는 리더 다수가 참석할 예정이었기 때문이다.

경력으로 보나 사회적 성공으로 보나 초청을 받은 리더들의 면면이 나와는 비교도 안 될 정도라 내가 명함을 내밀 자리가 아니라고 생각했다. 스스로에 대한 회의감도 커졌다. 내가 어울릴 수 있는 자리일까? 나를 일원으로 인정해줄까? 내가 보탬이 되기는 할까?

콘퍼런스 당일, 행사장으로 걸어 들어가기가 무섭게 이런 우려가 싹 가셨다. 어찌된 영문인지 리더들의 리더이자 그간 존경해마지 않았던 척 스윈돌Chuck Swindoll이 나를 보고 성큼 다가온 것이다.

그가 말했다. "존, 와주셔서 무척 기쁘군요. 제 옆자리에 앉으시죠." 그는 나를 자신의 테이블로 안내하더니 이렇게 덧붙였다. "옆에 계셔야 다른 분들께 소개해드리기도 편하지요."

리더를 키워내는 리더들이 모인 테이블에 초대받은 경험은 처음인 만큼 내겐 가슴 벅찬 일이었다. 이를 계기로 나는 리더십을 성장시킬 새로운 가능성에 눈을 뜨게 되었다.

리더의 계층을 막론하고 누구든 리더십 테이블을 마련할 수 있다. 리더십 테이블은 아직 리더의 경험이 없는 이들을 초대하고 환대하고 리더십 역량을 시험하게 할 수 있는 장이다. 리더십 테이블은 소수의 엘리트만 독점하는 곳이어서는 안 된다. 누구나 초대할 수 있는 기회의 장이어야 한다. 잠재력이 지닌 사람이라면 누구나 기회를 얻을 수 있다. 생각지도 못한 인물이 두각을 나타내 리더로 성장하는 모습에 놀란 경험이 누구나 한 번쯤 있을 것이다.

비즈니스 리더십 및 경영 전략 컨설턴트인 라지브 페샤와리아Rajeev Peshawaria는 그의 저서 《보스는 많고 리더는 적다》Too Many Bosses, Too Few Leaders에서 다음과 같이 주장한다.

소수의 엘리트만 가려내 잠재력 있는 미래의 리더라고 꼬리표를 붙여, 그들만을 리더로 양성하는 데 과도한 투자를 감행하는 것이 오늘날처럼 급변하는 세상에서도 여전히 타당한 일일까?

5년 뒤 전혀 다른 잠재력을 요구하는 세상으로 바뀌면 어쩔 것인가? 처음에는 두각을 나타내지 못하다가 나중에 진가를 드러내는 대기만성형 인재는 어떻게 할 것인가? 잠재 리더로 선택받지 못한 사람들의 사기를 떨어뜨리는 부정적 영향은 어떻게 할 것인가?

잠재력 있는 인재를 찾아내고 성장시킨 '모범 사례'를 다시 생각해봐야 할 때이다. 오늘날 경영 환경의 불확실성과 우리의 삶을 결정하는 요인들을 생각해보라. (⋯) 누가 내일의 리더가 될지 장담하기란 불가능하다. 달걀을 한 바구니에 담듯 초기에 두각을 나타내 잠재력을 인정받은 인재들만 선별하는 위험을 감수할 것이 아니라 미래 리더들을 배출하는 길을 확장해야 한다. 그러려면 모든 이들에게 성장 기회를 동일하게 보장해주고 크림이 부풀어 오르듯 리더십 역량이 자연스럽게 극대화될 수 있는 환경을 조성해야 한다.[2]

리더십 테이블에 초대된 모든 이들이 효율적인 리더가 되는 것은 아니다. 초대받은 사람이 그 자리를 영원히 독점하는 것도 아니다. 리더십 테이블은 잠재 리더들을 끌어모으고 이들이 리더로 성장할지 파악하는 곳이다. 따라서 자신이 감당할 수 있는 선에서 최대한 큰 테이블을 마련해야 수많은 잠재 리더들을 앉힐 수 있다. 걱정할 필요는 없다. 최고의 리더들은 남다른 두각을 드러내는 법이다.

리더십 테이블은 잠재 리더들을 끌어모으고 이들이 리더로 성장할지 파악하는 곳이다.

리더십 테이블에서
반드시 해야 할 다섯 가지

당신의 리더십 역량과 당신이 이끄는 조직으로 잠재 리더들의 마음을
사로잡으려면, 리더십 테이블에서 해야 할 일은 다음과 같다.

1. 리더십 문화를 경험하게 하라

브라이언 워커Bryan Walker와 사라 소울Sara A. Soule은 〈하버드 비즈니스
리뷰〉 기고문에 이렇게 썼다. "문화는 바람과 같다. 눈에 보이지 않지만
그 영향은 눈에 보이고 느낄 수 있다. 뒷바람이 불면 항해가 순조롭다.
맞바람이 불면 무슨 일이든 더 어려워지는 법이다."[3] 리더들의 마음을
사로잡고 리더를 키우고 싶다면 맞바람이 아니라 뒷바람을 일으켜야 한
다. 즉, 리더십 문화를 조성하고 지속시켜야 한다.

그로잉 리더Growing Leader의 창립자이자 대표이면서 내 친구이기도
한 팀 엘모어Tim Elmore는 조직문화에 대해 이렇게 쓴 바 있다.

> 조직문화가 개선되면 특정 행동을 강제하는 정책 집행이나
> 절차가 사라진다. 탄탄한 문화는 물 위에 떠 있는 모든 배를
> 끌어 올리는 밀물과 같은 역할을 한다. 아래는 이를 잘 알고
> 있는 기업들이다.
>
> • 자포스

- 스타벅스
- 칙필레
- 넷플릭스

그 반대도 성립한다. 문화가 허약할수록 리더들은 특정 행동을 유도하는 정책이나 절차에 더 많이 의존할 수밖에 없다. 문화가 없으면 제도로 보완해야 한다. 아이로봇iRobot의 창립자 콜린 앵글Colin Angle은 이렇게 말했다. "문화는 스타트업 기업에 필요한 마법의 재료다."[4]

여기서 엘모어가 말하는 것이 바로 리더십 문화다. 리더십 문화가 강한 조직은 나아갈 방향과 가르침을 규율이나 정책이 아닌 사람에게서 구한다.

내가 이끄는 조직들의 리더십 테이블에서 가장 먼저 하는 일은 가치를 일치시키는 것이다. 우리가 양성하는 직원들은 가치를 공유해야 한다. 이곳에서 가장 큰 리더십 테이블은 코치와 리더, 강연자를 훈련시키는 조직인 존 맥스웰 팀이다. 이 팀은 전체가 하나의 거대한 테이블이나 다름없다. 다종다양한 분야에 종사하는 모든 이들에게 열려 있기 때문이다. 우리는 기존 코치들과 새 코치들을 대상으로 교육 콘퍼런스를 연간 2회 개최한다. 이 콘퍼런스에서 우리는 온갖 자원을 투입해 이들이 리더로 성장하고 부상할 기회를 준다. 콘퍼런스에서 하는 일 중 하나는 내 자신뿐 아니라 코치들이 성공하는 데 중요한 가치를 가르치는 것이다. 나는 이들이 사람을 중시하길 원한다. 그런 의미에서 다음과 같이 말한다.

- "저는 당신을 소중히 여깁니다. 당신도 스스로를 소중히 여깁니까?"
- "저는 다른 이들도 소중히 여깁니다. 당신도 그렇습니까?"
- "저는 다른 이들에게 가치를 더합니다. 당신도 그렇게 하고자 합니까?"
- "저는 더 가치 있는 사람이 되고자 합니다. 당신도 그렇게 하고자 합니까?"

위 질문에 '네'라고 답할 수 없다면 우리와 가치가 일치하지 않는 것이다. 그래도 괜찮다. 업무 동료가 될 수 없다는 의미일 뿐이다. 콘퍼런스에서는 우리의 가치를 수용할 수 없다면 등록비를 기꺼이 환불해줄 것이며 갈 길을 축복해주겠다고 말해둔다. 대다수는 나와 뜻을 같이해 자리를 지킨다. 현재까지 존 맥스웰 팀원으로 인증받은 이들은 2만 8천 명 이상이다. 존 맥스웰 팀원 전부 똑같은 훈련을 받고 역량을 발휘할 기회를 얻는다. 예상했겠지만 그중 최고만이 정상에 오른다. 리더를 발굴하는 데는 최적인 테이블이다.

내가 극찬해 마지않는 기업 중 하나가 바로 칙필레다. 훌륭한 조직문화를 가진 이 기업은 음식을 주문하려는 손님도 끊이지 않지만 예비 가맹주들과 취업을 희망하는 구직자들도 끊이지 않는다. 우리 팀원인 맥스토리Mack Story는 칙필레에 대해 이렇게 쓴 바 있다.

250명의 입사 지원서 중 '적임자'를 어떻게 선별할까? 칙필레에 지원자가 모이는 이유가 있다. 바로 기업 정체성이다. 돈만 있으면 누구든 동일한 생산 설비를 구입해 입지 조건이 좋은 동일한 지역에 동일한 건물을 지을 수 있다. 대다수가 그렇게 한다. 하지만 결과는 다르다. 왜일까? 대부분 인재 양성에 관심이 없기 때문이다. 칙필레는 패스트푸드 기업이지만 다른 사람들을 위해 봉사하는 인재를 양성한다. 그런 까닭에 다른 사람을 성장시키고 봉사하는 것을 가치 있는 일이라 여기는 사람들을 끌어모은다. 물론, 자격 미달인 수많은 지원자들을 가려내고 가치를 공유하는 사람들을 선별해야 한다.

경험상 대다수 기업은 '이윤'을 추구하는 사업에만 관심을 둔다. 이 기업들은 인재를 양성하는 기업들과 매우 다른 방식으로 운영된다. 아이러니하게도 인재를 양성하는 조직이 이윤을 더 많이 낸다. 이윤을 책임지고 창출하는 것은 결국 사람이기 때문이다. 사람보다 이윤을 우선시하는 기업은 보수는 가장 적고 일은 제일 많이 시킨다. 말도 안 되는 처사이지만 이런 행태를 고치지 않는 기업이 허다하다. 이런 기업은 기업 정체성 때문에 좋은 사람을 찾을 수 없다. 왜일까? 좋은 인력은 죄다 다른 기업에서 일하고 있기 때문이다.[5]

조직문화는 조직 구성원들의 가치를 표상한다. 기업 문화는 당신의 희망을 구현한 것이 아니라 직원들의 행동의 총합이다. 사람은 본 대로

행동하고 그 행동을 반복한다. 습관적으로 반복
되는 행동이 문화를 만들어낸다.

이미 리더십 문화가 정착됐다면 잘된 일이다.
리더십의 중요성을 끊임없이 강조하라. 조직 구
성원들이 좋은 리더십을 중시하지 않고 실행하지 않고 보상받지 못한다
면 문화로 정착할 수 없다. 리더를 끌어모으기도 어려울 것이다. 그런 상
황에 놓여 있다면 영향력을 발휘할 수 있는 영역에서 책임감을 갖고 리
더십을 고취하라. 그리고 리더십 테이블을 마련하라. 기존 문화를 변화
시키는 출발점이 될 것이다.

2. 역동적인 테이블에 동참하게 하라

나는 몇 차례 이탈리아 피렌체에서 휴가를 즐긴 적이 있다. 그곳에 갈
때마다 미켈란젤로Michelangelo의 다비드 조각상을 보기 위해 아카데미
아 갤러리Accademia Gallery를 꼭 찾는다. 미켈란젤로는 이 걸작이 이미
대리석 안에서 완성돼 있었기 때문에 자신은 주변의 대리석을 깎아내
기만 하면 그만이었다고 말한 것으로 유명하다.[6]

리더들이 해야 할 일이 바로 이것이다. 리더는 그 사람의 내면에 이미
존재하는 미래의 리더를 발견하고, 리더로 부상하도록 도와야 한다. 베
스트셀러 작가이자 교수인 브레네 브라운Brené Brown이 리더를 "잠재력
을 발굴해내겠다는 책임감과 (…) 그 잠재력을 키워낼 용기를 가진 사람
이다."라고 정의한 이유도 아마 이 때문일 것이다.[7]

리더십 테이블을 마련하면 팀원들이 성장하고 학습하는 환경을 제공

할 수 있고 리더십의 역동성을 수용하게 된다. 리더십 테이블은 리더를 육성하는 유용한 도구다. 지난 수년간 우리 조직은 개별 성장을 도모하게 하고 리더십을 육성해내는 원탁의 힘을 경험했다. 각 분야의 인재들로 구성된 소규모 집단의 역동성은 강력하다. 이 원탁에서 사람들은 새로운 발상을 떠올리고 반대 의견을 듣고 학습한 것을 적용해보고 삶에 긍정적인 변화를 만들어낼 수 있도록 서로를 고취한다.

내가 운영하는 비영리단체인 존 맥스웰 리더십 재단은 전 세계 수많은 리더들을 대상으로 소규모의 가치value 원탁을 주재하는 방법을 교육한다. 이 리더들은 또 다른 수많은 리더들이 인성과 리더십을 함양하고 '의도적인 삶'을 누리도록 도왔다. 이 소집단들이 한자리에 모여 수주 동안 교육을 받으며 자신이 속한 집단의 역동성을 받아들이는 동안, 각 집단 내 잠재 리더가 두각을 나타내기 시작한다. 교육이 끝날 즈음에는 자신만의 소집단을 꾸려 리더가 되는 기회를 얻는다. 이들의 삶에 끼친 긍정적인 영향은 말로 다 하기가 어렵다.

존 맥스웰 팀원 전원은 내 저서 《리더십의 법칙 2.0》을 교재 삼아 국제 리더십 교육을 받는다. 리더십 테이블에 모여 책을 읽고, 토론하고, 서로 도전의식을 북돋우고, 스스로 성장해 나가고, 서로 책임의식을 고취시킨다. 코칭 및 강연 비즈니스를 시작하거나 성장을 북돋워주는 분위기 속에서 학습한 내용을 실생활에 적용할 기회도 얻는다.

리더십 테이블을 주재한 경험이 없거나 더 큰 성장 잠재력을 품은 리더를 발굴하는 방법을 알고 싶다면 리더십 원탁을 마련해보자. 이를 실천하기 위한 방법은 다음과 같다.

참여자들과 기대 수준을 설정하라

원탁에 모인 이들과 처음 대면하는 자리에서 가장 먼저 할 일은 기대 수준을 설정하는 것이다. 우선 이들에게 다음과 같이 말한다.

- 이 모임의 목적은 누군가를 가르치는 것이 아닌 진솔한 토론입니다.
- 이곳에서는 서로를 응원합니다.
- 모두가 빠짐없이 참여합니다.
- 어떤 질문을 던져도 좋습니다.
- 모두가 공유하는 가치관에 또 다른 가치를 보태는 것을 목표로 합니다.
- 원탁의 목적은 정보 교환이 아닌 적용입니다.
- 서로가 약속을 이행할 수 있도록 고취합니다.

자신보다 구성원들에 집중하라

원탁의 리더는 가르치는 사람이 아니다. 질문을 던지고 원활한 토론을 진행하는 사람이다. 솔직하고 진실한 태도로 경험담을 들려주되 다른 이들에게 초점을 맞춰 그들에게 전적으로 관심을 쏟으라. 한 사람 한 사람을 소중히 여기고 가능하다면 언제든 그들의 발언에 동감을 표하라.

가치를 창출하게 하라

가치를 창출하는 것은 리더가 해야 할 일이다. 원탁의 리더로서 여러분은 원탁에 모인 이들이 가치를 창출할 수 있도록 최선을 다해야 하며 솔선수범하는 모습을 보여야 하고 그러한 태도를 권장해야 한다. 틈날 때마다 팀을 이뤄 가장 유용했던 것이 무엇인지 서로 이야기하는 시간을 갖게 하라. 학습 효과도 높아지고 가치를 창출한 경험도 나눌 수 있다.

ACT를 권하라

지식은 성공의 열쇠가 아니다. 지식을 적용하는 것이 성공의 열쇠다. 사람은 적용을 통해 성장한다. 실천이야말로 리더십 원탁의 목표가 되어야 하는 이유다.

나는 수년간 일명 ACT를 교육해왔다. ACT는 적용apply, 변화change, 가르침teach의 앞 글자를 딴 명칭이다. 원탁이든 콘퍼런스든 회의든 리더 육성 시간에는 ACT를 실행한다. 이는 매 시간이 끝날 무렵, 지금까지 논의한 내용을 바탕으로 다음과 같은 질문을 던지는 것이다.

- "당신의 삶에 무엇을 적용apply할 수 있습니까?"
- "자신의 어떤 점을 변화change시킬 수 있습니까?"
- "다른 사람들을 돕기 위해 무엇을 가르칠teach 수 있습니까?"

그다음 시간에는 이전 시간에 적용하고 변화시키고 가르치려고 마음먹은 것이 무엇이었는지, 이를 어떻게 이행했는지를 물어본다. 자신들이 배운 내용을 빠르게 적용해보고 책임감 있게 이행했다는 사실에 스스로도 놀랄 것이다.

눈을 응시하라

리더십 테이블을 원활히 주재해 얻을 수 있는 가장 큰 이득 중 하나는 잠재 리더들이 두각을 나타내는 모습을 지켜보는 것이다. 그러면 이들이 어떻게 사고하고 문제를 해결하는지 알게 되고 서로 소통하는 방식을 관찰하게 되며, 이들의 성향과 끈기도 파악하게 된다. 서로가 서로에 대해 보이는 반응도 관찰할 수 있다. 대개 남보다 먼저 알아보고 더 많이 관찰하는 사람이 리더로 두각을 나타내기 시작한다. 다른 이들은 이를 직감하고 그를 존경하게 된다. 질문을 던져보면 이들의 영향력을 알 수 있다. 다른 이들이 그들에게서 해답을 구하려 할 것이기 때문이다.

이 마지막 역학은 리더를 육성하는 리더에게 가장 중요하다. 최고의 리더는 스스로를 다른 사람과 차별화한다. 하지만 주의를 기울이되 토론을 주도하지 않아야 최고의 리더를 찾아낼 수 있다. 사람들이 두각을 나타낼 여지를 주되 리더의 역량을 보이면 더 큰 역량을 펼칠 수 있도록 맞춤형 지원을 제공해야 한다.

3. 참여자들이 근접성을 경험하게 하라

과거에는 장인匠人 밑에서 도제식 교육을 받으며 기술을 연마하고 일을 배웠다. 도제는 장인을 따라다니며 그의 작업을 살펴보고 보조하고 기초를 다진 다음에야 문답을 통해 본격적으로 배우고 종국에는 장인이 지켜보는 가운데 그간 연마한 기술을 선보인다. 요즘에는 학습이 어떻게 이루어질까? 강의를 듣고 영상을 보고 책을 읽는다. 저술가이자 교육자로서 이런 학습 과정도 중요하다고 보지만 리더들과 '한자리에 앉아' 함께하는 경험에는 비할 바가 못 된다.

최근 나는 직원 역량 개발에 관한 한 연구에서 흥미로운 통계를 발견했다.

- 학습자가 이론 학습을 통해 새로운 기술을 습득했을 때 이를 실무에 적용하는 비율: 5퍼센트
- 학습자가 이론 학습과 시범을 통해 새로운 기술을 습득했을 때 이를 실무에 적용하는 비율: 10퍼센트
- 학습자가 이론 학습과 시범, 실습을 통해 새로운 기술을 습득했을 때 이를 실무에 적용하는 비율: 20퍼센트
- 학습자가 이론 학습과 시범, 실습, 숙련자의 피드백을 통해 새로운 기술을 습득했을 때 이를 실무에 적용하는 비율: 25퍼센트
- 학습자가 이론 학습과 시범, 실습, 숙련자의 피드백, 현장 지도, 멘토링을 통해 새로운 기술을 습득했을 때 이를 실무에 적용하는 비율: 90퍼센트[8]

방향을 제시하고 피드백을 줄 수 있는 전문가들과 함께할 수 있는 것만큼 좋은 건 없다. 그러려면 근접성proximity이 필요하다.

리더십은 가르치는 것이 아니라 체득하는 것이다. 잠재 리더들이 리

더의 사고방식, 문제 해결 방식, 실행 방식을 배우는 가장 좋은 방법 중 하나는 한 테이블에서 이들과 함께하는 것이다. 전략 회의에 참여하는 기회만으로도 눈이 번쩍 뜨이는 경험을 하게 된다. 리더들이 여러 문제와 씨름하고 결정하고 서로 어떻게 상호작용하는지를 지켜보는 것은 잠재 리더가 얻을 수 있는 최고의 혜택 중 하나다. 만남의 장은 잠재 리더들에게는 확실한 배움의 장소다. 하지만 그 전에 목표를 분명히 해야 한다. 나는 잠재 리더들을 회의에 참여시키기 전에 다음과 같이 자문한다.

- 내가 물어볼 질문이 있는가? 그들이 물어볼 질문이 있는가?
- 그들과 공유할 경험담이 내게 있는가? 나와 공유할 경험담이 그들에게 있는가?
- 들려줄 교훈이 있는가? 그들이 들려줄 교훈이 있는가?
- 그들에게 알려줄 적용 사례가 있는가? 그들이 내게 알려줄 적용 사례가 있는가?

이렇게 자문하고 숙고하면 잠재 리더들이 테이블에서 더 많은 유익을 얻을 수 있다.

물론 리더와 잠재 리더가 한자리에 모여 서로 가르침을 얻을 수 있는 또 다른 방법도 있다. 존 맥스웰 컴퍼니의 경우 매년 여러 도시에서 120명의 리더들을 초청하는 행사를 열어 리더십 경험을 제공한다. '익스체인지'Exchange라 불리는 이 행사는 인기가 높아 늘 매진을 기록한다. 왜일까? 리더들과 함께할 수 있어서다. 직업과 배경이 다양한 리더들이 모여 사흘간 리더십을 주제로 토론하고 성장을 경험한다. 열띤 분위기 속에서 경험담을 발표하고 공유한다. 참석자들은 익스체인지에서 일생일대의 인연을 만나 친분을 쌓고 삶을 변화시킬 교훈을 얻는다.

리더십은 가르치는 것이 아니라 체득하는 것이다.

이러한 행사를 더 많이 개최하고픈 마음은 굴뚝같지만 일정상 어렵다 보니 내 경우 다양한 리더 그룹들과 매달 전화 회의를 하며 교육하고 질문하고 토론을 장려한다. 기술이 발전한 덕택에 전 세계인들과 소통할 수 있고, 대면하지 않고도 참석자 모두에게 리더십 정신을 전파하는 것도 가능해졌다.

이 책을 쓰고 있는 집무실 벽에는 그림 한 점이 걸려 있다. 두 소년이 테이블에 함께 앉은 그림이다. 나이가 많은 소년이 어린 소년에게 그림 그리는 법을 알려준다. 나이가 많은 소년은 가르치는 데 몰두하는 반면, 어린 소년은 그가 그리고 있는 그림을 열중해서 바라본다. 이 그림을 볼 때마다 영감을 얻는다. 내가 테이블에 앉아 있는 두 소년의 역할을 동시에 하고 있다는 사실을 일깨우기 때문이다. 나는 누군가에게 가치를 더해주는 사람이자 누군가로부터 배움을 얻는 사람이다.

리더를 육성하는 좋은 리더가 사람들을 한자리에 끌어모으면 놀라운 결과가 나타난다. 가령 1990년대 영국의 탁구 일인자였던 매튜 사이드Matthew Syed는 영연방 경기대회에서 세 차례 우승을 차지했고 올림픽에도 두 번 출전했다. 그가 훌륭한 탁구선수가 된 데에는 근접성의 힘이 주효했다. 1978년, 그의 부모님은 고급 탁구대를 구입해 차고에 설치했다. 사이드와 그의 동생은 서로를 상대로, 또는 탁구 실력을 겨뤄보고 싶은 친구들을 상대로 탁구 시합을 했다. 숱하게 탁구를 치며 보낸 시간 동안 배우고 실험하고 실력을 향상시켰다. 하지만 그가 그 다음 단계로 도약할 수 있었던 데는 피터 차터스Peter Charters를 우연히 만난 덕이 컸다.

알드링턴Aldryngton 초등학교의 교사였던 차터스는 방과 후에 체육 코치로 활동했다. 그는 특히 탁구에 열망이 있었다. 사이드는 그의 저서 《도약》Bounce에 다음과 같이 썼다.

> 차터스는 그 무엇보다 탁구를 좋아했다. 그는 영국 최고의 코치였고, 영국탁구협회의 원로로 통했다. 그에게 다른 스포츠는 간판에 불과했다. 운동에 소질이 있는 아이들을 탁구 선수로 스카우트하는 수단으로 썼으니 말이다. 그런 아이들이 나타나면 무자비하다 싶을 정도로 탁구에만 전념시켰다. 레딩에 있는 알드링턴 초등학교 학생들은 차터스 앞에서 테스트를 했다. 잠재력을 보인 학생은 탁구에 대한 열정과 사랑이 대단했던 그의 설득에 넘어가 오메가Omega라는 지역 클럽에서 훈련을 받았다.[9]

오메가는 지역에서 가장 기량이 뛰어난 선수들이 모여 연습하는 곳으로, 24시간 개방되는 훈련장이었다. 1980년대에는 오메가에서 배출한 정상급 선수가 그 외의 클럽을 통해 배출되는 정상급 선수보다 더 많았다. 왜일까? 사이드는 이렇게 말했다. "스포츠에 재능이 있는 아이라면 무자비할 만큼 탁구에만 전념시켰다. 결출한 코치가 있었기 때문에 이처럼 열정적인 선수들이 배출될 수 있었던 것이다."[10]

차터스는 어떻게 했을까? 그는 잠재력 있는 선수들을 꾸준히 한자리에 끌어모아 자신과 함께, 또 서로가 함께 시간을 보내게 했다. 탁구대라는 테이블로 초대해 이들을 훌륭한 선수로 키워낸 것이다. 잠재 리더를 유치하고 리더십 테이블로 초대해 리더로 육성하고자 한다면 반드시 가슴에 새겨야 할 대목이다.

마지막으로 근접의 힘에 대해 한 가지 더 말해두고 싶은 게 있다. 근접의 힘은 '사람 운'who luck을 만들어낸다. '사람 운'은 작가 짐 콜린스Jim Collins가 만든 말이다. 언젠가 저녁 식사를 함께 할 때 그가 이에 대해 설명한 적이 있다. 그는 세상에 수많은 복이 있지만 그중에서도 가장 큰 복은 사람 운이라고 말했다. 사람 운은 '누구를 알고 있느냐'를 의미한다. 이는 리더에게 매우 중요하며 테이블로 초대하는 잠재 리더들에게도 큰 자산이 된다.

사람 운의 가치를 알려라

내 친구 하비 맥케이Harvey MacKay는 인적 네트워크로는 둘째가라면 서러운 사람이다. 그는 이렇게 전했다. "집에 불이 났다면 도자기, 은, 결혼식 앨범은 내버려두고 명함첩을 챙겨라." 맥케이도 나처럼 나이 든 세대에 속하니, 요즘 식으로 말하자면 '연락처가 저장된 스마트폰을 챙겨라'라는 뜻일 터다.

왜 그렇게 말했을까? 인맥을 넓히고 관계를 유지하는 것이 중요하다는 사실을 깨달았기 때문이다. 난관에 봉착한 상황에서 사람 운이 있는 사람은 '어떻게 해야 할까?'라고 자문하는 대신 '누가 내게 도움을 줄 수 있을까?'라고 질문한다. 모든 지식을 섭렵할 필요는 없다. 모든 지식을 섭렵한 사람을 아는 것으로 족하다. 나는 로켓 과학자가 아니다. 로켓 과학 분야의 전문 지식이 필요하면 내 친구 패트릭 에거스에게 전화하면 그만이다. 전직 로켓 과학자였던 그가 나를 도와줄 테니 말이다.

사람 운을 경험하게 하라

유유상종이라는 말이 있듯, 더 높은 경지에 오르고 싶다면 리더십 역량이 당신보다 더 뛰어난 사람들을 찾아 그 무리의 일원이 돼야 한다.

누군가 반에서 매번 1등만 한다면, 그 사람은 잘못된 반에 배정된 것이다.

리더들을 유치해 그들보다 더 똑똑하고 더 노련하고 더 뛰어난 사람들이 모인 그룹에 배치하라. 잠재력이 크다면 수완을 발휘해 리더로 두각을 나타낼 것이다. 누군가 반에서 매번 1등만 한다면, 그 사람은 잘못된 반에 배정된 것이다.

사람 운이 있는 사람들에게 도움을 구하게 하라

사람 운은 교류하는 사람들을 지속적으로 늘려나갈 때 얻을 수 있다. 이를 위한 최선의 방법 중 하나는 지인들에게 그들의 지인들을 소개받는 것이다. 나 역시 수년간 다음과 같이 질문하며 이를 실천해왔다. "제게 소개해줄 만한 사람을 아십니까?" 단, 당신이 육성하는 리더의 사람 운을 트이게 해주고 싶다면 위 질문을 던지게 하라. 당신을 잘 알고 신뢰하는 사람에게만 통한다는 점을 명심하라. 나는 신뢰 관계가 형성되지 않은 사람에게는 절대 그런 말을 하지 않는다. "당신이 누군지 모르는데 아무나 소개할 수는 없는 노릇이잖소."라는 답을 듣고 싶지 않아서다. 무엇보다 관계 구축이 우선이다.

사람 운을 얻을 자격을 갖추게 하라

자기 분야에서 더 나은 성과를 낼수록 그 분야의 권위자를 만날 가능성도 커진다. 운은 스스로 만들어내는 것이라는 말을 들어본 적이 있을 것이다. 열심히 노력하고 발전을 거듭해야 새로운 기회가 찾아올 때 그 기회를 잡을 수 있다는 말이다. 월등하면 그 길이 저절로 열린다.

리더가 더 나아가도록 돕는 일은 사람 운을 거머쥘 가능성을 더 높여주는 일이다. 누군가의 역량이 (10점 만점에) 2점이라면 8점인 사람들과는 교류할 수 없다. 사람들은 동급의 사람들에게 자연히 끌리기 때문이다. 그렇다면 어떻게 해야 할까? 그들이 포기하지 않도록 해야 한다. 즉, 더 나아가도록 도와야 한다.

사람 운을 늘리는 법을 코치하라

나는 진정으로 존경하고 본받고 싶은 사람과 관계를 맺을 때 한 가지 목표를 세운다. 그 사람을 한 번 더 만나겠다는 목표를 정하는 것이다. 하지만 만나달라고 애걸한다고 해서 상대방이 무조건 만나줄 것이라고 기대해선 안 된다. 그렇게 만들어야 한다. 내 경우 지나치다 싶을 만큼 만반의 준비를 하고 첫 만남에 임한다. 몇 시간이고 며칠이고 그 만남에 대해서만 생각한다. 과제라 생각하고 그 사람에 대해 조사한다. 저작이 있다면 한 권도 빼놓지 않고 읽는다. 묻고 싶은 질문을 신중하게 생각하고 모두 적어둔다. 더 물어볼 시간이 없으리라는 것을 알면서도 그 이상을 준비한다.

막상 만났을 때는 열성을 보이고 공통 관심사에 대한 열의도 보여준다. 끝 무렵에는 감사를 표한다. 그에게서 더 많이 배울 수 있는 기회를 잡을 수 있다면 뭐든지 한다.

최근에 나는 리더십 전문가이자 작가인 로빈 샤르마Robin Sharma가 주최한 콘퍼런스에 연사로 초청됐다. 그를 오랫동안 흠모해 왔지만 실제로 만난 건 처음이었다. 나는 그와 따로 만나는 시간이 예정돼 있다는 걸 알고 지속적으로 교분을 쌓을 수 있기를 희망하며 준비에 임했다. 그의 저작을 전부 읽어둔 덕에 그의 가르침은 익히 알고 있었다. 그래서 강연 도중 그의 말을 인용해 그의 연구가 내게 얼마나 큰 보탬이 됐는지 청중에게 알렸다. 강연 후에는 자리에 남아 책에 사인을 해달라는 청중의 요청에도 응했다. 내게 기대한 것 이상을 해내려고 최선을 다했다. 샤르마는 내게 감사를 표했고 기쁘게도 우리는 그 이후로도 친분을 이어오고 있다.

테이블에 함께한 잠재 리더들에게 배움을 얻고 싶은 사람과 교분을 맺고 기대 이상을 해내라고 가르쳐라. 훌륭한 리더들을 가까이하면 유익을 얻고 그들을 더 가까이할 수 있는 법을 스스로 깨치게 된다.

4. 리더십을 연습하게 하라

리더십을 배우는 단 하나의 방법은 직접 리더가 돼보는 것이다. 리더가 된다는 건 이론만으론 알 수 없는 것이다. 직접 실행해봐야 한다. 리더십을 키우려면 사업가든 자원봉사자든 직원이든 부모든 코치든 직접 리더가 돼봐야 한다. 처음에는 누구나 초보다. 잠재 리더들이 당신과 함께, 자신들을 도와줄 다른 리더들과 함께 테이블에서 연습할 수 있도록 해야 한다.

사이드는 《도약》에서 재능보다 연습이 중요하다고 썼다. 그는 심리학자 앤더스 에릭슨Anders Ericsson이 두 명의 동료와 함께 수행한 연구를 인용하며 서베를린 음악학교의 바이올리니스트들을 객관적인 평가에 따라 세 집단으로 나눠 진행한 연구 결과를 제시했다.

- 세계적인 스타 바이올리니스트로 성장할 실력을 갖춘 학생들
- 세계 최고의 오케스트라에 입단할 실력을 갖춘 학생들
- 음악 교사가 될 실력을 갖춘 학생들

이는 교수들의 의견과 해당 학생의 음악 경연대회 성적을 바탕으로 평가한 실력이다.

에릭슨은 세 집단 모두 성장 배경이 매우 유사하다는 사실을 발견했다. 대부분 8세 때 음악을 시작해 15세가 되기 전에 음악가가 되기로 결심했으며 약 네 명의 스승에게 사사했고 바이올린 말고도 평균 1.8개의 악기를 배웠다. 음악을 시작할 무렵 이들의 재능에는 두드러진 차이가

없었다. 차이를 만든 요인은 무엇일까? 바로 연습 시간이다. 20세에 이르러 하위 그룹에 속한 학생들의 연습 시간은 중간 그룹에 속한 학생들보다 4천 시간 적었으며, 중간 그룹은 상위 그룹보다 2천 시간 적었다. 상위 그룹은 1만 시간을 연습했다. 사이드는 에릭슨의 연구 결과를 두고 이렇게 썼다. "이 패턴에 예외는 없었다. 목표가 분명한 연습만이 최고의 실력자와 그렇지 않은 사람을 가르는 유일한 요인이다."[11]

> 리더십을 배우는 단 하나의 방법은 직접 리더가 돼보는 것이다.

리더를 육성하고자 한다면 리더십을 펼치고 단련하고 장려하는 자리를 제공해야 한다. 리더십을 연습할 수 있는 가장 좋은 자리 중 하나가 바로 리더십 테이블이다.

누구나 리더로 성장할 수 있다

리더로서 내가 누리는 가장 큰 즐거움은 리더를 육성하는 일이다. 일흔이 넘은 지금도 리더 육성이라면 매번 가슴이 벅차오른다. 20년 전 내가 마련한 테이블의 참여자 중 하나로, 지금껏 리더십 테이블에 수십만 명을 유치해 더 나은 리더로 변모시키는 일을 한 사람이 존 베리켄John Vereecken이다. 그는 현재 내가 운영 중인 비영리단체의 중남미 지부에서 리더십 변혁 프로젝트를 총괄하고 있다.

나는 2000년에 그를 처음 만났다. 당시 그는 25세였다. 미시간주 출신이었던 그는 아내 칼라와 함께 1985년부터 멕시코에서 생활하고 있었다. 그는 멕시코 산간 마을에 살고 있는 원주민들을 돕는 일을 하던 한 남성과 이 마을 저 마을을 도보로 이동하며 함께 작물을 심었다. 이들은 원주민을 도우며 종교적 믿음을 전파했다. 이후 베리켄은 몇 군데에 성경 학교를 열었고 교회 개척에 힘을 보탰다.

그는 중남미의 리더십 문화가 그가 자란 미국과는 크게 다르다는 사실을 절감했다. 미국인들은 뭐든 해낼 수 있다고 믿는데 반해 중남미인들은 자신감이 부족한 경향이 있었다. 이들의 리더십 모델은 할 일을 일일이 지시하는 것이다. 리더가 되고자 하는 사람은 '군중 통제'가 가능한 권력의 자리에 오르는 데 힘써야 했다. 베리켄은 이를 바꾸고 싶었다.

당시 나는 중남미에서 가장 유명한 찬송가 가수였던 마르코스 위트Marcos Witt를 알게 됐다. 위트는 내게 베리켄을 소개했다. 나는 그 두 사람이 멕시코인을 비롯한 중남미인들의 인식을 바꿔 리더가 가치를 창출하고 힘을 실어주고 성장하고 성공할 수 있게 돕는 리더십을 펼치고 싶어 한다는 사실을 알게 됐다.

베리켄은 《존 맥스웰 리더십 불변의 법칙》과 《작은 혁신》을 읽은 덕에 자신이 더 나은 리더가 될 수 있었고 누구나 배움을 통해 리더가 될 수 있다는 사실을 깨달았다고 말했다. 나는 그와 이야기를 나눈 것만으로도 큰 잠재력을 지닌 인물임을 알아볼 수 있었다. 그는 이미 많은 일을 하고 있었고, 나는 그를 돕고 싶었다. 나는 이렇게 말했다. "이 두 권의 책을 스페인어로 번역해 중남미에서 강의할 수 있는 권한을 드리겠소." 그리고 두 사람에게 중남미 최고의 리더들을 매년 한 차례 한자리에 모으면 직접 가서 리더십 강의를 하겠다고도 말했다.

당시 베리켄은 '설마 우리가 그 일을 해낼 수 있다고 생각하시는 건 아니겠지'라고 반신반의했다고 한다. 그는 자신의 능력에는 확신이 없었지만 의지는 충만했다. 얼마 지나지 않아 그는 온두라스의 산 페드로 술라San Pedro Sula에서 《존 맥스웰 리더십 불변의 법칙》을 강의했고 기업, 정부 기관, 교육계, 교회를 막론한 다양한 조직의 구성원들이 깨달음을 얻고 변화하는 모습을 지켜봤다. 그들은 리더십이 지위나 권력이 아니라 영향력임을, 그 영향력을 이용해 사람들을 도울 수 있다는 것을 깨달았다.

나는 베리켄이 중남미 각지에서 성공적으로 리더를 육성해내는 모습을 지켜봤다. 이큅이 중남미 교육 사업에 진출할 때 내가 도움을 요청한 사람도 그였다. 그는 자신이 운영하는 리더십 훈련 조직 리데레Lidere를 통해 50만 명의 중남미인들이 이큅의 리더십 교육을 받을 수 있게 도와주었다. 나는 그와 지금까지도 협력 관계를 유지하고 있다. 그는 과테말라, 파라과이, 코스타리카 등지에서 펼치고 있는 존 맥스웰 재단 사업에서 중추적인 역할을 맡고 있다.

나는 그에게 이러한 상호관계에 대한 견해를 물었다. 그는 다음과 같이 말했다.

맥스웰 씨는 리더십이 뭔지도 모르는 저를 믿어주셨죠. '맥스웰 씨는 자기 분야의 전문가이시니 그분이 할 수 있다고 생각하신다면 할 수 있을 거야. 그분을 실망시키고 싶지 않아'라고 생각했습니다. 그리고 맥스웰 씨를 더 깊이 알게 되면서 다른 사람에게 가치를 더하는 일이 왜 진정한 리더십의 토대인지를 깨달았죠.

맥스웰 씨는 여러 면에서 저를 성장시켜 주셨습니다. 재단의 힘을 빌려 이전에는 결코 주어지지 않았던 기회의 문을 열 수 있었죠. 바쁘신 와중에도 전화로 멘토링을 해주시고 식사 자리에서나 비행기 안에서나 행사 전 무대 뒤에서나 제게 시간을 할애해주셨습니다. 질문에 친절히 답을 해주셨고 리더십에 관한 지혜와 훈련법도 공유해주셨습니다. 저에게 리드할 기회도 주셨습니다. 중남미에서 대규모 사업들을 이끌어갈 기회를 주신 덕분에 리더십의 한계를 벗어날 수 있었죠. 대통령을 비롯한 대중 앞에서 강연하실 때도 옆에서 통역할 기회를 주신 덕에 저를 한층 성장시킬 수 있었습니다. 사람들과 교류하고 리더십 문화 속에서 일할 기회를 가진 것만으로도 저의 리더십 역량과 대인관계 기술을 발전시킬 수 있었어요.

이것이 바로 리더십 테이블로의 초대다. 그는 역량과 열정을 갖고 테이블에 참여해 도움을 청했다. 그는 테이블의 역동성을 몸소 체험했고 리더십 문화를 받아들였다. 멕시코에 살고 있어 가끔 만날 뿐이지만 그는 근접성의 힘이 가져다준 보상을 맛봤다. 리더가 되는 기회를 얻었고 역량을 한껏 발휘했다. 그는 월등했다. 이 모든 게 리더의 테이블에서 도움을 받은 덕에 가능했다.

'말이 쉽지. 나는 못 해낼 거야'라는 생각이 들지도 모른다. 내 대답은 이거다. "당신도 할 수 있습니다." 내가 출발했던 지점에서 시작하면 된다. 나는 내가 몸담고 있던 곳에서 리더를 육성하는 일을 시작했다. 나는 20대였고 최선을 다했지만 썩 훌륭하게 해내지는 못했다. 그래도 멈추지 않고 리더 육성에 매진했다. 시작은 미약했지만 나날이 실력은 향상됐고 그러면서 더 많은 리더들을 육성했다. 리더십 테이블로 꾸준히 사람들을 초대하고 그들과 함께 노력했다. 얼마 후 사람들이 나를 찾아 테이블로 와달라고 청했다. 하룻밤 사이에 일어난 일이 아니다. 그만한 가치가 있는 일은 결코 하루아침에 일어나지 않는다.

당신도 독보적인 리더십 테이블을 마련할 수 있다. 모든 상황에 만능인 리더는 없듯이 만능의 리더십 테이블도 없다. 중요한 건 시작하는 것이다. 리더와 잠재 리더를 찾아내 리더십 테이블로 초대하고 그 과정을 차근차근 밟아나가라.

THE LEADER'S
GREATEST RETURN

UNDERSTANDING

LEADERS

제3장

경청하고 이해하기

무작정 리드하기보다
먼저 들어주고 교감하라

2004년, 코카콜라에 위기가 찾아왔다. 컨설턴트 그레고리 케슬러Gregory Kesler에 따르면 "건강을 중시해 탄산음료에 반기를 든 소비자들과 신제품 출시 침체 현상, 꾸준한 직접 마케팅 감축, 4년 이상 폭락 중인 주가, 코카콜라 제조법의 '거품이 사라졌다'고 공언한 경제지"가 코카콜라를 위기로 몰아넣었다.[1]

코카콜라의 회장 겸 최고경영자였던 로베르토 고이주에타Roberto Goizueta가 1997년에 사망하면서 16년간 지속된 그의 리더십이 막을 내렸다. 그의 재임 시절, 코카콜라의 시장 가치는 40억 달러에서 150억 달러 이상으로 치솟았다. 창사 이후 불과 9대째에 일어난 일이었다. 하지만 그의 사후 코카콜라의 실적은 예전 같지 않았다. 그 이후로 2004년까지 더글라스 이베스터Douglas Ivester와 더글라스 대프트Douglas Daft

가 최고경영자로 각각 2년, 4년을 재임했지만 코카콜라를 성공으로 이끌지는 못했다.

2004년 5월 4일, 코카콜라는 네빌 이스델Neville Isdell을 새 회장 겸 최고경영자로 기용했다. 그전까지 이스델은 카리브해 바베이도스에서 은퇴 생활을 즐기고 있었다. 북아일랜드에서 태어나 잠비아에서 자란 그는 코카콜라에서 30년 이상 근무했다. 그는 1966년 잠비아의 코카콜라 보틀러bottler(탄산음료 제조 및 판매 업체―편집자)에서 일하며 코카콜라와 첫 인연을 맺었고, 6년 후에는 아프리카에서 가장 규모가 큰 요하네스버그 코카콜라 보틀링의 총괄책임자가 되었다. 그 이후로 세계 지부를 돌며 승진을 거듭한 끝에 영국 코카콜라 회장 겸 최고경영자가 되었고, 전 세계에서 두 번째로 큰 코카콜라 보틀러인 코카콜라 헬레닉 보틀링의 탄생을 진두지휘했다.[2]

이스델은 자신이 코카콜라에 최고경영자로 복귀하게 될 거라고 예상하지 못했다. 성공적인 업무 수행에도 불구하고 최고경영자 재목으로 인정받지 못했기 때문이다. 그럼에도 "가장 큰 도전"이라며 이를 수락했다.[3] 전문가, 투자자, 〈월스트리트 저널〉 할 것 없이 그의 부임에 회의적이었다. 그들은 이스델이 판세를 뒤집어 코카콜라를 꾸준하게 성장시킬 것이라고 생각하지 않았다.[4]

하지만 그를 잘 아는 사람들은 확신이 있었다. 캘리포니아 힐스보로Hillsborough의 음료업계 컨설턴트 이매뉴얼 골드먼Emanuel Goldman은 이렇게 말했다. "이스델은 업계를 속속들이 꿰뚫고 있는 최고의 적임자입니다. 대인관계 기술도 흠 잡을 데 없어 그를 만나면 누구든 기분이 좋아지죠."[5]

애틀랜타의 코카콜라 본사에 복귀한 첫날, 이스델은 직원들에게 이렇게 말했다. "여러분이 가장 중요합니다. 직원이 가장 중요합니다."[6] 직원들은 흐뭇해했지만 그 말을 진심으로 받아들였는지는 알 수 없었다. 그는 몇 년 뒤 한 인터뷰에서 이렇게 전했다. "코카콜라는 수년간 목표가 없었습니다. 하지만 성과를 내야 했고 저도 모든 걸 쏟아야 했죠. 직원들의 헌신을 다시금 이끌어내야 했습니다. 저는 장기적인 대책을 마련하는 것이 제 역할이며 많은 변화를 도입하기 전에 직접 돌아다니면서 경청하고 소통하고 싶다는 점을 분명히 밝혔죠."[7]

그는 전 세계 코카콜라 법인을 돌며 의견을 듣기로 했다. 그는 자서전에 다음과 같이 썼다.

> 취임 후 100일 동안 전략을 명확히 알리는 것은 통상적인 일이다. 주요 보직을 임명하는 등 여러 내부 조치를 취하면서 그 기간 동안에는 언론이나 애널리스트와 소통하지 않겠다고 선언했다. 바베이도스에서 상황이 전개되는 것을 지켜보며 갖게 된 선입견을 근거로 그 어떤 공언도 하고 싶지 않았다. 전 세계 법인을 돌면서 코카콜라와 관계를 맺고 있는 직원, 고객 등 핵심 인사들을 만나며 상황을 파악하고 싶었다.[8]

그가 자리를 비운 시간은 고작 3년이지만 그 무엇도 당연시하지 않았다. 핵심 리더들과 교감하며 직접 고충을 듣고 싶었다. 그는 이렇게 말한다. "코카콜라가 피드백이 없어진 지 오래라고 농담을 주고받았죠. 하지만 이를 바꿔야 한다는 것도 알고 있었습니다."[9]

그가 제일 먼저 착수한 일은 시카고를 방문해 다른 임원이 그르친 맥도날드와의 관계를 개선하는 것이었다. 그런 뒤 서부로 날아가 코카콜라의 이사 피터 워버로스Peter Ueberroth를 만나 자문을 구했다. 그리곤 인도와 중국, 멕시코시티와 리우데자네이루, 스페인을 차례차례 방문했다. 듣기 좋은 소리는 없었다. 보틀러나 협력사들과의 관계가 좋지 못했고 송사에 휘말린 곳도 있었다. 코카콜라의 평판은 땅에 떨어진 지 오래였다.

같은 해 8월, 이스델은 부하직원은 물론, 최고위 경영진 150명을 런던으로 집결시켜 코카콜라의 발전 계획에 대한 의견을 모으기로 했다. 이스델은 다음과 같이 썼다.

> 새로운 전략과 사훈만이 아니라 종합적인 성장 계획을 마련해야 했다. (…) 코카콜라를 다시 성장시키고 그 성장세를 장기적으로 유지하는 방안을 제시할 로드맵이 필요했다. 상명하달이 아니라 정리해고와 소송, 자주 교체되는 최고경영자, 지속적인 이윤 감소로 낙심한 최고위직 리더들이 구상한 체계적인 로드맵이 필요했다. (…) 회의가 진행됨에 따라 경영진이 코카콜라의 미래를 만들어나갈 수 있으리라는 확신이 들면서 열의도 커졌다.[10]

그는 이어서 전했다. "기업은 직원들의 뒷받침 없이는 성공할 수 없다. 리더십이 직원들에게 가장 이익이 되는 일을 실현시킬 수 있고 성공을 이끌어낼 수 있음을 설득시켜야 한다." 런던에서의 회의 후 그는 이렇게 말했다. "이제 직원들이야말로 목표를 달성하는 데 가장 결정적인 우군이 되었다. 회사의 목표가 곧 직원들의 목표가 된 것이다. 그들이 계획의 주체이며 우리의 목표에 믿음을 갖고 있다."[11]

그는 코카콜라를 옳은 방향으로 나아가게 만들었다. 그리고 자신의 뒤를 이을 후임 무흐타르 켄트Muhtar Kent를 키우는 데 적극 매진했다. 케슬러는 이렇게 썼다. "그의 리더십과 그가 발굴하고 육성한 후임 무흐타르 켄트의 리더십 덕분에 코카콜라는 11분기 연속으로 목표치를 달성했다. 2007년에는 총주주수익률이 30퍼센트였다. (…) CNBC는 최근 이스델을 가리켜 변혁을 일으킨 최고경영자라고 표현했다."[12] 이스델이 최고경영자직을 제안받은 2004년, 그의 나이는 60세였다. 2008년에는 켄트가 최고경영자로 취임했다. 2009년 이스델이 두 번째로 은퇴하면서 켄트가 회장으로 부임했고 그는 2019년 4월까지 기업을 성공적으로 이끌었다.

리더십은
인적 사업이다

나는 전작 《존 맥스웰 리더십 불변의 법칙》에서 리더가 도움을 청하기에 앞서 직원의 마음을 움직여야 한다는 '관계의 법칙'Law of Connection

에 관해 설명했다.[13] 이스델은 이 법칙을 실천했다. 그는 변화를 도입하기 전에 직원들과 교감했다. 리더로서 중요한 결정을 내리기 전에 리더십과 관련해 숱한 논의를 주도했다. 세계 각국의 코카콜라 지부에서 다양한 직책을 맡아 오랜 기간 근무하며 잔뼈가 굵은 사람이었음에도 자신이 일방적인 조치를 취해도 될 만큼 정통하다거나 직원들이 자신을 신뢰하고 있다고 넘겨짚지 않았다. 큰 변화를 도입하거나 〈월스트리트 저널〉 등 언론의 우호적인 관심을 얻는 일보다 직원과 교감하고 이해하는 것이 먼저라고 생각했다. 그는 취임 100일 후 조치를 취하기에 앞서 직원들을 의사결정 과정에 참여시켰다.

리더라면 여기에서 교훈을 얻어야 한다. 직원을 리드하고 육성하는 일보다 교감이 먼저다. 잠재 리더들과 공통분모를 찾아야 한다. 이는 능력이 아닌 태도의 문제다. 가수 캐롤 킹Carole King이 "교감하고 싶어요. 사람들이 '맞아, 내 맘도 그래'라고 생각하면 좋겠어요."[14]라고 말한 것과 비슷한 사고방식을 지녀야 한다. 그렇게 할 수 있다면 리더를 육성해 낼 수 있다.

질문하기, 경청하기, 인생 행로에 공감하기, 관점을 이해하기 같은 소프트 스킬은 작금의 리더십 환경에 매우 중요하다. 컨설팅 회사 워드스미스라포WordSmithRapport의 창립자이자 대표인 카리마 마리아마 아서Karima Mariama-Arthur는 이와 관련해 다음과 같이 말했다.

경험과 비즈니스 감각은 리더를 어느 지점까지만 앞으로 나아가게 해주는 역할을 할 뿐이다. 이해관계자 및 직원들과의 인간적 관계 형성 경험과 사회적 환경을 능숙하게 조정할 수 있는 능력은 특별한 리더만 가질 수 있는 덕목이 아니라 필수 덕목이 되었다. 글로벌 체제가 강화되고 있는 현실에서 차이를 이해하고 인정하고 활용하는 것은 효과적인 리더십에 매우 중요하다.[15]

하지만 그들이 여러분을 이해한다고 해서 저절로 헌신하고 따르는 건 아니다. 그들은 자신들이 이해받는다고 느낄 때 헌신하고 따른다. 이를 위해 리더는 다음과 같이 행동해야 한다.

- 직원을 소중히 여겨라.
- 그들의 필요성을 알려라.
- 성장 여정에 합류시켜라.
- 배우려는 의지를 가져라.
- 질문을 던져라.
- 자주 경청하라.
- 그들의 관점을 파악하라.
- 도움을 준 사람을 신뢰하라.
- 도움을 준 사람에게 감사를 표하라.
- '나'가 아닌 '우리'라고 말하라.

몇 년 전, 한 멘토는 내게 이렇게 말했다. "함께 땀 흘리면 열기를 견뎌

낼 수 있다." 나는 이 말을 실감했다. 리더가 함께 한다고 생각하면 그들은 리더와 함께 꿋꿋이 버텨낼 것이다. 이를 위한 최선의 방법은 그들의 관점에서 바라보려고 노력하고 항상 질문하고 더 잘 경청하는 사람이 되는 것이다. 지금부터 그 방법을 하나씩 살펴보자.

조직원의 관점에서
생각하기

좋은 리더십은 자기 중심적인 관점에서 타인 중심적인 관점으로 바꿀 때 발휘할 수 있다. 즉, 타인의 관점에서 세상을 보려고 노력해야 한다. 파이식스 테크놀로지Pyxis Technologies의 수석 컨설턴트이면서 트레이너, 코치를 겸하고 있는 스테판 수르덱Steffan Surdek은 이렇게 말했다. "관점은 개인이 세상을 바라보는 방식을 말한다. 관점은 개별적인 사고방식에서 생겨나며 삶의 경험, 가치, 마음가짐, 추측, 이외의 수많은 요인이 뒤섞여 형성된다. (…) 나의 관점이 내가 놓인 현실이라고 말하기는 쉽다. 이 말에는 진실이 담겨 있다. 하지만 어떤 상황을 공통의 현실로 바라보려면 더 많은 관점을 보태야 현실에 더 근접할 수 있다."[16]

이 다양한 관점을 어떻게 얻을 것인가?

1. 관점 중시 사고를 배워라

나는 리더 자리에 올랐을 때 다른 사람의 관점에서 생각하려고 노력하지 않았던 것이 후회된다. 다른 사람도 나처럼 생각하길 바라면서 왜 나와 다른 생각을 하는지 이해하지 못했던 것이다. 그런 까닭에 내 관점을 설득하는 데 많은 시간과 에너지를 쏟아야 했다. 그런 방식으로는 리더를 따르게 할 수 없다.

나는 다른 이들의 사고방식을 점차 이해하게 되면서 내 관점이 아닌 그들의 관점에서 리더십을 발휘하기 시작했다. 저마다 희망과 꿈은 다르지만 공통점도 적지 않다. 그 공통점을 파악하면 조직원들과 교감할 수 있다. 내가 알아낸 공통점은 다음과 같다.

- 대다수의 사람은 불안감을 갖고 있다. 그들에게 자신감을 심어줘라.
- 대다수의 사람은 자신이 남다르다고 생각한다. 그들에게 칭찬을 아끼지 말라.
- 대다수의 사람은 밝은 미래를 원한다. 그들에게 희망을 줘라.
- 대다수의 사람은 이해받고 싶어 한다. 그들의 말을 경청하라.
- 대다수의 사람은 나아갈 방향을 원한다. 그들과 함께 걸어라.
- 대다수의 사람은 이기적이다. 그들의 욕구를 우선시하라.
- 대다수의 사람은 낙심한다. 그들을 격려하라.
- 대다수의 사람은 소속감을 원한다. 그들의 의견을 물어라.
- 대다수의 사람은 성공하고 싶어 한다. 그들이 승리할 수 있게 도와라.
- 대다수의 사람은 인정받고 싶어 한다. 그들의 공을 치하하라.

타인을 재단하기보다 그들의 판단력과 관점을 있는 그대로 받아들여야 함께 일하고 리드하는 데 유리하다.

2. 관점을 파악하는 법을 연습하라

나는 회의가 끝나면 참석한 팀의 리더들에게 회의 내용에 대한 생각을 묻고 통찰을 구한다. 이들의 의견은 내가 놓친 것을 확인하는 데 유용하다. 회의실의 리더십 역학에 대해 어떤 생각을 하는지도 알 수 있다. 리더를 육성하는 과정에서 그들과 나는 관점을 주고받는다. 그러다 보면 자연스레 가르침을 전할 수 있고 리더를 육성하는 과정의 일환으로서 그들이 더 나아가는 데도 도움이 된다.

3. 관점을 조율하라

나는 목적을 달성하기 위한 회의에서든 행사를 치른 후에 총평을 나누는 자리에서든 다른 조직과 회의를 끝내고 나서 갖는 회의에서든 팀과 한자리에 모이면 팀원들의 관점을 파악한다. 하지만 그게 끝은 아니다. 대화의 진정한 가치는 여러 관점들을 조율하는 데서 비롯된다. 나는 한 팀원의 생각이 다른 팀원의 생각과 어떤 접점이 있는지에 역점을 두면서 관점을 조율한다. 내 생각과는 어떤 접점이 있는지도 말해준다. 그러고 나서 모든 관점들을 조직의 비전과 하나로 꿰기 위해 노력한다.

즉, 모든 이들의 비전과 관점을 확장하는 것이다. 리더의 사고법을 더 갈고닦을 수 있게 도우면서 공통된 관점을 새롭게 이끌어낸다. 이 관점으로 우리가 어떻게 발전할 수 있는지, 개별적으로 어떻게 득이 될 수 있는지, 팀의 역량을 어떻게 향상시킬 수 있는지 묻는다. 그러다 보면 모두들 골똘히 생각하며 자기만의 관점을 벗어나 인식을 더욱 확장시키게 된다. 타인의 관점에서 세상을 바라볼 때 비로소 리더십이 성장한다.

말하기보다
질문하라

타인을 진정 이해하고 싶다면 질문을 던져야 한다. 나는 말하기를 좋아하는 성격 때문에 나중에야 이를 깨닫게 됐고, 이후로 질문을 잘하기 위한 노력을 아끼지 않았다. 질문을 던지는 과정에서 나는 중요한 사실에 눈을 떴다. 그것은 질문이 방향을 제시하는 것과 정반대 효과가 있다는 점이었다. 방향을 제시하면 틀에 가두게 되지만 질문을 던지면 답을 직접 발견할 여지가 생긴다. 표현하고 소통하고 혁신하고 문제를 해결할 여지 말이다. 질문은 다음과 같은 역할을 한다.

- 열린 대화의 가능성을 열어준다.
- 타인과 그들의 견해에 가치를 부여한다.
- 서로를 더 잘 알 수 있게 해준다.
- 모두를 참여시킨다.
- 억측을 해소한다.
- 사고를 촉진한다.
- 대화의 방향을 제시한다.

누구도 정답을 알고 있는 건 아니며 누구나 실수할 수 있다는 사실을 전제하면 창의력이 넘치고 실수가 용납되며 실패에서 가르침을 얻는 문화가 조성된다.

팀원들에게 방향을 제시하기보다 질문을 더 많이 던지라고 말하자 한 리더가 좌절감을 표한 적이 있다. 그는 말했다. "질문을 던졌을 때 답을 이끌어내기가 어렵습니다." 리더십은 유도하는 것이 아니다. 영향력을 끼치는 것이다. 나는 답변을 유도하면 안 되며 그들의 사고와 행동에 영향을 끼쳐야 한다고 말했다. 그러려면 올바른 질문을 던져야 한다. 당신이 던지는 질문이 나아갈 방향과 속도를 알려준다. 질문이 심오할수록 이해가 깊어지고 관계 또한 깊어진다. 이는 결과적으로 리더십을 강화시킨다.

질문은 리더가 관계를 형성하는 데도 유용하다. 나도 한때는 질문을 던지면서 정보를 얻으려고만 했다. 하지만 그 과정에서 질문을 통해 상대방을 더 잘 알게 된다는 사실을 깨닫게 됐다. 더 잘 이해하게 되면 더 잘 리드할 수 있다. 거기에 생각이 미치자 더 분명한 목적을 갖고 질문을 던지게 됐다.

리더에게 억측은 모든 혼란의 근원이다. 사이먼 시넥Simon Sinek은 저서 《나는 왜 이 일을 하는가》에서 다음과 같이 말했다.

우리는 안다고 넘겨짚고 결정을 내린다. 그렇게 진실로 착각한 억측이 행동에 영향을 끼친다. 가령 지구가 평평하다는 사실을 대다수가 믿게 된 건 그리 오래된 일이 아니다.

옛날에는 탐험이 드물었다. 너무 멀리 가면 지구의 끝에 닿아 추락한다고 걱정했기 때문이다. 그래서 대다수는 그 자리를 벗어나지 않았다. 지구가 둥글다는 사실이 조금씩 드러나고 나서야 대대적인 행동 변화가 나타났다. 이것이 사실로 밝혀지자 인류는 지구를 휘젓고 다니기 시작했다. 무역 항로가 개척돼 향신료를 사고 팔았다. 수학과 같은 새로운 학문이 등장하면서 각종 혁신과 발전이 물밀듯이 쏟아져 나왔다. 억측을 바로 잡는 것만으로 인류는 전진해나갔다.[17]

리더는 잘 모르는 것이 있으면 자세히 살펴봐야 한다. 자신이 속속들이 안다고 착각할 때 리더십은 재앙을 일으킨다. 나는 추측하는 대신 질문을 던지면서 리더로서의 내 언행이 효과적이지 않다는 사실을 곧 깨달았다. 현실이 아닌 잘못된 추측에 근거해 결정을 내렸던 탓이다. 잘못된 추측을 의심하기 시작하자 리더십도 개선됐다.

잠재 리더를 육성하려는 준비 단계에 있다면 그들과 대면하기 전에 다음과 같은 기본 질문부터 던지길 권한다.

사전 질문

리더를 육성하는 리더는 앞을 내다봐야 한다. 다른 사람보다 더 넓게, 더 먼저 봐야 한다. 그러면 잠재 리더들과 최대한 생산적인 시간을 보낼 수 있는 질문을 준비할 수 있다. 이는 다음과 같은 목표를 달성하는 데 유용하다.

- 대화의 방향 설정하기
- 잠재 리더와 자신의 관점 비교하기
- 잠재 리더의 직관 파악하기
- 잠재 리더가 추측에 의존하는 비중 알아내기
- 의견의 일치 여부 파악하기

질문은 상황과 대상에 따라 달라지겠지만, 내 경우 비전을 제시하고 프로젝트를 추진하고 참여도를 높이고 멘토링에 착수하기에 앞서 다음과 같은 질문을 던진다.

"우리가 제시하는 비전에 대해 어떻게 생각하십니까?"
"이 프로젝트에 어떻게 접근해야 한다고 보십니까?"
"이 경험에서 무엇을 얻으리라고 보십니까?"
"이 대화를 어떻게 진행하면 좋을까요?"

언급했듯 질문은 방향을 제시하는 것보다 강력한 힘이 있다. 효과적으로 리더를 육성하고 싶다면 질문부터 하라. 방향은 나중에 얼마든지 제시할 수 있다. 답이 정해지지 않은 질문일수록 잠재 리더의 사고방식을 더 잘 파악할 수 있다. 어렵고 직관적이고 추상적인 주제일수록 답변하는 데 더 천부적인 리더십 재능이 필요하다. 나는 《존 맥스웰 리더십 불변의 법칙》에 나온 '직관의 법칙'Law of Intuition이나 '타이밍의 법칙'Law of Timing과 관련된 질문에 대한 답변을 할 때 더 뛰어난 기술이 필요하다는 사실을 알게 됐다. 직관의 법칙은 리더가 '리더십 관점'에 따라 모든 것을 판단한다는 것이다. 타이밍의 법칙은 해야 할 일이나 나아가야 할 방향 못지않게 리드해야 할 타이밍이 중요하다는 것이다.[18] 그런 의미에서 잠재 리더들에게 특정 상황에서의 리더십 역학을 평가해보라거나 조치를 취해야 할 시점을 파악하는 방법에 대해 질문하면 그들에 대해 많은 것을 알 수 있다. 리더로서 얼마나 앞서나간 사고방식을 갖고 있는지도 더 잘 평가할 수 있다. 수준 높은 리더라면 남다른 두각을 나타낼 것이다.

사후 질문

나는 리더가 자신의 경험을 평가하고 되돌아보게 만드는 질문을 즐겨한다. 얼마나 자각하고 있는지 가늠하고 싶고 그들이 관찰한 것과 느낀 바를 알고 싶고 배운 것은 무엇인지 이를 어떻게 적용할 것인지 알고 싶고 그다음으로 어떤 행동을 실행할 계획인지 알고 싶다. 사후에 좋은 질문을 던지면 깨달음과 학습을 자극할 수 있다. 그들이 교훈을 미처 깨닫지 못했다면 교훈을 전할 수 있는 시간을 마련해야 한다.

질문하는 법에 대해 더 알고 싶다면 전작 《인생의 중요한 순간에 다시 물어야 할 것들》을 읽어보라. 사전 질문은 사안을 설정해주고 사후 질문은 사안을 최대한 활용하게 해준다. 사전 질문은 준비하게 해주고 사후 질문은 성찰하게 한다. 두 질문 모두 이해를 증진시키고 더 효과적인 리

사전 질문이 사안을 설정해주고 사후 질문은 사안을 최대한 활용하게 해준다. 사전 질문은 준비하게 해주고 사후 질문은 성찰하게 한다.

더십과 리더 양성의 마중물이 된다.

경청은
신뢰를 이끈다

스티븐 샘플Steven B. Sample은 《창조적인 괴짜들의 리더십》에 이렇게
썼다. "평균적인 사람은 세 가지 망상에 빠져 있다. ①운전을 잘한다는
망상, ②유머 감각이 뛰어나다는 망상, ③사람들의 말을 경청한다는 망
상이 그것이다. 하지만 무수한 리더들을 비롯해 대다수의 사람은 벽창
호다. 그들은 말하는 것이 경청보다 중요하다고 생각한다."[19]

　인간은 절반만 듣고 그중 절반만 귀담아듣고 그중 절반만 알아듣고
그중 절반만 신뢰하고 그중 절반만 기억한다는 농담을 들은 적이 있다.
이를 8시간 근무제에 빗대면 이런 의미가 된다.

　듣는 데 4시간을 쓴다.
　그중 2시간은 귀담아듣는다.
　실은 그중 1시간만 듣는다.
　그중 30분만 알아듣는다.
　그중 15분만 신뢰한다.
　그중 7분 30초만 기억한다.

　그럴진대 성과가 없는 것도 놀랄 일은 아니다.

정신과 의사이자 작가인 데이비드 번즈David D. Burns는 이렇게 주장한다. "설득력 있게 말하려다 저지르는 가장 큰 실수는 자기 생각과 감정 표현을 우선시한다는 것이다. 대다수의 사람은 자신의 말을 경청하고 존중하고 이해해주는 사람을 원한다. 말이 통한다고 생각하면 상대의 관점을 이해하려는 마음도 커진다."[20]

상사가 벽창호라고 푸념하는 소리를 얼마나 자주 들었는가? 부모와 말이 통하지 않는다는 소리를 얼마나 자주 들었는가? 권위자들은 말하기를 더 선호한다. 하지만 교감하는 최고의 방법은 경청하는 사람이 되는 것이다.

1. 경청하면 이해하게 된다

소통을 가로막는 가장 큰 문제는 이해하려는 마음이 없는 데서 발생한다. 들으면서 답을 생각하기 때문이다. 작가이자 협상 전문가인 허브 코헨Herb Cohen은 이렇게 말했다. "효과적인 경청은 언어 그 자체를 듣는 것 이상이다. 의미를 찾아내 이해하는 것이다. 결국 의미는 말이 아닌 사람에 녹아 있다."[21]

내가 운영하는 모든 조직에서 높이 평가하는 가치는 이해심이다. 서로를 이해하면 더 잘 협력한다. 리더십은 이해하고 아끼는 사람들을 리드할 때 더 큰 효과를 발휘한다. 경청이 그 시작이다. 존 맥스웰 컴퍼니의 젊은 리더인 에릭 코로나Eric Corona는 입사 초반에 경청이 낳은 결과에 놀라움을 감추지 못했다. 그는 이렇게 말했다.

의욕 충만한 영업 전문가를 자처하는 만큼, 입사 첫날에 수습 기간 중 첫 2주는 영업 업무를 전혀 하지 않는다는 말을 듣고는 충격을 받았습니다. 그래서 불안감이 컸죠. 회사에 기여하기 위해 영업 계약을 따낼 준비가 돼 있었거든요. 그 대신 다양한 협력 부서 직원들과의 일대일 회의가 제 일정을 채웠습니다. 이 회의를 '서로를 알아가는' 회의라 불렀는데, 말 그대로 각 부서 직원들을 알아가는 게 그 목적이었죠. 각 부서 직원들의 역할을 알려주는 회의도 있었지만 대부분은 자신이 누구인지, 어디 출신인지, 가족 관계는 어떻게 되는지, 종교는 무엇인지, 취미는 무엇인지, 꿈은 무엇인지, 목표는 무엇인지 등 각 부서 직원들의 면면을 이해하기 위한 회의였어요. 이전 경험과는 많이 달랐죠. 이러다 영업 실적이 뒤처질지도 모른다는 불안감도 있었지만, 함께 일하게 될 사람들을 알아가는 것이 즐거웠습니다. 업무 동료로서의 측면만이 아니라 그 사람의 모든 면을 알아가는 시간이었으니까요. (그 와중에도 틈틈이 영업팀 시스템에 접속해 잠재 고객 명단을 작성하고 판매 전략을 구축하긴 했습니다. 어쩔 수 없는 천성이죠.)

그 첫 2주 동안 영업 업무에 전념하진 못했지만 타 부서 동료들과 관계를 정립한 덕에 직무를 성공적으로 수행하는 능력이 극적으로 향상되었습니다. 조직문화와 생리에 대해 많은 것을 알게 됐고, 타 부서 동료들과 관계를 형성하면서 업

무 수행 시 누구와 협력해야 하는지도 파악하게 됐죠. 동료
들이 저를 소중히 여기고 저의 성공을 위해 최선의 노력을
다해주리라는 것을 깨달으면서 도움을 청할 수 있는 자신감
도 갖게 되었습니다.

회사가 신입 직원에게 '손자국'을 낼 수 있는 30일 남짓의
'젖은 시멘트' 단계가 지나면 사고방식, 태도, 습관 등이 굳
어져 바꾸기 힘들어진다는 얘기가 있습니다. 초기 관계 형
성의 중요성을 깨닫게 해주신 존 맥스웰 컴퍼니에 감사드립
니다.

그는 우리 팀의 귀한 일원이 되었다. 교감이 이루어지지 않은 사람에
게 도움을 요청하는 건 불합리한 처사다. 효과적이지도 않다. 나의 멘토
인 존 우든John Wooden은 이렇게 말한 적이 있다. "먼저 경청하면 상대방
도 더 많이 경청하려 한다는 사실을 이해하는 게 그다지도 어려운 일인
가?"

2. 경청은 배움에 이르는 최선의 길이다

방송 진행자 래리 킹Larry King은 이렇게 말했다. "나는 매일 되된다. '오
늘 내가 하는 말에서 내가 배울 건 없다. 배우려면 상대방의 말을 들어야
한다'라고."[22] 듣지 못하면 배움의 기회를 놓치고 만다.

리더는 높은 자리에 오를수록 고립되기 쉽다. 대통령 퇴임을 하루 앞
둔 날, 해리 트루먼Harry Truman은 후임인 드와이트 아이젠하워Dwight

Eisenhower에게 이렇게 말했다고 한다. "사람들이 당신을 솔직하게 대하는 날은 오늘로 끝입니다." 그는 권력과 성공이라는 후광 때문에 직언이 아닌 감언만을 하는 사람이 많아질 거라는 사실을 알고 있었다. 심지어 리더는 더 이상 다른 사람의 말을 들을 필요가 없다고, 모두가 자기 말만 들어야 한다고 생각하게 되기 쉽다. 이를 빗대 백악관에 입성하면 으레 '거품'bubble속에 살게 된다고들 한다.

효율적인 리더가 되려면 최우선사항을 경청하고 나날이 배워야 한다. 결과를 보고 싶다는 이유로 안달해선 안 된다. 다른 사람의 말을 자기 말보다 더 중시해야 한다. 리더가 높이 올라갈수록 일선에서 더 멀어지고 실상을 알기 위해 다른 사람의 말에 의존하는 경향이 강해지기 때문이다. 경청은 정보를 수집하고 배우고 타인을 이해하고 교감하는 최선의 방법이다.

3. 경청은 신뢰와 교감을 낳는다

빌리 그레이엄Billy Graham 목사는 이렇게 말했다. "고난을 겪는 사람에게 필요한 것은 훈계가 아니다. 귀 기울여줄 사람이다."[23] 수차례 그와 함께한 경험이 있어 그가 훌륭한 경청자라는 사실은 익히 알고 있다. 귀 기울여 듣는 자세는 상대방을 감화시킨다. 그래서 많은 사람들이 그토록 오랫동안 그와 사업 동반자로 함께하는 게 아닐까 싶다. 조지 베벌리 시어는 1947년부터 죽기 전까지 그와 함께했다. 그는 96세였던 2005년, 뉴욕의 한 부흥회에서 찬송가를 부르기도 했다. 클리프 배로 역시 그레이엄 목사의 음악 이사로서 60년 이상 봉직했다. 부흥회 및 상담

이사인 아트 베일리는 자신은 "그나마 짧은 편"이라며 그와의 인연이 불과 20년에 지나지 않는다고 말했다.[24]

진심으로 경청하고 비밀을 지키는 리더는 함께 일하는 이들의 신뢰를 얻는다. 젊은 시절, 나는 리더로서 비밀을 지키는 데는 어려움이 없었지만 경청하는 데는 어려움이 컸다. 나는 팀원들의 말을 듣기보다 내 업무를 처리하는 데 더 큰 관심을 뒀다. 한 팀원이 내가 귀 기울여 듣지 않는다고 지적하고 나서야 내게 문제가 있다는 사실을 알았다. 아이러니하게도 그들의 말을 경청했다면 내 문제를 더 빨리 파악했을 것이다. 다른 사람들도 오래 전부터 그 말을 하고 싶었을 테지만 내가 귀를 닫고 말았다. 그녀는 자신의 생각이나 의견, 느낀 바를 마음 놓고 털어놓기엔 내가 믿을 수 없는 사람이라고 여겼다. 나는 그녀의 신뢰를 얻어야 했고, 그 출발점은 경청하는 사람이 되는 것이었다.

작가이자 교수인 데이비드 아우그스부르거David Augsburger는 이렇게 말했다. "보통 사람이 자신의 말을 누군가 귀담아들을 때 느끼는 감정은 사랑받는다는 느낌과 다르지 않다."[25] 경청하면 저절로 이끌린다. 이는 리더십을 강요하는 것보다 훨씬 더 효과적이다. 공감은 신뢰를 이끌어낸다.

경청은 관계를 형성한다. 나는 2018년에 제휴관계를 논의하러 케냐에 간 적이 있다. 케냐에서 리더십팀과 나는 최고위 리더들과 만나 수일간 논의를 이어갔다.

마지막 날이 출장의 절정이었다. 내가 운영하는 비영리단체 한 곳이

> "보통 사람이 자신의 말을 누군가 귀담아들을 때 느끼는 감정은 사랑받는다는 느낌과 다르지 않다."
> – 데이비드 아우그스부르거

내 친구 롭 호스킨스Rob Hoskins가 이끄는 원호프OneHope와 제휴해 수백만 명의 아프리카 고등학생을 대상으로 내 리더십 강좌를 열기로 합의한 터였다. 500명의 고등학생들이 한자리에 모였고 그들 중 몇 명이 배운 내용을 실생활에 적용하면서 얻은 교훈을 들려줬다.

이 젊은 리더들을 만나고 이야기를 들은 나는 크게 감격했다. 나는 맨 앞줄에 앉아 그들이 얻은 교훈에 귀 기울였다. 내가 창안한 개념을 다른 이에게서 배우는 느낌이었다. 나는 그들의 이야기를 들으며 틈틈이 필기했다. 가슴이 벅차올랐다.

이야기를 마친 후 그들은 내게 강연을 요청했다. 자신들이 공부한 교재를 집필한 사람의 직강을 들을 생각에 한껏 들떠 보였다. 아마도 리더십 강의를 기대했으리라. 그런데 나는 리더십 강의 대신 방금 들은 이야기를 들려줬다. 그들의 이야기를 귀담아들었다는 것을, 리더로서의 경험을 들으며 얼마나 벅찬 기분을 느꼈는지를 알려주고 싶었다. 그들 각자의 이야기에 대해 얘기하고 내 감상을 덧붙이고 격려를 아끼지 않았다.

행사가 끝날 때쯤 함께 사진을 찍어달라는 요청을 받았고 그들도 나도 즐거워했다. 나는 그 사진을 내 핸드폰에 고이 간직하고 있다. 그 사진은 내 영감의 원천이다. 나는 말했다. "여러분 중에서 케냐 대통령이 배출되면 한 번 더 초대해주세요." 그들은 펄쩍 뛰며 환호성을 질렀다. 나는 그들의 이야기를 경청했고 그들을 아끼는 내 마음을 표현했다. 그들은 이해받고 있다고 느꼈다. 나도 감사한 마음이었다. 그렇게 우리는 교감을 나눴다.

스트렝스 파트너십Strengths Partnership의 공동 창립자이자 리더십 코치인 제임스 브룩James Brook은 다음과 같이 말했다.

> 연구에 따르면 대다수의 리더는 부하직원이나 다른 직원들과 소통할 때 자기 주장을 굽히지 않고 설득하려 하는 등 여전히 자신을 변호하는 방법을 이용한다. 이런 행태는 최고위 리더나 조직문화에 의해 강화돼 결과적으로 적극적 경청과 질문이 아닌 '말하기' 접근법을 조장한다.[26]

잠재 리더가 어떤 사람인지 목표가 무엇인지 관심사가 무엇인지 어떤 사고방식을 지니고 있는지 어떤 방식으로 기여하고 싶은지를 알지 못하면 그들의 능력을 최대한 이끌어낼 수 없다. 이는 경청할 때라야 알 수 있다. 경청하면 자신들이 중심에 있다고 생각하게 된다. 부하직원이 아닌 동등한 협력자로 생각하게 된다. 당신이 그들을 소중히 여기기에 그들은 당신을 더욱 신뢰하게 된다.

리더로 육성하고 싶은 사람이 있다면 가장 먼저 해야 할 중요한 일 중 하나가 바로 이해하고 교감하는 것이다. 중요한 건 이는 상호 노력이 필요한 일이라는 것이다. 잠재 리더를 이해하고 싶다면 잠재 리더가 당신을 더 잘 이해할 수 있는 기회를 줘야 한다.

나의 리더십 육성 초기 성공 사례 중 하나는 바버라 브루마진Barbara Brumagin이다. 그녀는 1981년부터 내 조수로 일하면서 혼자 힘으로 빠르게 리더로 성장했다. 둘 다 어렸으니 그녀를 육성하는 과정에서 실수도 많이 있었다. 그럼에도 그녀는 잠재력을 꽃피웠다. 젊은 리더가 되고자 하는 그녀의 열망이 내 능력보다 컸기 때문이다.

이 책을 집필하면서 나는 당시의 경험을 들려달라고 그녀에게 부탁했다. 그녀가 들려준 얘기가 자화자찬처럼 들릴지도 모른다. 하지만 이 일화를 들려주는 의도는, 내가 그랬듯 미숙하더라도 리더와 교감하는 것이 중요하다는 사실을 전하기 위해서다. 전문가일 필요도 없고 고도의 기술이 필요한 것도 아니다. 그들을 이해하고 그들이 당신을 이해하도록 기회를 주면 된다. 브루마진은 당시의 경험을 다음과 같이 전했다.

> 입사 첫날, 제 책상이 맥스웰 씨 사무실 가까이에 있어 책상에서 일하시는 모습이 다 보였고 목소리도 잘 들렸어요. '열린 문 정책'open-door policy(조직의 리더들이 사무실 문을 개방해 두고 현장 직원들과 기탄없이 대화를 나누는 정책 — 편집자) 이상의 효과가 있었죠. 일상적인 업무뿐 아니라 중대한 업무를 처리하시는 모습, 장단기 계획을 수립하시는 모습, 사람들과 교류하시는 모습을 다 봤죠. 중대한 시점마다 시간을 내서 리더의 사고법을 가르쳐주셨고 의사결정을 내리는 방법도 알려주셨습니다. 그 과정이 제가 과업을 이해하고 대비하는 데 도움이 됐죠.
>
> 가족과 소통하시는 걸 들으면서 언행을 통해 사람을 사랑하고 긍정하고 격려하는 법을 배웠습니다. 아무리 일정이 빠듯해도 아내와 자녀와의 통화를 항상 최우선시하셨죠.

비서들을 참여시키지 않는 주간 계획 회의에도 저를 참석시키셨습니다. 그 덕에 새 과업에 대비하고 프로젝트를 이해하고 팀원들에게 필요한 것을 파악할 수 있었죠. 회의가 끝나면 질문이나 피드백이 있는지 추가 설명이 필요한지 물어보셨고 보고 배운 것이 무엇인지도 물어보셨습니다. 제 생각을 중요하게 생각해주신 덕에 인사고과 과정도 이해할 수 있었죠. 만날 때마다 항상 질문할 기회도 주셨습니다.

그리고 항상 제게 고마움을 표하셨습니다. 대화가 끝나면 "도와줘서 고마워요."라고 말씀하셨죠. 지금도 전화 통화를 할 때면 "내가 도와줄 게 있나요?"라고 물어보십니다.

그녀는 훌륭한 업무 파트너였다. 함께 일한 11년간 그녀가 얼마나 큰 도움이 됐는지 이루 말할 수 없을 정도다. 그녀는 조수로 시작해 그 이상으로 성장했다. 조직의 비전을 위해 헌신하려는 마음이 있었다. 그녀를 이해하고 열린 마음으로 대하며 나를 이해할 수 있도록 돕자 그녀는 더 많은 책임을 짊어질 수 있었다. 그녀는 나를 대신해 소통하고 결정을 내릴 수 있는 사람이었다. 초기에는 자신의 업무 처리를 일일이 확인받곤 했지만 얼마 지나지 않아 먼저 집행하고 사후 통보할 정도로 리더십이 무르익었다. 서로를 너무 잘 알고 있었기에 가능한 일이었다.

리더를 육성하면서 큰 효과를 거두고 싶다면 잠재 리더와의 교감을 계속해야 한다. 그들이 어떤 사람인지 알아야 하고 그들을 이해하기 위해 갖은 노력을 기울여야 한다. 그들도 여러분을 이해하고 가르침을 얻을 수 있도록 열린 자세를 가져야 한다. 그것이야말로 리더를 육성하는 리더로서 최고의 경지에 오를 수 있는 유일한 길이다.

THE LEADER'S
GREATEST RETURN

MOTIVATING LEADERS

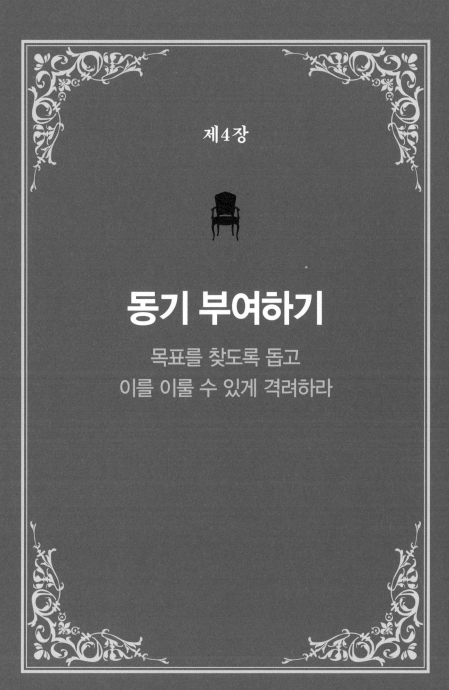

제4장

동기 부여하기

목표를 찾도록 돕고
이를 이룰 수 있게 격려하라

"어떻게 동기를 부여할 수 있을까요?"

리더들이 가장 많이 묻는 질문 중 하나다. 그럴 만한 이유가 있다. 조직이든 팀이든 동기가 부족한 사람이 있기 마련이며, 이들을 움직이게 하는 일은 어렵기 때문이다. 설령 움직인다 하더라도 시간이 얼마간 흐르면 원상태로 돌아간다. 사실 동기를 불어넣는 건 그다지 어렵지 않다. 지속적으로 동기를 부여하는 게 어렵다. 진이 빠지는 일이다. 지글러는 이렇게 말했다.

"흔히들 동기가 오래 못 간다고 한다. 몸을 매일 씻으라고 하듯 동기도 매일 부여해야 한다."

옳은 말이다.

내적 동기인가,
외적 동기인가?

대니얼 핑크Daniel Pink는 《드라이브》에서 동기부여에 대해 예리하게 파헤친다. 이 책은 위스콘신대학교 심리학과 교수 해리 할로Harry F. Harlow와 두 동료가 1949년에 수행한 붉은털원숭이 실험에 관한 이야기로 시작한다. 할로와 그의 아내 마거릿Margaret, 도널드 마이어Donald Meyer는 영장류가 학습하는 방법을 알아내기 위해 원숭이들에게 퍼즐을 풀게 했고 이 행동과학자들은 동기부여에 관한 뜻밖의 결과를 얻었다.

당시 과학계는 동기 부여에 영향을 주는 요인이 생물학적 동기와 외적 인센티브 중 하나라고 생각했다. 생물학적인 내적 동기는 배고픔, 갈증, 성적 욕구에서, 외적 동기는 보상을 추구하고 처벌을 피하려는 욕구에서 비롯된다. 이들은 이 실험에서 원숭이들이 단순히 완수하는 즐거움을 만끽하려고 퍼즐을 완성한다는 사실을 발견했다.

핑크는 할로가 인간을 포함한 영장류에게 제3의 욕구가 있다는 매우 급진적인 결론을 내렸다고 말한다. 즉, 과업을 수행하는 것만으로 내적 보상이 주어진다는 것이다. "원숭이들이 퍼즐을 푼 이유는 그 자체로 만족스러운 경험이기 때문이었다."[1]

행위 자체의 즐거움 때문에 골프를 치고 노래를 배우고 '병 속의 배'를 만들어본 사람이라면 이 말에 동의할 것이다. 하지만 핑크는 연구 결과가 "세상을 바꿀 만한 발견이었지만 세상을 바꾸지는 못했다"고 말했다.[2] 더 놀라운 사실은 또 다른 연구자인 에드워드 데시Edward Deci가 20

년 후 동기를 측정하는 후속 실험을 수행하면서 드러났다. 그는 대학생들에게 퍼즐 과제를 내주면서 그중 일부에게는 금전적인 보상을 했고, 일부에게는 아무런 보상도 하지 않았다. 핑크는 이렇게 썼다.

> 인간의 동기에는 대다수의 과학자들 및 일반인들의 믿음과는 상반되는 법칙이 작용하는 듯했다. 우리는 사무실에서든 운동장에서든 사람들을 움직이게 하는 요인을 알고 있었다. 현금 등의 보상은 관심을 높이고 성과를 향상시키는 효과가 있다. 데시가 두 번의 후속 연구를 진행해 알게 된 사실은 정반대였다. 그는 이렇게 썼다. "어떤 활동에 대한 외적 보상으로 돈을 줄 경우 피실험자들은 그 활동에 대한 내재적 관심을 잃게 된다." 카페인 한 방울로 몇 시간은 더 활동할 수 있는 것처럼 보상은 단기적인 부양 효과가 있다. 그러나 그 효과는 차츰 사라진다. 더 나쁘게는, 꾸준히 해나가고자 하는 장기적인 동기를 떨어뜨릴 수 있다는 것이다. (…) "어린이나 직원, 학생의 내적 동기를 개발하고 강화하고 싶다면 외적 통제 시스템에 중점을 두면 안 된다."[3]

핑크는 외적 동기가 역효과를 부를 수 있다는 주장을 뒷받침하는 또 다른 연구 결과들도 소개하며 이른바 외적 동기의 '치명적인 일곱 가지 결점'을 설명했다. 그는 외적 당근과 채찍이 다음과 같은 역효과를 불러올 수 있다고 말했다.

1. 내적 동기를 없앨 수 있다.

2. 성과를 저해시킬 수 있다.

3. 창의력을 저하할 수 있다.

4. 선한 행동을 강요할 수 있다.

5. 부정행위, 편법, 비윤리적 행위를 부추길 수 있다.

6. 중독될 수 있다.

7. 근시안적 사고를 조장할 수 있다.[4]

여기서 이 장의 초반에서 언급한 질문으로 돌아가보자. 나는 어떻게 동기를 부여하느냐는 질문을 받으면 그런 일은 없다고 답한다. 나는 강제하지 않는다. 그 대신 영감을 주고 스스로 동기를 찾을 수 있도록 도우려 한다. 내가 먼저 동기를 찾고 내가 리드하는 사람들에게 바라는 행동을 솔선수범해 보인다는 말이다. 좋은 리더라면 스스로 영감을 얻을 수 있도록 돕는 역할에 그쳐야 한다. 나는 그들 스스로 내적 동기를 발견하면 더욱 분발할 수 있도록 격려하는 역할을 한다. 그리고 내적 동기를 이용하는 습관을 들일 수 있게 지도하려 한다.

이는 개별 팀원들을 얼마나 알고 있느냐에 달린 문제다. 그들과 교감하고 그들을 이해하고 그들을 실행에 옮기게 하는 것이 무엇인지 알아야 한다는 뜻이다. 스스로를 더 잘 이해하도록 돕는 역할도 해야 한다. 이는 인간적인 접근 없이는 불가능한 일이다. 그들의 관심을 얻어야 동기를 부여할 수 있다. 그러려면 무엇이 그들에게 영감

좋은 리더라면 스스로 영감을 얻을 수 있도록 돕는 역할에 그쳐야 한다.

을 주는지 세심하게 살펴야 한다. 비즈니스 코치인 도미니크 안데르스Dominique Anders가 말했듯 "한 사람 한 사람에 대한 관심이 중요하다. 리더가 포괄적인 정책을 펴면서 성과를 기대하는 시대는 지났다. 리더가 소통하고 동기를 부여하고 영감을 주면서 각 팀원의 개별적 차이를 인정하면 큰 효과가 나타날 것이다."[5]

잠재 리더를 움직이는 일곱 가지 동기

핑크는 사람을 움직이게 하는 내적 동기가 세 가지라고 말했지만 수십 년간 사람들과 협력 관계를 다져온 내 관점에서 보면 일곱 가지다. 세 가지는 핑크가 제시한 동기와 동일하다. 리더들과 협력하며 그들을 알아가다 보면 한 사람 한 사람의 내면에 들어 있는 하나 이상의 '불꽃'을 감지하게 된다. 당신의 역할은 그 불꽃을 찾아내 활활 타오르게 하는 것이다. 그 역할을 해낼 때 리더들은 최선을 다할 뿐만 아니라 현명하게 업무에 임할 것이다. 동기에 부합하는 일을 하고 있기 때문이다.

1. 목적의식 – 리더는 소명에 부합하는 일을 원한다

내가 목격한 가장 강력한 동기는 단연 목적의식이다. 인간 정신은 싸울 가치가 있는 대의가 있을 때 활기를 띤다. 목적의식이 있으면 해야 하는 일이 하고 싶은 일로 바뀐다. 인간은 찬사를 듣고 싶어서가 아니라 대의를 위해 산다.

안타깝게도 목적의식이 없는 경우가 많다. 그들은 자신만을 위해 산다. 좋은 것도, 옳은 것도, 노력하고 희생할 가치도 없다고 생각하면 삶이 무의미하고 시시하게 느껴진다. 긍정적인 자의식과 끈기도 부족하다. 어떤 행동을 하든 무슨 일을 하든 고양감을 느끼지 못하고 자존감도 높아지지 않는다. 하지만 목적의식을 느끼면 모든 것이 변한다.

나는 클레어 부스 루스Clare Boothe Luce와 케네디 대통령John F. Kennedy이 1962년 나눈 대담을 옮긴, 페기 누넌Peggy Noonan의 칼럼을 읽은 적이 있다. 그녀는 이렇게 썼다.

> (루스는) 케네디 대통령에게 "위대한 사람은 한 문장이다."라고 말했다. 그의 리더십은 한 문장으로 요약할 수 있어 굳이 이름을 대지 않아도 누구를 말하는지 알 수 있다. "그는 미국을 지켰고, 노예를 해방시켰다." 또는 "그는 대공황에서 우리를 구했고 세계대전을 승리로 이끌었다."라는 말만 들어도 '링컨 대통령'이나 '프랭클린 루스벨트 대통령'임을 알 수 있다.
> 루스는 케네디 대통령의 리더십을 가장 잘 표현하는 문장이 무엇인지 궁금했다. 그녀는 케네디 대통령에게 당대의 큰 주제들과 시대적 요구를 인식하고 거기에 역점을 두라고 주문하고 있었다.[6]

이런 글은 내게 자극이 된다. '내겐 그 한 문장이 뭘까?' 하고 즉시 자문하게 된다. 당신도 그렇게 생각하는가? 내 경우 답은 이것이다. '나는 리더가 주위를 변화시킬 수 있도록 자극하는 변혁의 촉매제가 되고 싶다.' 당신의 한 문장은 무엇인가? 한번 생각해보라. 목적의식을 갖고 있고 그에 따라 살고 있다면 리더들이 목적을 찾도록 돕는 일이 한결 수월해진다.

자신의 목적의식을 찾거나 리더들이 목적을 찾는 데 도움이 되려면 첫 단계로 다음 질문을 던져보라.

- 재능: 잘하는 일이 무엇인가?
- 욕구: 무엇을 하고 싶은가?
- 인정: 다른 사람들은 당신이 잘하는 일이 무엇이라 생각하는가?
- 성과: 생산적인 성과를 얻기 위해 무엇을 하고 있는가?
- 성장: 역량 개발을 위해 무엇을 하고 있는가?

곰곰이 생각하고 답을 찾아보라. 구체적일 필요는 없다. 한 문장이나 한 구절, 두어 개의 단어로 답해도 충분하다.

이제 당신의 답을 살펴보자. 각 질문의 답이 일맥상통한다면 목적의식을 찾은 것이다. 가령 재능과 욕구가 양립하지 않는다면 목적의식을 찾지 못한 것이다. 자신의 재능과 다른 사람이 인정하는 재능이 다르다면 재능을 정확히 파악하지 못한 것이다. 하고 싶은 일이 있지만 좀처럼 실력이 늘지 않는다면 그 일이 목적이 아닐지도 모른다. 재능, 욕구, 인정, 성장 전부 일치하고 타인도 이에 동의하고 인정한다면 소명을 실천하고 있는 것이다. 그렇지 않다면 다시 찾아야 한다.

리더를 육성하는 리더의 책무는 위의 질문을 자문하고 솔직하게 답할 수 있게 돕는 것이다. 존 맥스웰 컴퍼니의 리더와 코치들은 자신들이 교육시킨 리더들의 가장 큰 문제로 부실한 자기 인식을 꼽았다. 최고위 임원진조차 자신을 객관적으로 인식하지 못한다. 자신의 장단점조차 알지 못한다. 그러니 목적의식도 찾지 못한다.

자신이 왜 이 땅에 발을 디디고 있는지, 할 일이 무엇인지 알면 동기를 부여해줄 사람이 필요 없다. 목적의식은 스스로에게 영감을 불어넣는 것이다. 당신은 변화를 만들어낼 수 있다. 식물학자 조지 워싱턴 카버George Washington Carver는 말했다. "이 세상에 태어나 의미 있는 명분 없이 살다 죽을 권리는 그 누구에게도 없다."[7] 자신의 목적을 알면 세상에 긍정적인 영향을 미칠 수 있다.

2. 자율성 - 리더는 자유를 원한다

나는 수년간 전 세계의 수많은 직판 조직을 대상으로 강연을 다녔다. 그들의 열의가 남다르다 보니 나도 늘 즐겁게 강연한다. 지역과 조직에 따라 판매 상품도 다르고 사는 나라에 따라 문화도 다르지만 이들에게는 한 가지 공통점이 있다. 바로 자유를 사랑한다는 점이다. 판로를 선택할 자유, 업무 방식을 결정할 자유, 자신의 잠재력을 찾아낼 자유 말이다. 한 가지 분명한 건 자유가 큰 제약을 받았던 역사를 가진 나라에서 자율성을 얼마간 경험하게 된 이들의 경우 그 기회를 십분 이용할 줄 안다는 것이다. 그들은 행복도도, 생산성도 훨씬 높다.

미국의 역사를 되돌아보면 자유의 힘을 실감할 수 있다. 가령 역사학자 조지프 컬런Joseph P. Cullen은 다음과 같이 썼다.

> 1607년 영국인들이 제임스타운 Jamestown에 세운 정착지는 공유 체제였다. 모든 것이 공동 소유였기 때문에 초기에는 노동을 하지 않는 사람들이 대다수를 차지했다.
>
> 존 스미스 John Smith가 공동체의 대표가 됐을 때, 그는 데살로니가후서 3장 10절을 인용하며 다음과 같은 규칙을 만들었다. "질병으로 인해 몸을 쓸 수 없는 자를 제외하고, 노동하지 않는 자는 먹지 못할 것이다." 그러자 갑자기 생산성이 폭발했다. 훗날 토머스 데일 경 Sir Thomas Dale이 공동체 대표가 되면서 자격을 갖춘 개인이 소규모의 땅을 경작할 수 있게 했다. 당시 일기장에는 이렇게 적혀 있었다. "30명이 나서도 소출을 거두지 못했는데 지금은 두세 명이 거뜬히 소출을 내 자급자족한다."[8]

패턴이 보이는가? 공동으로 소유하고 결정의 자유가 없었던 때에는 근면 노동에 대한 인센티브가 적었다. 강제로 일하는 사람도 있었다. 그러다 선택의 자유와 노력에 대한 보상이 주어지자 생산성은 거의 열 배 증가했다.

핑크는 《드라이브》에서 320개 중소기업을 대상으로 한 코넬대학교의 실험 사례를 통해 자율성의 힘을 설명한다. 이들 기업 중 절반은 업무 처리의 자율성을 보장해주고 나머지 절반은 상명 하달로 업무를 지시했더니 짐작한 대로 자율성을 부여받은 중소기업이 그렇지 못한 기업에 비해 네 배 더 빨리 성장했고 매출도 3분의 1 더 높았다.[9]

나는 선택권이 있는 삶이 좋다. 대다수도 그럴 것이다. 내 리더십 스타일을 지시에서 질문으로 바꾼 주된 이유 중 하나는 팀원에게 더 큰 자율성을 부여하기 위해서였다. 서로 의견을 나누게 하고 알아서 생산적인 방식을 찾게끔 선택의 여지를 주면 부하직원을 아끼는 마음을 더더욱 실감하게 되고 자기 삶에 대한 통제력도 갖게 된다.

3. 관계 – 리더는 협력을 원한다

삶에서 가장 큰 즐거움 중 하나는 내가 소중히 여기는 이들과 중요한 일을 함께하는 것이다. 이는 팀 차원의 협력이나 제휴를 통한 효율성 높이기 그 이상의 의미를 지닌다. 나는 전작 《신뢰의 법칙》에서 협력은 이길 확률을 높여준다는 파트너십의 원칙을 설명했다.[10] 여기에 덧붙이자면 협력은 일하는 즐거움도 높여준다.

협력은 이길 확률을 높여준다.

나는 타인 없는 삶을 상상할 수 없다. 팀워크는 꿈을 실현시켜 준다. 인간관계는 의욕을 불어넣어 준다. 나는 더러 팀원들에게 문자를 보내 고마운 마음을 전하고 우리가 협력하는 일의 중요성을 상기시킨다. 가령 어제는 몇 명의 측근에게 다음과 같은 문자를 보냈다.

질문: 당신의 재능을 타인을 돕는 데 쓰는 것보다 더 중요한

일은 무엇일까요?

답변: 재능을 이용해 다른 사람과 협력하고 타인을 돕는 것입니다. 그게 우리가 지금 하고 있는 일입니다.

존 맥스웰 드림

곧 다음과 같은 답변들이 도착했다.

크리스탄 콜: 섬에 혼자 있다면 스스로 자초한 일임을 깨달아라.

스캇 파일: 위대한 리더는 다른 사람들을 여정에 동참시키고 심오한 도전 정신을 일깨운다.

에린 밀러: 경쟁은 우리를 더 빠른 사람으로 만들고 목적을 공유하는 협업은 우리를 더 나은 사람으로 만든다.

트레이시 모로: 사랑하는 사람과 협력하며 서로의 재능으로 서로를 보완하는 것이야말로 대단한 재능이다.

리더로서 내가 해야 할 일은 팀원에게 의욕을 불어넣는 것이지만 이처럼 그들이 내게 의욕을 불어넣어 주기도 한다.

나는 개인의 변화가 자신보다 더 큰 대의명분에 헌신할 때 일어나며 그 대의명분이 변화의 가능성을 만들어낸다고 생각한다. 긍정적인 영향력을 발휘하기 위해 함께할 사람들을 찾고 손을 맞잡고 노력할 때, 그 변혁은 완전히 새로운 경지에 도달한다.

내 삶의 이 중요한 여정에서 나와 함께하는 사람들 중 일부는 내 영혼에 새로운 에너지를 불어넣는 새 친구들이다. 이들이 없었던 삶이 기억조차 안 날 정도로 그들의 기여도는 상당하다. 또 다른 일부는 내가 꿈만 꾸던 시절에 함께해준 충실한 옛 친구들이다. 이들 덕에 내 영혼이 평온을 찾았다. 우리 모두 한 팀으로 협력해 결승선을 향해 노력하고 있다. 이들과 함께하는 여정이 내게는 가장 큰 기쁨이다.

4. 발전 – 리더는 개인적·직업적 성장을 원한다

내가 리더로 경력을 쌓던 초기에 한 멘토가 이렇게 말한 적이 있다. "대의를 위한 삶, 목적의식을 좇는 삶을 살아라." 내가 늘 열심히 노력하는 모습을 봐서 한 말이겠지만 실상 헛수고로 끝나는 일이 비일비재했다. '견인하는 힘'traction이 있어야 헛수고하지 않고 나아갈 수 있다. 여기서 '트랙션'은 '트랙'track과 '행동'action이 합쳐진 말이다. 트랙은 우리가 바라는 예정된 길이다. 행동은 실질적인 결과를 가져다주는 행위다. 옳은 길에 서 있더라도 가만히 있으면 아무 일도 일어나지 않는다. 정해진 길이 분명히 있고 실행하면 견인하는 힘이 생겨 원하는 방향으로 나아갈 수 있다.

그의 말은 내게 큰 울림을 주었다. 나는 항상 성취하길 좋아했다. 그로부터 수년 후《위대한 나의 발견 강점혁명》이 출간됐을 때 책에 실린 테스트를 통해 내 다섯 가지 장점 중 세 가지가 성취자achiever, 행동주의자activator, 최상주의자maximizer임을 알게 됐다. 나는 발전을 통해 의욕을 얻는 성향이었다. 젊은 시절 누군가에게 이런 말을 들은 적이 있다.

"아무리 많이 성취해도 항상 개선의 여지는 있는 법이야." 어떤 맥락에서 나온 말인지는 기억나지 않지만 내가 그간의 성취를 과시했던 게 아닌가 싶다. 그 말이 뇌리에 각인됐다. 지금도 그 생각을 하면 과거의 내 모습에 쓴웃음이 난다. 지금도 변하지 않았기 때문이다.

삶을 돌아보면 내가 성장하는 데는 일관성이 결정적이었다. 나는 발전하고 싶어서 배웠고 포기하는 법이 없었다. 사회생활 초기에는 하루 아침에 큰 성공을 거둔 적이 없었다. 나는 홈런 타자가 아니었다. 내 비결은 매일 타석에 들어서서 출루를 위해 노력하는 것이었다. 꿈을 실현시키려면 그래야 한다고 생각한다. 묘수도, 특효약도, 지름길도 없다. 우리 대다수에게 '인생 역전'이라는 행운은 결코 없을 것이다. 그저 조금씩 나아가며 성장해야 한다. 책을 읽고 세미나를 하고 더 박식한 사람들과 이야기를 나누고 멘토를 찾고 가르침을 구하고 질문을 던져라. 존 우든의 말처럼 매일을 걸작으로 만들어라.[11] 하루하루 그렇게 해나가면 당신의 삶은 걸작이 될 것이다.

5. 통달─리더는 탁월한 인재가 되길 원한다

개인적·직업적으로 성장하려는 욕구는 의욕을 불어넣는 또 다른 동기, 즉 통달의 욕구로 이어진다. 계속 성장하지 않는 사람은 통달할 수 없다. 지속적인 성장이 통달을 보장하진 않지만 정체되거나 더 나아지려는 노력을 하지 않는다면 자기 분야에서 일가를 이루는 쾌감을 경험하지 못한다. NBA 감독 겸 단장 팻 라일리Pat Riley는 이렇게 말했다. "월등함은 더 나아지려고 끊임없이 노력한 결과다."[12]

내가 처음으로 리더 역할을 맡았던 경력 초반에 깨달은 것은 큰 노력을 기울이지 않고도 그럭저럭 해낼 수 있다는 거였다. 사람들은 활기도 넘치고 언변도 좋았던 나를 좋아했다. 공개 강의가 있으면 미리 준비하지 않고 즉흥적으로 하고 싶은 마음도 생겼다. 하지만 지름길이나 쉬운 길을 택하지 않겠다고 결심했다. 나는 주변에서 쉬운 길이 있다고 조언하더라도 듣지 않겠다고, 월등해지겠다는 열의를 불태워 끊임없이 노력해 실력을 향상시키겠다고 마음먹었다.

통달하려는 마음은 더 나아지려고 끊임없이 노력하는 것이다. 우리 모두 온갖 수단을 동원해 그 내적 욕구를 십분 이용해야 한다. 나는 이 내적 욕구에 불을 지피는 최선의 방법 중 하나가 기대를 뛰어넘으려고 꾸준히 노력하는 것임을 알게 됐다. 그것이 통달하려는 욕구에 불을 지핀다. 이는 사소한 것에서 출발한다. 내 경우 월등하고 싶었던 욕구가 어느새 태도로 자리 잡았다. 나는 매일 다음을 실천한다.

- 남이 내게 기대하는 것보다 더 많은 것을 스스로에게 기대한다. 내겐 나만의 기준이 있다.
- 나는 사람들을 중시하므로 그들에게 최선을 다한다. 나는 이들을 돕고 싶다.
- 나는 매일 존경받는 일을 해야 한다는 점을 상기한다. 내가 어제 한 일로 인정을 받을 수는 있지만 사람들은 내가 오늘 하는 일로 존경을 표한다.

나는 이를 염두에 두고 매 순간 최선을 다하려고 노력한다.

통달하려는 의욕은 올바른 마음가짐에서 생겨난다. 다시 말해, 태도가 돼야 한다. 만화가 빌 워터슨Bill Watterson은 고전 만화 〈캘빈과 홉스〉 Calvin and Hobbes에서 여섯 살 캘빈의 입을 빌려 이렇게 표현한다.

> 우린 더 이상 장인정신을 중시하지 않아요! 우리가 중시하는 건 무자비한 효율성뿐이에요. 인간성을 그런 식으로 부정하고 있는 거죠! 품위와 미의 진가를 모르면 품위와 미를 갖추고 있다 해도 아무런 기쁨을 얻지 못할 거예요! 우리의 삶은 더 부유해지기는커녕 더 황폐해지고 있어요! 뛰어난 솜씨와 관심을 사치라고 생각하면 그 누가 자기 일에 자부심을 가지겠어요? 우린 기계가 아니에요! 인간에게는 장인정신에 대한 욕구가 내재돼 있다고요![13]

사실 캘빈이 과제물을 제출하지 않아 선생님께 변명하는 대목이긴 하지만, 이 말은 통달하려는 노력이 장인정신을 기르는 것이나 다름없다는 메시지를 전한다. 통달하는 데는 시간과 관심이 필요하다.

한 미국인 사업가의 이야기가 떠오른다. 그가 스위스의 한 마을을 찾아 다양한 모양과 크기의 뻐꾸기시계가 가득한 상점에 들어섰다. 상점 뒤편 벤치에는 장인이 고급 시계에 쓸 덮개를 공들여 다듬고 있었다. 그를 보는 것만으로도 사업가는 마음이 급해졌다. 머릿속으로 시계를 대량생산해 내다 팔 방법들을 떠올렸다.

사업가는 말했다. "선생님, 그러면 큰돈은 못 만지시죠."

시계 장인이 답했다. "신사 양반, 나는 돈이 아니라 뻐꾸기시계를 만지고 있다오."[14]

자기 분야에서 유능한 사람이 되려면 올바른 마음가짐을 가져야 한다. 어떤 일이든 실력을 완성시킬 기회가 될 수 있다. 하지만 실력은 완성되는 것이 아니다. 당신이 리드하는 사람들도 마찬가지다. 그럼에도 여전히 목적의식을 갖고 노력을 기울여야 한다.

두어 해 전, 캘리포니아 나파 밸리에 있는 유명 식당에서 저녁 식사를 한 적이 있다. 내 평생 잊을 수 없는 경험이었다. 왜 세계 최고의 레스토랑 가운데 하나라고 하는지 알 수 있었다. 모든 게 탁월했다. 경치도 아름답고 직원들의 서비스도 훌륭했으며 음식도 더할 나위 없었다. 식사 후에는 와인 창고와 조리실을 직접 둘러보는 특권을 누렸다. 요리사들이 묵묵히 차분하게 일하는 모습을 보면서 월등함을 두 눈으로 확인했다. 막 자리를 뜨려는 찰나, 모든 직원들이 볼 수 있는 커다란 시계가 벽에 걸려 있는 것이 눈에 띄었다. 그 밑에 '위기의식'이라는 글자가 보였다. 그 글자가 직원들의 목적의식을 끊임없이 상기시키고 있었다.

그 누구도 통달의 경지에 오를 수 없다. 우리 모두 그 경지에 미치지 못한다. 하지만 통달하기 위한 노력을 기울이면 꾸준히 발전할 수 있다. 이를 동기로 이용하는 사람은 결코 통달에 가닿을 순 없을지라도 점점 나아지고 있다는 것을, 월등해지려는 마음가짐이 성취감을 가져다준다는 것을 알게 된다. 그 욕구가 성취를 결정한다.

6. 인정 – 리더는 인정과 호평을 원한다

심리학자 헨리 고더드Henry H. Goddard는 일명 '에르고그래프'ergograph를 이용해 아이들의 에너지 수치를 연구했다. 그는 피곤한 아이들이 칭찬을 받으면 에너지가 급상승하고 가혹한 평이나 비난을 들으면 에너지가 급감한다는 사실을 발견했다.

그의 연구는 어린이뿐 아니라 리더를 비롯한 모든 인간에 대한 진실을 알려준다. 즉, 인간은 인정과 칭찬, 좋은 평가를 갈망한다는 것이다. 다른 이들을 리드하고 동기를 부여할 때 이 점을 절대 잊지 말라. 성과나 업적을 인정하고 칭찬하라. 그들의 성취를 높이 평가하고 있다는 점을 알려라.

7. 돈 – 리더는 경제적 안정을 원한다

마지막 동기는 돈이다. 코미디언 프레드 앨런Fred Allen은 말했다. "돈보다 중요한 건 많다. 하지만 다 돈이 드는 일이다."[15] 재치 있는 말이다. 많은 이들이 돈을 첫 번째로 꼽지만 내겐 마지막이다. 동기 중에서도 최하위다. 아마도 경제적인 어려움이 없어서일 것이다.

나는 경제적 안정이 가치 있는 목표라고 생각한다. 돈으로 살 수 있는 가장 좋은 것은 금전적 자유다. 선택권을 주기 때문이다. 하지만 원하는 것을 얻기 전에만 강력한 동기로 작용한다. 그 전까지는 강력한 힘을 발휘하지만 일정한 경제 목표를 달성하고 나면 매력이 줄어든다. 돈을 더 벌어야 할 유의미한 이유가 없어진다는 말이다. 경제적 목표를 달성하고 나면 베푸는 것을 더 중시해야 한다. 물을 저장해두는 저수지가 아니라 물이 여기저기 가닿는 강처럼 자신의 부로 남을 돕고 베푸는 즐거움을 알면 부를 쌓는 것이 계속 강력한 동기로 작용할 수 있다.

어떤 동기에
공감하는가

리더를 육성할 때 해야 할 일은 일곱 가지 요소 중 가장 큰 동기를 찾아 결부시키는 것이다. 젊은 시절에는 잠재 리더들을 내 방식대로 천편일률적으로 리드하려고 했다. 그게 실수였다. 내가 우선시하는 동기가 다른 사람에게도 통하리라고 생각한 것이다. 모두 같은 방식으로 리드하면 좋은 리더가 될 수 없다. 관리자 마인드라면 그렇게 하겠지만 효과는 없다. 좋은 리더는 저마다 다른 동기를 파악하고 그에 따라 개별적으로 리드한다.

이 장에서 설명한 일곱 가지 동기를 다시 한 번 살펴보자.

- 목적의식-리더는 소명에 부합하는 일을 원한다.
- 자율성-리더는 삶에 대한 자유를 원한다.
- 관계-리더는 협력을 원한다.
- 발전-리더는 개인적·직업적 성장을 원한다.
- 통달-리더는 탁월한 인재가 되길 원한다.
- 인정-리더는 인정과 호평을 원한다.
- 돈-리더는 경제적 안정을 원한다.

동기로 작용하는 정도에 따라 각 항목을 1~5점(5점 만점)으로 점수를 매겨보라.

내 경우 일곱 가지가 모두 동기로 작용한다. 각 항목이 4~5점이다. 강한 동기를 가진 사람은 일곱 가지 동기에 모두 높은 점수를 준다. 실제로 동기로 작용하는 요소가 많을수록 의욕을 잃지 않을 가능성도 더 크다. 난관에 봉착했을 때조차 계속 나아가야 할 이유가 많을수록 더 나아갈 가능성도 더 커진다.

리더를 육성할 때는 어떤 동기가 각자에게 가장 강력하게 작용하는지 파악하고 이를 이용해야 한다. 어떤 동기가 리더들에게 가장 강력하게 작용하는지에 중점을 두고 가능한 한 모든 면에서 의욕을 불어넣어라. 목적을 찾을 수 있도록 도와라. 최대한의 자율권을 보장하라. 리더들과 돈독한 관계를 형성하고 다른 이들과도 좋은 관계를 형성하도록 도와라. 성장할 기회와 자원을 제공하라. 통달의 경지에 오르기 위해 노력하도록 격려하라. 칭찬하라. 그리고 금전적인 보상을 제공하라.

동기가 습관이 되는 BEST 법칙

리더라면 잠재 리더가 내적 동기를 십분 이용할 수 있도록 의욕을 불어넣고 싶을 것이다. 하지만 연구자들에 따르면 여기에도 한계가 있다. 왜일까? 감정에 휘둘릴 때가 많을 뿐더러 장기적으로 지속 불가능하기 때문이다. 《습관의 재발견》의 저자 스티븐 기즈Stephen Guise는 이렇게 말한다.

> 새로운 목표를 세우고 나면 열의와 의욕이 넘친다. 하지만 꾸
> 준히 발전할수록 동기도 차츰 사라진다. 바로 습관 때문이다.
> (…) 훌륭한 운동선수들의 비결은 '동기가 충만했기' 때문이
> 아니다. (…) 엘리트 선수와 평범한 선수를 가르는 기준은 운
> 동이 지겨워지거나 피곤할 때도 훈련하는 능력이다. 그들을
> 최상의 상태로 유지시키는 것은 일과와 일정이다.
> 훌륭한 운동선수들은 동기 수준에 따라 훈련 일정을 바꾸지
> 않는다. 그것이 이들이 성공하는 비결이다.[16]

나는 동기를 전력 질주하게 하는 동력이라고 본다. 문제는 리더의 역
할을 수행하고 리더를 육성하는 일을 비롯해 어떤 일에서든 성공하기
위해서는 마라토너가 돼야 한다는 것이다. 이를 위한 유일한 방법은 앞
으로 계속 나아가고 성장하는 습관을 기르는 것이다.

우선 일곱 가지 동기를 최대한 많이 연계시켜야 한다. 그렇게 하면 조
금씩 탄력이 붙을 것이다. 성공을 위한 환경도 마련해야 한다. 이를 위한
방법으로 나는 BEST를 활용하고 있다.

Believe in them: 믿어라

Encourage them: 격려하라

Show them: 보여줘라

Train them: 훈련시켜라

이는 리더가 자신에게 적합한 일을 하도록 돕고 성공하도록 돕고 습관으로 자리 잡을 때까지 꾸준히 지속할 수 있도록 돕자는 취지에서 만든 말이다. 사람은 미래를 정하지 못한다. 습관을 정할 수 있을 뿐이다. 그런데 이 습관이 미래를 정한다. 리더가 성공하는 습관을 기르도록 도우면 처음에는 몸에 맞지 않은 일처럼 느껴지더라도 멈추지 않을 것이다. 이렇게 꾸준히 실행하면 탄력이 붙어 결국 지속적인 동기로 작용해 역량을 더 강화시키고 일을 더 즐기게 된다. 작가 존 러스킨John Ruskin은 말했다. "사랑과 기술이 어우러지면 걸작이 탄생한다."[17]

> 사람은 미래를 정하지 못한다. 습관을 정할 수 있을 뿐이다. 그런데 이 습관이 미래를 정한다.

동기를 만들어내는 힘

내가 육성한 리더 중 한 명인 트레이시 모로Traci Morrow는 수상 경력이 있는 팀 비치바디Team Beachbody의 비즈니스 코치다. 그녀는 나를 만나기 수년 전부터 이미 내 책들을 읽고 리더로서의 역량을 기르고 있었다. 최근에는 존 맥스웰 팀 트레이너 겸 강연자이자 코치로 인증받기도 했다. 존 맥스웰 리더십 재단의 이사도 겸하고 있다. 나는 그녀를 알아가면서 그녀의 내력을 알게 됐고 성공에 이르는 습관의 힘과 자발성에 관한 큰 교훈을 얻었다.

모로는 교육을 중시하는 가정에서 자랐다. 가족 중 첫 대학 졸업자인 그녀의 아버지는 수학 교사로 재직했고 대학원에서 교육학 박사학위를 취득했다. 고등학교를 졸업한 모로도 예술적 재능을 살려 대학에서 그래픽 디자인을 공부하기로 했다. 하지만 그 전에 수많은 교양 과목을 먼저 이수해야 한다는 사실을 알고 실망했다.

그녀는 학문에 별 관심이 없었다. 그녀는 그게 사회생활에 장애가 됐다고 늘 농담조로 말했다. 한 학기 만에 대학을 자퇴한 그녀는 아버지가 화를 내거나 실망하리라고 생각했다. 그런데 뜻밖에도 학교가 맞지 않는 사람도 있다고 말씀하셨다. 딸이 중학교 때부터 친구들의 머리를 잘라주는 것을 지켜본 아버지는 미용학교에서 자격증을 따라고 권했고 그녀는 그렇게 했다.

곧이어 그녀는 사랑하는 연인과 결혼했다. 얼마 지나지 않아 첫 아이를 임신했다. 오랫동안 서 있는 게 싫었던 그녀는 남편의 직장에서 사무장으로 시간제 일을 했다. 그녀의 꿈은 언젠가 미용실을 개업하는 것이었다. 자영업자가 될 생각을 하니 경영 수완을 익혀야 할 동기가 생겼다. 그녀는 오디오 강의와 책으로 창업을 준비했고 그러다 내 저작들도 그때 접하게 됐다고 한다.

그렇게 5년이 흘렀다. 그녀에겐 세 명의 아이가 있었고 넷째까지 임신한 와중에 임신성 당뇨병을 얻었다. 의사는 출산 후에 체중 관리를 하지 않으면 제2형 당뇨병에 걸릴 가능성이 크다고 말하며 주의를 당부했다.

모로는 출산 후 7kg이 늘었다. 키가 158cm인 그녀는 건강을 해칠까 봐 살을 빼기로 했다. 그리고 그것이 인생을 바꾸는 결정으로 이어졌다.

그녀는 달리기나 축구를 해본 적은 있어도 실내 운동은 좋아하지 않았다. 어떤 운동이 좋을지 궁리하던 어느 날, 그녀는 텔레비전에서 운동 프로그램인 '파워 90' 비디오테이프 광고를 봤다. 가격은 70달러로, 아이 넷 딸린 외벌이 가정에게는 큰돈이었다. 하지만 그녀의 의지는 굳건했다. 그녀는 남편에게 비디오테이프를 사면 함께 운동할 의향이 있느냐고 물었고 남편은 그렇다고 답했다.

그 후 3개월간 비디오테이프를 보며 아침마다 운동했다. 남편도 퇴근 후에 함께했다.

그녀는 말했다. "비디오테이프가 늘어져라 돌려봤죠. 3개월간 하루 두 번씩 봤으니 180번 튼 셈이네요."

3개월 후 7kg을 감량한 그녀는 기분이 날아갈 듯했다. 그러곤 생각했다. '이제 뭘 하지?' 그녀는 테이프 덮개 뒷면에 인쇄된 작은 글자를 발견했다. 1990년대 후반만 해도 생소했던 웹사이트 주소였다. 컴퓨터에 웹사이트 주소를 입력하자 체중 감량 전후 사진을 보내주면 후속 운동 프로그램 촬영에 참가할 수 있는 하와이 무료 여행 응모 기회를 제공한다는 공지가 떴다.

"마침 감량 전에 사진을 찍어둔 게 있어 밑져야 본전이라고 생각했죠." 사진을 보냈고 그녀가 당첨됐다. 속임수가 아닐까 생각했지만 그런 기미는 없었다. 그녀는 남편과 하와이에서 휴가를 즐기며 비디오 촬영에 참여했다. 그곳에서 운동 강사 토니 호튼Tony Horton과 비치바디 최고경영자 칼 다이클러Carl Daikeler를 만났다. 넷은 금세 죽이 맞았다.

알고 보니 비치바디 본사는 그녀의 집에서 불과 35마일 떨어진 곳에 있었다. 그녀는 그곳에 취업했다. 호튼의 보조 요원으로 근무하게 된 그녀는 연중 여러 차례 개최되는 피트니스 캠프 준비를 돕거나 이를 주관했다. 캠프 장소 섭외도 도맡았다. 호튼이 홈쇼핑 채널에 출연할 때도 보조 역할을 했다. DVD용 새 프로그램을 촬영할 때는 피트니스 모델로 나서기도 했다. 그녀는 무슨 일이든 즐겁게 임했다.

나는 그 이유를 물었다. 전부 목적의식에 부합했다는 것이 그녀의 답변이었다. "어디에든 나타나 도와야 한다고 생각했죠. 초반에는 급여도 없었지만 미래가 보였어요. 소명이라고 믿었던 거죠."

그녀는 비치바디 제품을 사용하는 사람들을 비롯해 타인을 돕는 일을 즐겼다. 관계지향적 성향과 맞아떨어졌기 때문이다. 그녀는 으레 워킹맘이 그러듯 편하게 소통했다. 게시판에 올린 질문에도 답했다. 52회에 걸쳐 방송된 〈건강 지키기〉라는 프로그램의 공동 진행자 자리까지 꿰찼다.

그렇게 안주할 수도 있었지만 그러지 않았다. 성장하고 배우고 관계를 형성하는 것이 그녀의 목적의식과 맞아떨어졌기 때문이다. 그러던 중 2006년에 다이클러가 뜻밖의 제안을 했다. 비치바디를 에이본Avon이나 암웨이Amway 같은 다단계 마케팅 기업으로 변모시키고 싶었던 그는 그녀에게 초대 코치가 돼달라고 요청했다.

그녀는 말했다. "하고 싶지 않았어요. 어색했거든요. 그런데 다이클러 말이 제가 바디비치의 문화를 대변한다고 하더군요. 제가 일주일에 두 번 회사 웹사이트에 채팅방을 열었는데, 그런 기업문화를 원한다고 말했죠. 그래도 고사하니까 이렇게 말하더군요. '일단 1년만 해보고 마음에 안 들면 직원으로 복귀하게 해줄게요.' 그래서 마지못해 승낙했죠."

그녀가 마음을 돌린 이유 중 하나는 주인의식을 북돋워준 다이클러의 격려였다. 그녀는 마음을 열고 자율성을 발휘해 초대 비치바디 코치 중 하나로 임명됐다. 대다수는 네트워크 마케팅에 관한 자료를 최대한 많이 읽고 판매원을 확장하는 데 집중했지만, 모로는 《어떻게 360도 리더가 되는가》를 비롯한 리더십 자료들을 교재 삼아 자신이 모집한 사람들과 함께 공부했다. 그녀는 여전히 다른 사람의 성장을 돕는 일에 중점을 두었던 것이다.

그녀는 곧 비치바디 창립 역사상 가장 성공한 코치 중 하나로 성장했다. 우수한 성과를 거둬 사내 슈퍼스타 다이아몬드 코치 15인 중 한 명이 되었고 비치바디 코치에게 수여되는 웬만한 상도 전부 휩쓸었다. 통달의 경지에 이른 것이다. 한 번도 물어본 적은 없지만 분명 두둑이 벌고 있으리라.

당신은 그녀에게 일곱 가지 동기, 즉 목적의식, 자율성, 관계, 성장, 통달, 인정, 돈이 모두 작용했음을 알아차렸을 것이다. 그녀의 주된 동기는 예나 지금이나 목적의식과 관계 형성이지만 좋은 습관이 작용한 것도 사실이다. 그녀는 지금도 매일 운동을 하고 가족과 함께 시간을 보내며 항상 다른 사람을 도와준다. 훌륭한 비치바디 코치로 거듭나도록 교육하는 일이든 체중 감량을 지상 목표로 삼은 새 고객과 함께하는 일이든 그녀가 좋아하는 일은 바로 남이 성공하도록 돕는 것이다. 그것이 목적의식의 핵심이다. 그녀는 사람들과 이야기하며 그들이 바라는 성공은 어떤 것인지 묻고 경청한 다음 이를 달성하도록 동기를 부여한다.

그것이 바로 좋은 리더의 역할이다. 당신도 좋은 리더가 될 수 있다.

THE LEADER'S
GREATEST RETURN

EQUIPPING LEADERS

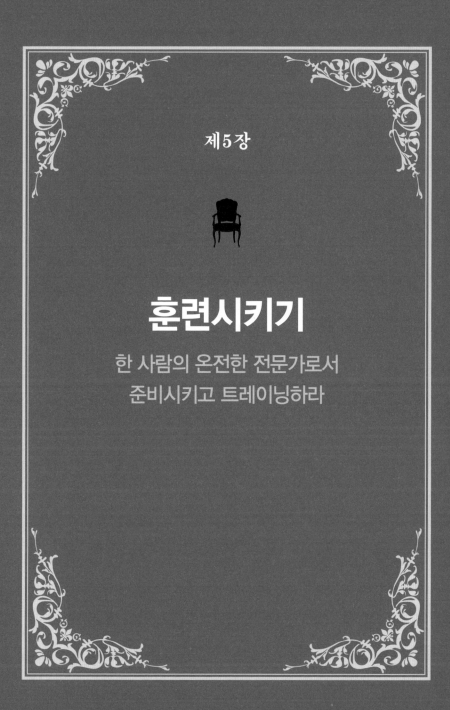

제5장

훈련시키기

한 사람의 온전한 전문가로서
준비시키고 트레이닝하라

리더를 알아보고 유치하고 이해하고 동기를 부여하는 단계는 모두 리더 육성 과정에 필수다. 하지만 이는 시작 단계에 불과하다. 좋은 리더만이 이 단계까지 이를 수 있다. 안타까운 건 좋은 리더조차 이 단계에서 중도 포기하는 과오를 범한다는 점이다. 하지만 준비시키는 단계equipping stage에 이를 때라야 효과가 배가된다. 가장 큰 보상이 이 단계에서 주어 진다는 말이다. 리더를 준비시키고 도와줄 때 그들의 직무 역량을 강화 시킬 수 있고 영향력과 시간, 에너지와 자원, 아이디어, 돈, 효율성이 복 리처럼 불어나는 효과를 경험하기 때문이다.

약점을 지적해 비난하기란 쉽다. 하지만 현재의 역량을 뛰어넘게 해 줄 잠재력을 알아보는 것은 그보다 어렵다. 해고는 쉽지만 준비시키기 란 그보다 어려운 법이다. 직원의 밥줄을 끊는 것으로 정평을 얻어 위대한 리더가 된 전례는 없다. 더 높은 경지에 이르고 싶은 리더라면 교육을 통해 준비시킴으로써 명성을 얻어야 한다. 내 경우 여기에 중점을 두자 모든 게 달라졌다.

리더가 팀원으로 합류해 성공으로 가는 여정을 함께해 달라고 요청하는 것과 이 여정의 가이드를 제시해 준비시키는 것은 별개다. 좋은 리더는 팀원이 나아갈 수 있도록 수단을 제공해야 할 뿐만 아니라 잠재력을 최대한 발휘하도록 도와야 한다. 서던캘리포니아대학교 교수 모건 맥콜Morgan McCall은 이렇게 말했다. "적자생존은 최고가 살아남는 것이 아니다. 요행을 바라고 리더를 육성하는 것은 어리석은 짓이다."[1] 그러니 주도적으로 행동해야 한다. 카리스마로 사람들을 휘어잡아 무한경쟁으로 몰아넣고 알아서 정상에 오르도록 내버려두는 리더들이 넘쳐난다. 전략적인 리더는 다른 사람을 준비시키고 자율성을 부여해 가장 큰 보상을 얻는다. 그들은 리더를 적재적소에 배치하고 멘토링한다. 그들은 리더에게 또 다른 리더를 육성하는 법을 가르친다. 그 결과 두 배의 효과가 나타나 가장 큰 보상을 얻게 된다. 이는 복리의 원리와 유사하다.

나는 잠재 리더와 조직뿐 아니라 리더 자신에게도 '준비시키는 단계'가 긍정적인 영향을 미친다는 사실을 깨닫고 나서 초점을 바꾸었다. 그러자 내 리더십도 크게 도약했다. 성공을 돕고 준비시키는 사람equipper이 되어야겠다고 결심한 것이다. 지금 내가 하는 일이자 내가 가장 즐기는 일이 바로 이것이다.

"적자생존은 최고가 살아남는 것이 아니다. 요행을 바라고 리더를 육성하는 것은 어리석은 짓이다."
– 모건 맥콜

혼자
하지 마라

처음 리더가 됐을 때 나는 카리스마와 근면성만 믿고 조직의 발전에 힘썼다. 추종자를 끌어모았다. 게다가 거의 모든 일을 혼자서 해나갔다. 젊고 기운이 넘쳤으니 리더로 일한 3년간은 무리 없이 해나갈 수 있었다. 하지만 조직을 옮기자 공든 탑이 무너졌다. 그제야 깨달았다. 리더의 역할은 추종자를 더 많이 끌어모으는 것이 아니라 더 많은 리더를 육성하는 것임을 말이다.

> 리더의 역할은 추종자를 더 많이 끌어모으는 것이 아니라 더 많은 리더를 육성하는 것이다.

그때부터 다른 사람을 성공시키는 일에 매달렸다. 때는 내가 두 번째로 리더 자리에 올랐던 1974년이었다. 나는 정식 교육을 받은 신학자인 만큼 성경에 대한 지식과 이해가 풍부한 편이다. 신약성서에는 '준비시키기equipping'라는 표현이 열다섯 번 등장한다. 이 개념에 담긴 핵심 통찰 중 하나는 사역을 위해 준비시키는 일이 리더의 몫이라는 것이다.[2] 여기서는 잠재 리더가 뛰어들 분야에서 효율적으로 일할 수 있도록 철저히 훈련시킨다는 뜻이다. 나도 이를 실행하면서부터 '백지장도 맞들면 낫다'는 속담의 의미를 금세 이해하게 됐다.

그리고 이를 위해 다음과 같은 다섯 가지 단계를 구상했다.

- 나는 솔선수범한다.
- 나는 조언한다.

- 나는 주시한다.
- 나는 동기를 부여한다.
- 나는 배가한다.

이 다섯 단계의 준비시키기 과정은 성공적이었다. 내가 준비시킨 사람들이 내 짐을 덜어주었기 때문이다. 돌이켜보면 다른 사람을 준비시키는 일을 혼자서 감당하려 했던 것이 너무 큰 부담이었다. 가르치는 데만 지나치게 역점을 둔 것이다. 게다가 우리가 함께 해내야 하는 일을 나홀로 해내려 한 것도 문제였다.

1981년에 나는 샌디에이고로 이주해 또다시 리더 역할을 맡았다. 12년간 성장이 정체된 교회의 리더 자리였다. 나는 즉시 리더를 준비시키는 일에 역점을 둬야 한다는 것을 알게 됐다. 그리고 기존 단계를 재검토하면서 방향을 조금 수정했고 다른 사람을 준비시키는 일의 의미를 재구성해 다음과 같은 IDEA 모델을 구상했다.

Instruction in a life-related context(삶과 유관한 맥락에서의 지시)

Demonstration in a life-related context(삶과 유관한 맥락에서의 시범)

Exposure in a life-related context(삶과 유관한 맥락에서의 노출)

Accountability in a life-related context(삶과 유관한 맥락에서의 책임)

이 모델에 담긴 의미는 무엇일까? 이 모델에는 내가 이전에는 알지 못했던 큰 깨달음이 담겨 있다. 이전에는 교육장에서 준비시키는 교육이 이루어졌다. 지금은 실무에 투입된 상황에서 준비시키는 교육이 이루어진다. 보다시피 책임도 포함시켰다. 실질적인 성과를 내지 못하고 성숙한 리더가 되지 못한다면 준비시키는 교육이 아무 소용이 없기 때문이다.

얼마 동안은 이 모델이 효과를 발휘했다. 그러다 뭔가가 빠졌다는 데 생각이 미쳤다. 내가 준비시킨 사람들은 리더의 짐을 덜어주는 데 도움이 되긴 했지만 이들이 다른 리더를 육성할 수 있게 준비시키고 그 권한을 부여하면 그 효과는 곱절이 될 것이라는 사실을 깨닫게 된 것이다.

준비된 리더들을 더 많이 보유한다는 건 현재 가진 것만으로 더 많은 것을 성취할 수 있다는 뜻이었다. 새로운 사업을 시작해도 된다는 의미였다. 문제를 해결하고 난관을 극복해내는 사람들을 다수 보유하고 있다는 의미였다. 그뿐만이 아니었다. 리더를 준비시키면 나와 내 조직에 큰 보상을 가져다줄 분야에 더 많은 시간을 투입할 자유가 생긴다는 데도 생각이 미쳤다. 나는 이 과정을 '책무를 내려놓으려고 노력하는 일'이라고 여기기 시작했다(여기에 대해서는 이 장 후반부에서 더 자세히 살펴볼 것이다).

나는 준비시키기 모델을 새롭게 구상하는 데 매진했다. 내가 직접 실행하면서 가르칠 수도 있을 뿐만 아니라 조직 내 모든 리더가 이해하고 실천하고 가르칠 수 있는 것이어야 했다. 내가 고안해낸 방안은 다음과 같다.

- 내가 그것을 해낸다.

- 내가 그것을 해내고 여러분이 나와 함께한다.
- 여러분이 그것을 해내고 내가 여러분과 함께한다.
- 여러분이 그것을 해낸다.
- 여러분이 그것을 해내고 다른 사람이 여러분과 함께한다.

보다시피 이 과정은 '리더'에서 시작해 세 번째 단계부터 초점이 '나'에서 '여러분'으로 바뀐다. 그보다 중요한 건 마지막 단계다. 훈련된 리더가 또 다른 리더를 발굴하고 교육하면 조직의 성장률은 단순 증가에서 배가로 바뀐다. 훈련된 리더가 이 모델을 따르면 그 효과가 배가된다는 말이다. 새 리더의 임무는 훈련시킬 다른 사람을 발굴하기 전까지 끝나지 않는다. 이큅에서는 1997년부터 2016년까지 리더를 교육시킬 때 이 모델을 따랐다. 그 시기에 이큅은 전 세계에서 500만 명의 리더를 양성했다.

준비시키는 사람의 마음가짐

나는 당신이 리더로서 또 다른 리더를 준비시키는 마음가짐을 갖도록 돕고자 한다. 이는 잠재 리더를 더 많이 육성할 가능성을 높이고 스스로도 최적의 성과를 내는 리더로 자리 잡을 수 있는 기회를 제공한다. 그 결과 조직과 리더는 가장 큰 보상을 받게 된다. 준비시키는 자의 마음가짐이란 과연 무엇일까?

이는 에베레스트산 등반을 준비시키는 일과 다르지 않다. 우선 잠재 리더의 수준을 평가해야 한다. 체력적으로 준비가 돼 있는가? 신체 상태는 양호하지만 경험이 없는가? 경험이 있지만 체력이 떨어지는가? 경험도 체력도 나무랄 데 없지만 더 높은 수준으로 향상시키기 위한 준비가 필요한가? 리더라면 이를 모두 파악해야 한다.

다음으로 어떤 장비가 필요한지 파악해야 한다. 등반 환경은 어떠한가? 이전의 등반 경험에서 얻은 교훈은 무엇인가? 위험 요소와 함정은 무엇인가? 그들이 모르는 것은 무엇인가? 등반가의 사고법을 어떻게 가르쳐야 하는가? 성공적인 등반을 위해 어떤 전략을 세워야 하는지 가르칠 수 있는가? 준비시키는 리더가 동사하지 않고 등반을 완수할 수 있게 돕는 것만으로는 부족하다. 궁극적으로는 등반하는 방법과 다른 사람이 등반할 수 있도록 안내하는 역량을 키우는 방법, 그리고 당신이 전수한 모든 지식을 다시 전수하는 방법을 그들에게 알려줘야 한다.

리더가 또 다른 리더를 육성하는 과정은 제9장에서 더 자세히 다룰 것이다. 단, 이것만 기억하라. 중요한 목표는 잠재 리더가 자신의 일을 성공적으로 수행하면서도 리더의 마음가짐을 갖추도록 준비시키는 것이다. 차기 잠재 리더를 항시 물색해 그들이 리더십을 개발할 수 있도록 해야 한다.

잠재 리더를 위한
여섯 가지 중점 과제

나는 수년간의 경험을 통해 직무를 제대로 수행하지 못하고 실패하는 데는 세 가지 이유가 있음을 알게 됐다. 첫째, 그 일을 할 능력이나 욕구가 없다. 둘째, 그 일을 제대로 해낼 만큼 훈련받지 않았다. 셋째, 직무를 완수하기 위해 무엇을 해야 하는지 알지 못한다. 다행히 준비시키는 일로 이 중 두 가지는 해결할 수 있다.

나는 수년간 잠재 리더를 준비시키면서 다음과 같은 여섯 가지에 중점을 둬 이들을 성공으로 이끌 수 있었다.

1. 본보기가 돼라

모범적인 본보기의 중요성은 아무리 강조해도 지나치지 않다. 리더가 자기개발을 하지 않는다면 리더 양성가로서의 공신력이나 실력을 키울 수 없다. 이를 위해 다음과 같은 LEAD 방법론을 제안한다. 당신은 이렇게 자문해야 한다.

Learning(학습): "나는 무엇을 배우고 있는가?"

Experiencing(경험): "나는 무엇을 경험하고 있는가?"

Applying(적용): "나는 무엇을 적용하고 있는가?"

Developing(양성): "나는 누구를 양성하고 있는가?"

자신이 갖추지 못한 것을 전수할 수는 없다. 그러니 자기 자신부터 갈고닦아야 한다. 자신은 해본 적도 없는 일을 남들에게 하라고 강요하는 것은 준비시키는 것이 아니다. 마음대로 휘두르는 것이다. 스스로 배우고 경험하고 적용해본 뒤에

리더를 양성하는 것은 휘두르는 것이 아니라 리드하는 것이다.

콘텐츠 전략가이자 작가인 스티브 올렌스키Steve Olenski는 이와 관련해 〈포브스〉에 다음과 같은 글을 기고한 적이 있다.

> 리더가 개인적으로, 직업적으로 발전하는 과정을 지켜보면서 직원들도 자기개발의 가치를 발견하게 된다. 이 자기개발 과정이 본보기가 되면 리더도 직원들의 신뢰를 얻어 자기개발에 동참하도록 독려할 수 있다. 이로써 직원들은 자기개발이 조직문화의 일부임을 인식하게 된다. 그리고 구성원 한 명 한 명이 내면을 성장시키는 지속적인 개발 과정에 참여하는 것이 매우 중요할 뿐만 아니라 조직의 기대에 부응하는 것이라는 메시지도 전달하게 된다.[3]

'내가 하는 대로 하지 말고 내가 하라는 대로 하라'는 태도로 일관하는 리더를 얼마나 많이 봐왔는가. 부모가 가정교육의 본보기가 되듯 직장에서도 상사가 본보기가 되어야 효과를 거둘 수 있다. 사람은 다른 사람을 보고 배운다.

내가 운영하는 네 개의 단체는 미국 전역의 대기업과 중소기업 직원 뿐 아니라 정부, 비영리단체, 교육 기관, 기업, 종교 단체, 군대 등 사회 각 분야의 사람들을 전 세계에서 교육시키고 있다. 교육 과정의 성공을 좌우하는 최우선 요인은 고위급 리더의 참여 여부다. 고위급 리더가 교육을 최우선으로 삼고 그 과정에 전적으로 참여하면 성공을 거둘 수 있다. 그렇지 않으면 다른 직원들도 이를 중요하지 않은 것으로 치부한다. 그러면 공신력의 격차가 벌어진다.

리더십 코치 마이클 매키니Michael McKinney는 다음과 같이 말했다. "교육이 그토록 중요하다면 왜 고위급 리더가 참여하지 않느냐는 말을 자주 듣는다. 리더의 가시적인 지원이 없으면 학습 의지가 꺾인다. 리더가 이렇게 직접 중요성을 표현해야 한다. '나 역시 그 과정을 거쳤고, 지금도 교육을 십분 활용하고 있으며 여러분도 그렇게 해주기를 바란다. 내가 이 자리에 있는 것도 그 덕분이다.'"[4] 중요한 건 리더의 자질은 자신들이 정해둔 기준을 반영한다는 것이다. 리더가 학습 능력, 교육, 성장에 대한 기준을 낮게 잡으면 직원들도 그 선례를 답습할 것이다.

2. 잠재 리더를 곁에 두라

내가 1974년부터 활용해온 양성 모델에는 한 가지 공통점이 있다. 바로 근접성의 원칙이다. 나는 잠재 리더들을 준비시키기 위해 그들을 가까이에 둔다. 멀리서는 불가능하다. 잠재 리더가 가까이 있을수록 더 자주 교감하게 되고 그들도 더 많은 교훈을 얻는다.

근접성의 원칙의 장점은 누구나 실행할 수 있다는 점이다. 양성이나 훈련 경험이 없어도 된다. 고위급 리더일 필요도 없다. 정식 리더일 필요도 없다. 시작하는 비결은 간단하다. 바로 절대 혼자서 하지 않는 것이다. 단순하게 들릴지도 모르지만 이는 매우 효과적인 방법이다.

리더가 하는 말 중 가장 중요한 말은 "나를 따르라"이다. 곁에 있으면 옆에서 보고 배울 수 있다. 내가 하는 일과 그렇게 하는 이유를 이해할 수 있다. 함께 경험을 나눌 수 있다. 질문을 던질 수 있다. 리더십을 '이해할' 수 있다.

이큅과 존 맥스웰 재단은 세계 각국에서 리더를 준비시키는 일에 초점을 두고 있다. 우리가 채택한 전략은 원탁을 이용하는 것이다. 우리는 학습 의지가 있는 리더 6~8명을 모아 훈련시킨다. 그들은 원탁에 모여 앉아 배우고 토론하고 공유하고 질문하고 자신들이 내건 공약을 지킬 수 있도록 서로를 고쳐시킨다. 중요한 건 근접이다. 근접해야 적합한 환경이 마련된다. 우리는 리더들에게 자신의 약점과 성장 과정을 허심탄회하게 털어놓고 나누라고 당부한다. 그 과정을 통해 우리는 서로 삶의 변화를 목격하게 되고 그들도 자기 분야에서뿐만 아니라 삶에 전반적으로 더 잘 대비할 수 있게 된다.

리더 역할이 아무리 벅차고 바쁘더라도 시간을 들여 잠재 리더들을 곁에 두고 그들에게 투자해야 비로소 그들을 준비시킬 수 있다. 목적의식이 있는 근접성은 그 무엇도 대체할 수 없다.

이렇게 자문하자. 자신의 삶을 다른 이들에게 바칠 용의가 있는가? 그러려면 시간과 헌신, 희생이 필요하다. 다른 사람을 훈련시키기보다 자신이 직접 나서는 게 더 빠르게 쉬울 때도 많다. 하지만 그건 단기적 처방이다. 지금 시간을 투자하면 만반의 준비가 된 리더들이 당신과 함께 일할 때 얻는 보상이 배로 불어날 것이다.

3. 올바른 질문을 던져라

효과적인 양성 과정은 잠재 리더에게 올바른 질문을 던지는 데서부터 시작된다. 질문을 던지지 않고 어떻게 방향을 잡고 노력을 기울인단 말인가? 질문하지 않으면 부적절한 시기에 부적절한 이유로 부적절한 사람들에게 부적절한 내용을 가르칠 수 있다.

잭 웰치Jack Welch는 제너럴 일렉트릭General Electric의 최고경영자로 재임할 때 임원 양성 과정 대상자들에게 회람을 돌리곤 했다. 회람에는 회의 때 다룰 질문들에 대한 대답을 미리 생각해오라는 내용이 담겨 있었다. 그 질문은 다음과 같았다.

> 내일 당신이 GE의 최고경영자가 된다면,
>
> - 취임 후 30일 동안 무엇을 하시겠습니까?
> - 기업이 할 일에 대해 현재 어떤 비전을 가지고 있습니까?
> - 비전을 어떻게 구상하시겠습니까?
> - 최선의 비전을 제시해보세요.
> - 그 비전을 어떻게 설득시키겠습니까?
> - 어떤 토대를 구축하시겠습니까?
> - 어떤 관행을 폐지하시겠습니까?[5]

웰치는 이 질문에 대한 답을 듣는 것만으로도 최고의 잠재 리더가 누구인지 쉽게 파악할 수 있었을 것이다.

당신은 잠재 리더들에게 까다로운 질문을 던지고 있는가? 문제를 곰곰이 생각해보고 해결하도록 요구하고 있는가? 그들의 대답은 그들에 관해 많은 것을 알려준다. 중압감을 견디며 곰곰이 생각하고 문제를 해결하고 의사소통할 수 있는 사람은 좋은 리더감이다. 전부는 아니더라도 대다수는 그렇다. 올바른 생각을 갖고 있지만 빈말만 늘어놓는 사람을 만날 때도 있다. 올바른 생각을 갖고 있고 실행력도 있지만 잘 소통하지 못하는 사람도 있다. 그렇더라도 질문을 던져라. 사람을 모아놓고 지시하는 게 다라면 수동적인 사람만 키우게 될 것이다. 당신이 원하는 건 리더다.

4. 잠재 리더가 실행하며 익히게 하라

응급실 간호사들 사이에는 "한 번 보고, 한 번 해보고, 한 번 가르쳐라." 라는 말이 있다고 한다. 신입 간호사가 노련한 간호사를 따라다니며 지켜본다. 신입 간호사가 본 대로 똑같이 하고 다른 간호사를 가르친다. 바쁜 의료 현장에서 간호사는 실무에 곧바로 투입되고 기술을 익히고 이를 전수한다. 배운 것을 익히는 데는 직접 해보는 게 최고다. 이론과 지시로 얻을 수 있는 결과는 한계가 있다. 직접 뛰어들면 기량은 빠르게 성장한다.

연구 결과도 이를 뒷받침한다. 1990년대, 산업 심리학자 로버트 아이힝거Robert Eichinger는 마이클 롬바르도Michael Lombardo, 모건 맥콜과 함게 이른바 70/20/10 학습·성장 모델을 공동 개발해냈다. 학습과 성장의 70퍼센트는 실생활·실무·과제·문제 해결을 통해, 20퍼센트는 다른 사람의 직간접 피드백과 멘토링·코칭을 통해, 10퍼센트는 교육을 통해 이루어진다고 한다.[6] 이에 따르면 인재를 육성할 때는 가까이 두고 지도해야 직접 경험을 쌓으며 식견도 넓히고 성장을 도모할 수 있다.

리더는 경험이 일천한 잠재 리더에게 과업을 맡기는 것을 대체로 꺼린다. 잠재 리더가 일을 허투루 처리할까 봐 걱정하기 때문이다. 이에 대한 내 대답은 이렇다. 잠재 리더를 준비시키는 과정에서 어느 시점부터 어떤 방식으로 관여하고 관여하지 않을 것인가를 결정하라는 것이다. 특히 신입일 경우 중요도가 떨어지는 업무부터 맡기고 차츰차츰 어려운 업무를 맡기며 차근차근 올라가게 하라. 그들이 더 중요한 직무를 맡을 때 다시 개입해 경과를 살피고 질문에 답하고 격려해준다. 그들이 경험을 많이 할수록 개입할 일도 줄어든다.

리더로서 내 장점 중 하나는 소통 능력이다. 나는 리더를 육성할 때 더 나은 소통가가 될 기회를 준다. 그렇게 하라고 말만 해서는 안 된다. 지시는 준비시키는 일이 아니며 지시를 듣는 것은 배움이 아니다. 사람은 직접 해보며 배운다. 내가 의사소통 방법을 가르칠 때 활용한 다음과 같은 접근법을 살펴보고 차이를 비교해보라.

- "엠마, 다음 주 목요일 저녁에 5분짜리 강연을 맡아주세요." 이 경우, 나는 해야 할 일을 지시하고 있다.
- "엠마, 5분짜리 강연문을 작성해서 연습하세요." 이번에는 구체

적인 설명을 덧붙여 가르침을 주고 있다.

- "엠마, 나와 이 프로젝트에 대해 이야기해봅시다. 그리고 강연문을 작성해서 나를 상대로 연습을 해보세요." 나는 조직원과 상호 작용하고 있지만, 업무를 처리하고 경험을 쌓는 것은 그녀이다.

- "엠마, 나와 이 프로젝트에 대해 이야기해봅시다. 당신이 강연문을 작성해서 나를 상대로 연습해본 다음에 목요일 밤에 강연하면 되겠어요. 강연 후에는 피드백을 해줄게요." 이 경우 학습하고 성장할 수 있는 경험을 유도하고 있다. 업무는 그녀 혼자 처리했지만 리더인 나는 초반에 성공적인 수행을 위한 가이드를 전달하고 중간에는 조언해주고 후반에는 실제 청중을 상대로 의사소통을 해보는 귀중한 경험과 피드백을 제공함으로써 그녀를 리더로 준비시키고 있다.

리더를 교육시킬 때는 어느 시점에 개입해야 할지를 정해야 한다. 이 때 두 가지를 명심하라. 첫째, 실제로 해보면서 학습하게 해야 한다. 둘째, 그 과정을 가까이에서 지켜보며 지도해야 한다.

5. 잠재 리더와 함께 목표를 설정하라

준비시키는 과정에서 잠재 리더의 목표를 세워야 한다. 양성 과정을 시작하는 시점에 목표를 세울 수도 있고 양성 과정 도중에 스스로에 대한 이해가 깊어지면 과정을 잠시 중단하고 목표를 세울 수도 있다. 어떤 방식이 됐든 목표 설정은 필요하다. 그 목표가 그들이 나아가야 할 방향을 알려주기 때문이다. 목표를 세울 때는 다음 지침을 참고하라.

각자에게 맞춤한 목표를 설정하라

사전 질문을 통해 당신은 이미 잠재 리더에 대한 정보를 알고 있다. 팀원 중 누군가가 달성해주길 원하는, 또는 팀원 중 누군가가 달성하고 싶어 하는 구체적인 목표도 알고 있다. 팀원의 잠재력도 직감적으로 알고 있다. 이 세 가지를 종합해 목표를 세우고 자기 자신과 팀에게 이렇게 질문하라. "이 목표가 적절한가?"

달성 가능한 목표를 설정하라

사람들은 성취 불가능한 목표가 주어질 때 가장 낙담한다. 실패할 게 뻔하기 때문이다. 당신은 잠재 리더를 성공 궤도에 올려야 한다. 에이맥스AMAX의 전 이사회 의장 이언 맥그리거Ian MacGregor는 이렇게 말했다. "저는 말 조련사처럼 리더를 육성합니다. 처음에는 낮은 담장, 즉 쉽게 달성 가능한 목표부터 시작해 최선의 노력을 기울이게 하지요. 조직 경영에서는 감당할 수 없는 목표를 달성하라고 강요하지 않는 것이 중요합니다."[7]

작은 목표로 시작해 차근차근 상향하고 한 번씩 성공을 맛볼 수 있게 도와라.

최선을 다할 수 있는 목표를 설정하라

작은 목표로 시작한다고 해서 항상 작은 목표만 추구해야 되는 건 아니다. 스스로를 개발하고 성장해나가면서 성취할 수 있는 목표를 세우는 게 이상적이다. 목표를 하나씩 달성하면서 더 멀리 나아가고 더 크게 성장할 수 있어야 한다. 당신과 함께 세운 목표를 잠재 리더가 전부 달성하고 나면 자신이 이룩한 발전을 돌아보고 깜짝 놀랄 것이다.

측정 가능한 목표를 설정하라

'더 나아지고 싶다'거나 '리더로 성장하고 싶다'고 말하는 것만으로는 충분하지 않다. 그런 소망을 품는 것은 바람직하고 방향을 제시해주기도 하지만 목표 자체가 될 수는 없다. 잠재 리더를 위해 설정하는 목표는 '이 목표를 달성했는가?'라는 질문에 '예, 아니오'로 분명히 답할 수 있을 만큼 구체적이어야 한다.

명확한 목표를 설정해 글로 작성하라

마지막으로 잠재 리더에게 목표를 글로 작성하게 하라. 그래야 목표도 분명해지고 잠재 리더도 책임을 느끼게 된다.

전략을 짜는 것은 잠재 리더가 달릴 수 있는 트랙을 제공하는 것이다. 이제 막 리더를 발굴해 양성 과정을 시작한 참이라면 목표를 달성하는 과정이 어떻게 진행되고 있는지 틈틈이 확인하고 논의하라. 리더가 경험이 풍부해질수록 준비시키는 과정도 장기화된다. 그런 뒤에 멘토링 관계로 전환되는데, 이에 대해서는 제9장에서 논의할 것이다.

6. 성장의 장애물을 제거하라

이 과정의 마지막 퍼즐은 성장하고 나아갈 수 있는 길을 터주는 것이다. 이는 잠재 리더에게 수단과 필요한 자원을 제공해야 한다는 뜻이기도 하고, 조직 내외부에서 이들을 도와줄 사람을 연결해줘야 한다는 뜻이기도 하다. 중요한 건 그들이 성장할 수 있는 환경을 조성하는 것이다.

나는 리더로서 스스로를 '한계를 제거하는 사람'lid lifter으로 여긴다. 나는 그들이 잠재력을 발휘하는 모습을 보고 싶다. 이를 위해 리더는 그들을 억누르는 한계를 제거해야 한다. 스티브 올렌스키는 다음과 같이 말했다.

> 경직된 조직 구조와 프로세스를 가진 기업이 많다. 이들 기업은 역동적인 성장과 고효율 훈련을 촉진하고 모든 부서의 업무를 처리할 수 있는 융합형 인재를 개발하는 데 어려움을 겪는다. 고립된 공간을 연결하고 벽을 허물고 학습과 과업에 유연하게 접근할 수 있는 시스템을 설계하는 것은 리더의 몫이다. 오늘날의 노동자들은 마음껏 역량을 펼칠 수 있는 개방적 근무 환경에 익숙하다. 장애물을 제거해 이들의 성장을 지켜보라.[8]

팀이나 조직의 리더에게는 자신이 육성하는 잠재 리더를 위해 장애물을 제거해야 할 책임이 있다. 책임을 부여할 때는 권한도 함께 부여하라. 목표를 제시할 때는 자원을 함께 제공하라. 성장하길 원한다고 말하면서 자기 방식을 강요하지 말라. 진가를 알아보지 못하면서 조직의 귀한 자산이라고 말하지 말라. 그들이 성공할 수 있도록 준비시켜라. 그런 다음 역량을 마음껏 발휘할 수 있도록 놓아줘라.

준비된 리더는
성공을 돕는 리더로 성장한다

우리 조직의 리더 중 한 명인 채드 존슨Chad Johnson은 뚜렷한 목표를 향한 전략적 준비를 통해 놀라운 성장을 보였다. 현재 존 맥스웰 컴퍼니의 비서실장인 그의 리더십 육성 과정은 2002년 현 최고경영자인 마크 콜의 지휘 아래 시작됐다. 당시 콜은 인턴 프로그램의 총책임자였다.

존슨은 어린 시절부터 수학에 뛰어난 소질을 보였다. 켄터키주 애즈베리대학교에서 농구 선수로 뛰었고 2000년에 회계학 학위를 받았다. 졸업 후 민간 세무법인에서 한동안 일했고 돈벌이도 나쁘지 않았다. 버지니아주 요크타운의 해군 병기창 기지 내 육류 저장고에서 고기와 치즈 재고를 파악하던 어느 날, 그는 문득 생각했다. '이게 내가 정말 하고 싶은 일일까?'

그로부터 얼마 뒤, 한 친구가 존 맥스웰 컴퍼니 인턴십에 대해 알려줬다. 존슨은 나나 우리 회사에 대해서는 금시초문이었지만 인턴십에 지원했다. 인턴십에 합격한 그는 안정적인 직장을 버리고 애틀랜타로 이주했고 그의 말마따나 '쥐꼬리만한' 보수를 받으며 일했다.

그곳에서 일하며 쌓은 경험이 그의 삶을 바꿔놓았다. 그는 콜이 채용한 다섯 명의 인턴 중 하나였다. 콜은 매주 이들을 한자리에 모아놓고 함께 책을 읽거나 로프 코스ropes course(군대의 장애물 코스와 유사한 팀워크 구축 모험 활동―편집자) 체험담을 공유하며 서로를 평가하고 전문가에게서 배우는 시간을 통해 학습하게 했다. 콜은 이들에게 삶 전반에서의 성장을 위한 목표를 세우고 상세한 계획을 작성하라고 했다. 이들은 영업팀부터 운영팀, 이행팀에 이르는 전 부서를 돌며 온갖 일을 했다. 존슨은 말했다. "커피 구입부터 회의 준비까지 안 해본 일이 없죠."

가장 기억에 남는 경험 중 하나는 동시방송simulcast(동일한 프로그램을 디지털 및 아날로그 방식으로 동시에 방송하는 것―편집자) 송출을 도왔던 일이다. 이 방송은 현재 '리브투리드'Live2Lead라는 연례행사로 발전했다. 존슨은 동시방송 사이트 개설안을 설득시키기 위해 리더들에게 매일같이 무작정 전화를 돌렸다. 그는 말했다. "우리는 고위급 리더들에게 말도 못 붙이는 말단 직원이었지만 하루 40통을 목표로 전화를 돌렸고 그중 10~15명의 리더들이라도 응답해주길 바랐죠." 그에겐 최선의 노력을 기울인 좋은 경험으로 남아 있다.

인턴들은 1년간 협력했다. 콜은 인턴 과정 초반에 한 명만 정규직으로 채용될 것이라고 말했지만 인턴십을 끝마칠 무렵 모두 정규직으로 채용됐다. 존슨은 '캐털리스트'Catalyst라는 행사에 투입될 인력으로 선발되면서 그중 첫 정규직이 되었고 팀과 함께 이를 1만 3천 명 이상이 모여드는 연례행사로 성장시켰다.[9] 그는 행사 문화를 총괄하는 영업팀 이사로 역임하는 등 10년간 캐털리스트와 함께했다.

진로
재탐색하기

2013년, 30대 초반이 된 존슨은 변화의 필요성을 느꼈다. 그는 캐털리스트팀을 떠나 2개월간 휴가를 얻어 삶의 방향과 진로를 다시 생각해보기로 했다. 살면서 알게 된 각 분야의 주요 리더들을 만나 질문을 던지고 메인주로 장기 여행을 떠나 생각할 시간을 가지고 이틀짜리 인생 계획 워크숍을 들은 후, 자신에게는 무슨 일을 하는지가 아니라 누구와 함께 일하는지가 가장 중요하다는 사실을 깨달았다. 그는 자신의 삶을 변화시킨 사람과 함께 일하고 싶었다. 그 사람은 바로 콜이었다.

존슨은 콜에게 전화해 일자리가 있는지 물었다. 딱 하나가 있다고 했다. 이쿼 마케팅 팀원 자리로 박봉이라고 했다.

존슨은 단숨에 말했다. "거기에 지원하겠습니다."

콜은 존슨과 또 한 번 함께하게 돼 기뻤다. 회계학 전공이라 흔히들 오해하지만 존슨은 대인 기술이 탁월하다. 그는 외교에 뛰어난 '조정자'다. 카리스마 있고 비전을 달성하기 위해서라면 뭐든 기꺼이 해낼 의지가 있는 사람이다.

나는 수년 전에 본 존슨을 기억하고 있었다. 콜이 전하는 존슨의 내력을 들으면서 10년간 리더로 일한 경험이 있다면 그에게 걸맞은 더 좋은 자리가 있으리라는 생각이 들었다. 마침 콜의 업무가 과중한 상태라 그의 업무를 줄여줄 요량으로 비서실장을 찾던 참이었다. 우리는 새 직위를 만들었고 일주일 후 콜은 그 자리를 제안했다. 존슨이 이를 수락했고 지금까지 직원들을 이끌고 성장시키는 일을 탁월하게 수행해내고 있다.

콜은 여전히 존슨을 육성 중이다. 콜에게 존슨이 현재 배우고 있는 것이 무엇인지 묻자 그는 즉시 다음의 네 가지를 말했다.

- 파트너십의 가치. 콜은 다양한 상황에서 그 자신과 나를 대변할 수 있는 권한을 존슨에게 부여했다.
- 간결하고 명료하고 자신 있게 소통하기. 존슨은 소통 능력을 더욱 향상시키고 있다.
- 리드하기 전에 경청하고 학습하기. 존슨은 리더 역할에 대비해 기획 역량을 기르는 중이다. 경청과 학습은 그 역량의 일부다.
- 타인의 호감보다 리더십을 중요시하기. 존슨은 자신이 남에게 싫은 소리를 잘 못한다고 인정했다. 지금은 또 다른 리더의 성장을 돕기 위해 어려운 대화에 임하는 법을 배우는 중이다.

존슨은 한 팀원을 도우며 이 마지막 영역에서 성취감을 느꼈다. 이 팀원의 약점이 언젠가 성공의 발목을 잡을지도 모를 일이었다. 공과 사를 잘 구분하지 못하는 듯했고 부적절하게 감정을 폭발하기도 했다. 한마디로 회사를 대표하지 못했다. 존슨은 그와 함께하며 자아 발견으로 이끌었고 독서와 일대일 코칭으로 그를 훈련시켰다. "제가 인턴일 때 인재 육성에 관해 콜이 가르쳐준 모든 것을 전수했을 뿐이에요." 이를 들은 콜과 나는 크게 만족하였으며, 최근에는 그와 더 긴밀히 협력하면서 리더십 역량을 신장시키고 있다.

리더의 책무를
내려놓으라

나는 리더의 궁극적인 목표가 리더의 책무를 내려놓는 것이라고 본다. 나는 만나는 사람마다 이 조언을 전한다. '당신을 대신할 수 있도록 그들을 준비시켜라.' 내가 평생 해온 일이 바로 그것이다. 나는 이런 질문을 던지며 늘 주변을 둘러본다. '지금 내가 하는 일을 누가 할 수 있을까?' 무슨 일을 하든 그 자리를 대신할 사람은 있게 마련이다.

'자신을 대체할 사람 찾기' 규칙에는 두 가지 예외가 있다. 리더가 특정 업무를 직접 이행해주길 요청하는 경우에는 대체 인력이 없다. 내가 샌디에이고 소재의 한 교회에 담임목사로 부임했을 때 나를 고용한 이사회는 내게 다른 사람에게 미룰 수 없는 네 가지 책무가 있다고 말했다.

- 교회를 책임져야 한다.
- 직원을 이끌어야 한다.
- 좋은 본보기가 되어야 한다.
- 최고의 소통가가 되어야 한다.

나는 이 책무를 완수했는지 늘 확인했다.

대체 인력을 양성할 수 없는 두 번째 예외는 뛰어난 재능이 필요한 영역이다. 스포츠 분야에는 이런 말이 있다. "신이 주지 않은 것은 채울 수 없다." 재능은 신이 주는 것이므로 배워서 익힐 수 없다는 뜻이다. 내가 가진 최고의 재능은 소통 능력이다. 50년 이상 이 재능을 갈고닦은 건 사실이지만 타고난 구석도 있다. 그건 내 노력과 무관하다. 그래서 소통가로서의 내 역할을 대체할 인력을 찾기가 어렵다. 나는 다른 사람을 도울 수는 있지만 그들의 재능이 허락하는 선까지다.

준비시키는 단계의 궁극적인 목표는 책무를 내려놓는 것이다. 당신도 그러길 권한다. 되도록 많은 부문에서 후임자에게 바통을 넘겨줘야 한다. 이를 위해서는 다음의 세 가지가 필요하다.

1. 책무 내려놓기를 우선시하라

나는 다른 사람에게 일을 넘기는 성미가 아니었다. 다른 사람에게 일을 떠넘기지 않고 혼자 처리하는 습관 때문에 너무 많은 일을 떠안게 되자 가장 큰 보상을 가져다주는 일을 소홀히 하고 말았다. 그 함정에 빠져서는 안 된다.

먼저 이렇게 자문하라. '다른 사람이 할 수 있는 일을 하고 있는 것은 아닐까?' 이에 대한 답을 찾으면 다시 이렇게 자문하라. '이 일을 해내도록 준비시킬 수 있는 사람은 누굴까?' 이에 대한 답을 찾으면 그 사람에게 당신의 계획을 말하라. 그러고 나서 훈련시키라. 나머지 팀원들에게는 당신이 하려는 일을 알려라. 이렇게 하면 두 가지 효과가 나타난다. 첫째, 팀원들이 이 역할을 대체할 사람을 받아들일 마음의 준비를 하게 된다. 둘째, 팀원들이 훗날 하게 될 일의 본보기를 보여줄 수 있다.

이때 방심은 금물이다. 그 일을 최우선에 둬야 한다. 그러려면 틈틈이 이렇게 자문해야 한다. '왜 내가 이 과업을 수행하고 있는가?' 이 일을 수행할 다른 사람을 준비시키지 못했다는 것이 그 답이라면 그 일에 곧바로 착수하라. 당신은 뛰어난 재능을 발휘할 수 있는 다른 분야에 몰두하면서 팀과 조직이 큰 보상을 얻을 수 있게 해야 한다. 그 다른 일들 역시 조직 내 잠재 리더를 준비시키는 일에 도움이 되는 일이어야 한다.

2. 자리 보전보다 인재 양성을 우선시하라

대다수의 리더들은 현재의 자리를 지키거나 원하는 자리에 오르는 데 중점을 둔다. 자기 위주라는 말이다. 아이러니하게도 누군가가 권력을 잃어야 더 많은 권력을 가질 수 있다. 자리가 리더를 만들지 않는다. 리더가 자리를 만든다. 당신이 잠재력을 확장시키는 방법은 다른 사람이 누군가를 육성할 수 있도록 돕는 것이다. 리더를 키우고 준비시키는 것은 더 나은 리더로 성장하는 길이며 그보다 더 큰일을 더 잘 해낼 수 있게 해준다.

> 자리가 리더를 만들지 않는다.
> 리더가 자리를 만든다.

3. 안정보다 후임자 발굴을 우선시하라

대다수는 리더 자리를 지키는 데 더 몰두한다. 리더는 자리에 얽매이지 않는다. 리더는 앞으로 나아가는 사람이다. 그런 이유로 나는 직원들에게 이렇게 말하곤 한다. "책무를 내려놓으세요. 그러면 다른 일을 주겠습니다." 나는 직원들이 이 옛 속담에 담긴 진리를 이해하길 바랐다. "다른 촛불을 밝혀도 초는 꺼지지 않는다." 아니, 이 말에는 그 이상의 의미가 있다. 다른 촛불을 밝히면 얻는 게 있다. 바로 더 많은 불빛이다.

이 장 초반에서 1981년 12년간 정체기를 벗어나지 못했던 교회의 리더로 부임했을 당시의 이야기를 소개했다. 그것은 내 평생 가장 큰 과제였다. 나는 그곳의 리더들이 다른 리더들을 준비시키지 못했다는 것을 곧장 파악했다. 내가 그곳의 문화를 바꿔야 했다.

가장 먼저 한 일은 이사회 구성원들을 준비시키는 것이었다. 나는 그들에게 리드하는 방법과 다른 사람을 준비시키는 방법을 교육시켰다. 그런 다음 이사회를 3년 주기로 교체했다. 그러면서 매년 이사회의 3분의 1이 새로운 이사들로 채워졌다.

각 이사가 재임하는 3년 동안 나는 공들여 그들을 리더로 준비시켰고 그들이 또 다른 리더를 양성할 수 있도록 훈련시켰다. 이사 임기의 마지막 1년은 후임 선정 및 양성에 전념해달라고 요청했다.

결과는 성공적이었다. 몇 년 후, 퇴임을 앞둔 리더들이 후임을 데려와 소개했던 마지막 회의는 내게 깊은 인상을 남겼다. 회의실을 둘러본 이사들은 리더십이 도약하고 있음을 깨달았고 리드하고 봉사할 수 있는 또 다른 기회를 탐색했다. 리더를 준비시키는 일도 일상 업무로 자리 잡았다. 얼마 지나지 않아 수백 명의 리더들이 신도들을 성장시켰고 교회는 나날이 더 성장했다.

리더의 책무를 내려놓으면 다른 길이 열릴 것이다. 지금 가진 것을 붙들고 있으면 성공하지 못한다. 대체 인력을 준비시켜 더 큰일을 하는 것이 성공이다. 리더를 준비시키고 잠재 리더가 제 역할을 훌륭히 수행하도록 가르치면 모두가 상생한다.

THE LEADER'S
GREATEST RETURN

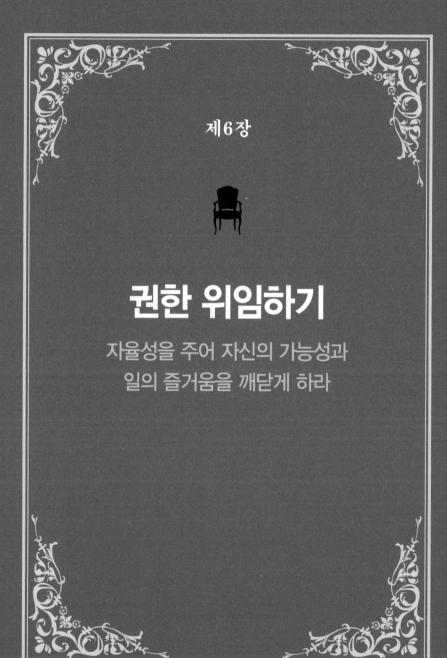

제6장

권한 위임하기

자율성을 주어 자신의 가능성과
일의 즐거움을 깨닫게 하라

리더가 가장 큰 효과를 거둘 수 있는 일 중 하나는 잠재력을 꽃피울 수 있게 자율성을 부여하는 것이다. 갤럽Gallup이 조사한 '직원 업무 몰입도 저하'employee disengagement 통계에 따르면 오늘날 대다수의 노동자는 잠재력을 발휘하지 못하고 있다. 그 일이 자신에게 적합하지 않고 자신의 강점을 발휘할 수 없는 분야라고 생각하며 흥미도 느끼지 못하기 때문이다.[1] 권한을 부여하면 이를 변화시킬 수 있다. 이는 복리와도 같은 효과를 가져다준다. 당신이 육성하는 리더가 또 다른 리더를 양성하는 과정에서 잠재력을 펼칠 수 있기 때문이다.

잠재 리더에게 권한을 위임해야 한다는 건 내 소신이다. 그들이 성장해 잠재력을 펼치는 모습을 보면 흐뭇하다. 나는 초창기에 리더로서 실패한 경험이 있다. 나는 당시 한 직원과 멘토·멘티 관계를 맺어 그에게 조언을 아끼지 않았다. 뛰어난 잠재력을 타고난 그에게 내 모든 것을 투자했고 프로젝트를 리드할 수 있는 권한을 주었다. 그런데 그가 내 신뢰를 저버리고 말았다.

나는 그를 해고했다. 그를 제자 이상으로, 친구로 여겼던 만큼 큰 상처로 남았다. 잠재력을 지닌 젊은 리더를 육성하면서 내가 쏟아부은 노력과 조직을 위해 그가 펼쳐 보일 활약에 대한 기대가 전부 수포로 돌아갔다는 생각을 하니 정신적인 타격이 컸다. 내 시간과 노력, 희망이 헛되이 사라진 것이다.

나는 잘못된 의사결정 탓이라 생각했다. 마음의 상처가 너무 컸기에 그 이후론 몇 안 되는 팀원들과도 거리를 뒀다. 권한을 위임하면 또 그런 일이 생길까 봐 두려웠다. 더는 내 감정과 전문지식을 낭비하지 않겠다고 작정했다. 나는 권한을 위임하는 적극적인 조력자에서 소극적인 고용주로 변했다.

그렇게 반년을 보내려니 참담한 심정이었다. 효율적인 리더십을 발휘하지도 못했다. 리더가 팀원들에게 마음껏 잠재력을 펼칠 수 있는 권한을 부여하지 않는다면 그들의 성장을 기대하기 어렵다. 나는 실패하는 것보다 관계 단절이 더 큰 과오임을 깨달았다. 세월이 흐르자 리더를 육성하는 일이 복불복이라는 생각이 들었다. 시행착오는 예정된 일이다. 잠재 리더에게 리드하는 기회를 줄 때 발생하는 손실은 권한을 위임하지 않아 발생하는 해악에 비하면 훨씬 적다.

팀원들에게 마음껏 잠재력을 펼칠 수 있는 권한을 부여하지 않는다면 그들의 성장을 기대하기 어렵다.

리더가 권한을
부여하지 않는 이유

이제 나는 직원들과 활발히 소통하면서 권한을 위임하는 데 적극적이다. 권한을 주지 않고 최고의 기량을 이끌어낼 수 있는 리더는 없다. 하지만 다음과 같은 이유로 권한을 위임하지 않는 리더들이 아직도 넘쳐난다.

시간 부족. 대다수의 리더들은 과업을 완수해야 한다는 중압감에 시달린다. 그런 까닭에 자신이 직접 실행하지 않고 한 걸음 물러나 다른 사람에게 더 큰 책임을 맡길 수 있을지 살펴볼 생각을 하지 못한다. 권한이 생기면 직원이 창의성을 더 많이 발휘하고 더 열심히 일한다는 사실을 깨닫지 못하는 것이다. 다급함이 독재를 부르고 리더들은 근시안적 시야를 벗어나지 못해 계속 폭주한다.

타인에 대한 확신 부족. 다른 사람의 역량을 신뢰하거나 확신하지 못하는 리더들도 있다. 그들은 직원이 업무를 만족스럽게 수행하지 않거나 실망스러운 결과가 나올까 봐 두려워한다. 하지만 혼자서 모든 일을 감당하면 오히려 일 처리가 더뎌지고 직접 다른 사람에게 일일이 할 일을 지시해야 하는 상황이 벌어진다.

'내가 제일 잘한다'는 사고방식. 이는 타인에 대한 확신이 부족한 경우와 유사하지만 자신만큼 그 일을 잘 해낼 사람이 없다고 믿는다는 점에서 차이가 있다. 이러한 믿음은 오만한 자의식에서 비롯한 것일 수도 있지만 실제로 재능과 실력이 매우 뛰어나기 때문일 수도 있다. 제5장에서 말했듯 다른 사람이 대신할 수 없는 일이라면 직접 나서야겠지만, 그런 성격의 일이 아닐뿐더러 당신이 만들어낼 수 있는 성과의 80퍼센트를 해낼 수 있는 사람이 있다면 그 사람에게 권한을 부여해 과업을 수행하게 해야 한다.

스스로 과업을 수행하며 느끼는 즐거움. 남들도 충분히 할 수 있어 내려놓아도 될 일을 직접 하면서 즐거움을 느끼는 사람도 있다. 하지만 꼭 당신이 해야 할 필요가 없고 조직에 더 큰 이익을 안겨주는 다른 일을 할 수 있다면 직원에게 권한을 위임해 해당 업무를 수행하게 해야 한다.

권한을 위임할 사람을 알아보지 못하는 경우. 권한을 위임할 직원을 알아보지 못하는 리더도 있다. 이런 경우라면 제1~2장을 다시 꼼꼼히 읽어보길 바란다. 다른 사람에 대한 확신이 없는 경우도 있다. 하지만 다른 사람에게 권한을 위임하다 보면 점차 확신이 생긴다. 목표를 달성하기 위한 비전을 함께 실현시킬 수 있는 사람들을 동참시켜라.

과거의 실패로 인한 망설임. 앞서 말한 실패 사례로 내가 겪은 문제가 바로 이것이었다. 큰 실패를 맛본 나는 권한을 위임하기가 망설여졌다. 하지만 효율적인 리더가 되고 싶다면 위험을 감수하더라도 권한을 위임해야 한다.

무지와 무능력. 권한을 위임하고 자율성을 보장하는 것이 왜 중요한지 깨닫지 못하는 리더들도 있다. 어떻게 권한을 위임하는지 모르는 리더들도 있다. 그런 경우 이 장을 특히 꼼꼼하게 읽어보라.

리더들과 함께 일하면서 권한을 위임하는 데 소홀했다면 리드하는 방식을 바꿔야 한다. 리더를 발굴하고 끌어모았다면 이들을 이해하고 동기를 부여하고 준비시켜야 한다. 그러고 나서 권한을 위임하는 단계로 나아가야 한다. 그러지 못하면 순종 경주마를 찾아내 비싼 값을 치르고 구입한 다음 땀 흘려 훈련시키고 준비시킨 후 마구간에 처박아두고 트랙을 달리지 못하게 하는 것이나 다름없다. 실로 재능 낭비가 아닐 수 없다. 경주마는 달리고 싶어 한다. 그게 경주마로 타고난 이유다. 경주마가 그렇듯 좋은 리더도 타고난 재능을 발휘할 수 있는 일을 하고 싶어 한다. 그들은 리드할 수 있는 권한을 원한다.

권한을 위임할 줄 아는 것도 능력이다

다른 사람에게 권한을 위임하는 능력은 어떻게 생기는가? 존경심을 얻고 관계를 형성하고 권한을 위임하는 환경을 조성하는 데서 생겨난다. 실력과 훌륭한 인성을 겸비할 때 존경받을 수 있다. 배려와 신뢰가 바탕이 되면 관계가 형성된다. 그런 다음 권한을 위임하고 이를 장려하는 환경을 조성하면 리더는 잠재력을 발휘할 것이다. 이 세 가지 요소가 어떻게 작동하는지 하나씩 살펴보자.

1. 존경: 성공을 통해 신뢰를 얻어라

권한 위임은 다른 사람에게 권한이나 권위를 부여하는 것이다. 리더에게 권한을 부여한다는 것은 스스로 계획하고 생각하고 성장하고 문제를 해결하고 행동할 수 있는 권한을 늘려주는 것을 말한다. 여기에는 다음과 같은 의미가 함축돼 있다. '자신에게 없는 것을 나눠줄 수는 없다. 나눠줄 권한이 있으려면 애초에 권한이 있어야 한다. 권한은 신뢰에서 나온다. 신뢰는 당신이 성공하고 영향력을 얻을 때 형성된다.'

신뢰는 외적 성공과 내적 성공으로 이끈다. 직업적 성취를 가리키는 외적 성공은 타인의 관심을 집중시킨다. 성공을 가능하게 한 능력 때문에 존경을 얻는 것이다. 이기는 팀의 일원이 되고 싶어 리더에게 이끌릴 수도 있다. 성공하는 법을 배우고 싶어서, 리더의 능력에 '물들고' 싶어서 함께 일하고 싶어 하는 것이다. 당신은 전문성에 대한 신뢰 때문에 영향력을 갖게 된다.

내적 성공은 자신을 잘 다스릴 때 실현시킬 수 있다. 훌륭한 인성을 개발하고 안정적인 선택이 아닌 올바른 결정을 내리고 수동적인 삶이 아닌 목적의식이 뚜렷한 성장을 도모하는 과정에서 내적 성장이 이뤄진다. 능력을 통해 거둔 외적인 직업적 성취가 신뢰를 부른다면, 내적 성공으로 이어지는 개인적 성장은 충만감을 불러일으켜 인성을 고양시킨다.

나는 리더 역할을 수행하던 초기에 신뢰를 얻지 못했다. 외적 성공을 거두지 못했기 때문이다. 결정할 권리를 부여하는 것과 권위를 부여하는 것은 다르다. 내겐 권리가 없었다. 명목상의 직위와 직함뿐이었다. 그 자리가 얼마간의 권위를 부여하긴 했지만 가장 낮은 수준의 영향력에 불과했다. 직원들은 내게 주어진 권리만 보고 내 리더십을 따랐다. 그렇다 보니 과업을 위임하는 데 제약이 따랐다. 나는 내 직위를 이용해 사람들에게 업무를 위임했다. 그런 다음 리더를 준비시키는 일에 착수했다.

당시 나는 권한을 위임하는 대신 더 열심히 노력하고 많은 성공을 달성하는 식으로 경험과 신뢰를 쌓았다. 그와 동시에 나는 개인적 성장과 수양을 통해 내적 성장을 이루려 분투했다. 그렇게 50년을 연마해 온 지금은 경험이 더 많이 축적돼 나아갈 방향을 제시할 수 있게 됐다. 나는 이제 권한을 위임하기 위해 살고 있다.

최근에 내가 권한을 위임한 사람 중 한 명은 수천 명에게 영향력을 행사하고 있는 훌륭한 리더 애슐리 울드리지Ashley Wooldridge다. 그는 언젠가 이렇게 말했다.

"맥스웰 씨는 제 리더십 역량을 채워주겠다고 약속하신 적이 없습니다. 자신의 리더십 역량을 나눠주겠다고만 하셨지요. 함께 있을 때면 제가 고민하는 주제나 앞으로의 시나리오, 제가 겪고 있는 문제에 대해 통찰과 지식을 나눠주십니다. 그럴 때면 최고의 지식과 통찰을 전수받는 기분이지요. 리더들이 조언을 '망설이는' 모습을 보면 자기 자신을 위해서 아껴두는 것처럼 보이는데, 맥스웰 씨는 그렇지 않아요. 그분이 역량을 나눠주실 때마다 제 역량이 채워집니다."

이만한 찬사가 어디 있을까. 내가 망설이지 않는다는 건 사실이다. 과거의 쓰라린 경험을 들려줌으로써 그가 승리로 나아가는 길을 터줄 수 있다면 그의 삶에 가치를 더해줬다고 생각한다.

이미 성공해서 신뢰를 얻었다면 권한을 위임할 수 있는 위치에 있는 것이다. 그렇지 않다면 성공을 위해 지금부터 노력하라. 내적 성공을 이룰 수 있도록 내적 투쟁에 임하라. 그리고 직업적 성공을 위해서도 부단히 노력하라. 권한을 나눌 수 있는 권리를 획득하라.

2. 관계: 자신감을 갖고 권한을 위임하라

직원들과 업무 관계를 지속하며 권한을 위임하고 싶다면 그들의 존경심과 호감을 얻어야 한다. 함께 일하는 직원들이 당신을 존경하지만 호감을 느끼지 못한다면 그런 리더를 찾아 떠날 것이다. 반면, 당신에게 호감을 느끼지만 존경심이 없다면 친구처럼 지낼 수는 있을지라도 따르지는 않을 것이다. 존경심과 호감을 모두 얻어야 권한을 위임할 수 있는 권위가 생긴다. 이를 위해서는 자신에 대한 확신이 있어야 한다.

나는 전작 《존 맥스웰 리더십 불변의 법칙》에서 '권한 위임의 법칙'Law of Empowerment을 설명하며 "자신에 대한 확신을 가진 리더만이 권한을 위임할 수 있다."고 썼다.[2] 나는 함께 일하는 사람들을 두 가지 태도로 대한다. 즉, 내 능력으로 감화시키거나 그들이 해낼 수 있는 일을 하도록 권한을 위임한다. 두 가지 태도를 동시에 보일 수는 없다. 불안감을 느끼면 권한을 위임할 수 없다. 모든 일이 자기

> 자신에 대한 확신을 가진 리더만이 권한을 위임할 수 있다.

위주로 돌아가야 하기 때문이다. 이런 리더는 자신이 없어서는 안 되는 사람이라는 생각에 빠져 있다. 자신이 최우선이라는 생각에 빠져 권한을 나누는 것이 아니라 지키는 데서 동기를 발견한다.

밥 버그Bob Burg와 존 데이비드 만John David Mann은 공동 저작 《당신이 중심이 아니다》It's Not About You에서 자기 확신이 없는 리더에 대해 이렇게 말한다.

여러분은 그들의 꿈이 아니다. 그들의 꿈을 관리하는 관리

인에 불과하다. 리더들은 종종 이를 반대로 생각해 자신이 직원들의 역량을 최대한 발휘하게 하고 있을 뿐 아니라 자신이 뛰어난 본보기라고 생각한다. (…) 자신을 최우선시하는 순간, 자신이 모든 것을 좌지우지한다고 생각하는 그 순간부터 타인의 삶에 긍정적인 영향력을 행사하는 힘을 잃게 된다.[3]

이는 다른 사람에게 권한을 위임하는 능력이 사라지는 순간이다. 자신에 대한 확신이 있는 관계지향적 리더는 타인이 먼저다. 전체 그림에서 아예 빠지는 것이 아니라 자기 역할을 드러내지 않을 뿐이다. 자신 있는 리더들은 이처럼 '타인'이 조직에 성공을 가져다주는 열쇠임을 잘 알고 있기에 그들이 더 드러나도록 돕는다. 자신 있는 리더들은 이 사실을 알고 있다. 항상 자신이 성공을 거두는 사람이어야 한다는 생각에 빠져 있지도 않다. 그들은 다른 이들이 성공하길 원한다. 그게 팀과 조직이 승리하는 길이기 때문이다.

가장 위대한 리더만이 가장 위대한 일을 해내야 하는 건 아니다. 가장 위대한 리더는 다른 사람이 위대한 일을 해내도록 권한을 위임한다. 그러려면 리더들이 무대 중앙에서 내려와야 한다. 꼭 필요한 존재이고 싶은 욕구를 버려야 한다. 권한을 위임받은 사람이 성공하면 성원을 보내야 한다. 위협이라고 생각해서는 안 된다. 승리에 주의를 집중시키고 그들의 성공을 축하해야 한다. 그것이 바로 자신 있는

> **가장 위대한 리더는 다른 사람이 위대한 일을 해내도록 권한을 위임한다.**

관계지향적 리더들이 하는 일이다.

3. 환경: 권한을 위임받은 리더가 성공하는 환경을 조성하라

성공을 통해 권한과 권위, 신뢰를 얻었고, 권한을 위임할 만큼 자기 확신
이 충만한 리더라면 잠재 리더에게 권한을 위임하고 자율성을 부여하기
가 더 수월하다. 하지만 기대에 부응해 성공을 거두고 리더십을 최대한
발휘할 수 있는 길이 보장되는 건 아니다. 그렇다면 어떻게 해야 할까?
그들에게 권한을 위임하는 환경을 조성해야 한다.

리더는 다른 사람이 성공하고 성장하고 잠재력을 발휘할 수 있도록
도와야 한다. 권한 위임을 중시하고 장려하는 조직이라면 그런 환경을
조성하기가 비교적 쉽다. 그런 분위기가 이미 문화로 자리 잡았기 때문
이다. 하지만 그렇지 않은 조직이라면 팀에 권한을 부여하고 이를 촉진
하는 분위기를 조성해 성공할 수 있는 여지를 마련해줘야 한다.

권한을 위임하는 환경의 일곱 가지 특징을 하나씩 살펴보면서 자신이
몸담은 조직이나 팀에서 이러한 분위기를 촉진할 수 있는 방안을 생각
해보라.

1) 권한을 위임하는 환경은 직원의 잠재력을 키운다

자기 삶을 가장 크게 제약하는 것은 스스로에 대한 낮은 기대치다. 대
다수는 내면의 가능성을 알지 못한다. 좋은 리더는 직원들이 이 가능성
을 인식하게 해준다.

강연차 아칸소주 벤턴빌 소재 월마트 본사에 방문했을 때 큰 회의실

문간 너머에 이런 말이 쓰여 있는 것을 봤다. "평범한 사람이 이 문을 넘어가면 비범한 일을 성취해낸다." 권한을 위임하는 환경은 이러한 마음가짐을 북돋워준다.

제4장에서 소개한 바 있는 트레이시 모로는 최근 내게 편지를 보냈다. 권한을 위임해준 데 대해 감사한다는 내용이었다. "항상 저를 소중히 여겨주셔서 만점짜리 직원으로 대우받는 기분이었습니다. 늘 만점짜리 성과를 보이진 못했는데도 항상 그만한 성과를 낸 사람처럼 대해주셨지요. 덕분에 만점을 받는 사람이 되려는 의욕을 다지게 됐습니다. 한계를 뛰어넘는 사람이라는 믿음을 주는 사람, 그럴 준비가 돼 있는 사람이 된 기분이에요. 저도 그 보답으로 제가 육성하는 리더들을 그렇게 대하려고 합니다."

그녀는 권한을 위임하는 환경의 힘을 잘 알고 있는 만큼 직원들을 위해 그러한 환경을 조성하려 노력한다. 훌륭한 리더는 자신의 잠재력을 끌어올리는 데 중점을 두지만, 권한을 위임하는 리더는 그에 더해 직원도 성장시킨다. 후자는 직원들이 현재 수행하는 과업을 넘어 더 큰일을 해낼 인물로 성장하기를 바란다. 헨리 포드Henry Ford는 이렇게 불평한 적이 있다고 한다. "내가 원하는 건 양손뿐인데 왜 항상 사람까지 딸려오는 걸까?"[4] 이런 사고방식은 권한을 위임하는 리더들이 지녀야 할 마음가짐의 정반대에 놓여 있다.

권한 위임은 손기술을 훈련시키는 것보다 훨씬 더 큰일이다. 그 사람을 성장시키는 일이기 때문이다. 누구나 훌륭한 자질과 타고난 능력을 갖고 있지만 미처 알아차리지 못해 발휘하지 못한다. 의료선교사 알베

르트 슈바이처Albert Schweitzer는 이렇게 말했다. "종종 우리의 불빛은 꺼지지만, 동료와 함께하면서 다시 불이 붙는다. 그러니 우리 모두는 내면의 불을 밝혀준 그들에게 깊은 감사를 표해야 할 이유가 있다."[5] 직원들이 최선의 성과를 내길 바라는 마음과 잠재력에 대한 믿음이 있어야 그들 내면의 불꽃을 발견할 수 있다.

2) 권한을 위임하는 환경은 자유를 보장해준다

직원이 비상하려면 날아오를 자유가 있어야 한다. 그런 자유를 보장해주고 싶다면 불필요한 규칙과 관료주의를 최소화해야 한다. 1990년대에 노드스트롬Nordstrom 백화점은 직원들에게 자율성을 부여한 것으로 유명해졌다. 그곳의 모토는 이렇다. "어떤 상황에서든 현명한 판단을 하라. 그 이외의 규칙은 없다." 고객 서비스가 더할 나위 없이 훌륭하기로 이름을 떨친 이유다.

"울타리를 없애기 전에 울타리가 왜 거기에 있는지부터 물어라."라는 말이 있다. 리더는 자신의 영역을 넓히고 싶어 한다. 한때는 유용했을지 몰라도 지금은 발전을 가로막는 걸림돌이 된 '울타리'가 그들 주변에 있는가? 그 울타리는 무엇인가? 당신이 없앨 수 있는 제약이 있는가? 반짝 효과가 있었지만 더는 그렇지 않은 훈련 과정이 있는가? 조직이 성장해 이젠 없애도 될 절차가 있는가? 직원이 발전하는 데 도움이 되기보다 오히려 방해가 되는 정책이 있는가? 리더는 그들의 발목을 잡는 '쓸모없는' 프로그램·절차·정책을 기꺼이 폐기해야 한다. 피터 드러커의 말대로 "시체는 곁에 오래 둘수록 더 고약한 냄새를 풍긴다."[6]

권한을 위임하는 환경을 조성하는 리더는 스스로 생각하고 자기 방식대로 해나가고 생각을 공유할 자유를 준다. 이는 리더를 육성하는 최고의 방법 중 하나다. 권한 위임을 중시하는 조직은 복제품처럼 천편일률적인 리더가 아닌 혁신적인 리더를 원한다. 권한을 위임하는 리더는 한계를 긋지 않는 한 팀의 미래에도 한계가 없다는 사실을 안다.

3) 권한을 위임하는 환경은 협업을 장려한다

권한을 위임하는 환경은 협력 촉진 그 이상의 역할을 한다. 서로 조화롭게 일하는 적극적인 협업 분위기를 장려하는 것이다. 내가 접한 사례 중 하나가 에드 캣멀Ed Catmull의 애니메이션 스튜디오 픽사Pixar다. 캣멀은 저서 《창의성을 지휘하라》에서 권한을 위임하고 협업을 장려하는 픽사의 원칙을 이렇게 설명했다. "서로 다른 관점이 경쟁하는 것이 아니라 보완한다는 생각으로 임하면 더 효율적으로 일하게 된다. 아이디어나 의사결정이 그 과정을 거치면서 다듬어지고 구체화되기 때문이다."[7]

팀원들 간 협업, 리더와 부하직원의 협력을 장려하면 분열과 영역 다툼을 줄이고 창의성과 혁신을 촉진하며 권한을 위임하는 긍정적인 환경을 조성할 수 있다.

> "서로 다른 관점이 경쟁하는 것이 아니라 보완한다는 생각으로 임하면 더 효율적으로 일하게 된다. 아이디어나 의사결정이 그 과정을 거치면서 다듬어지고 구체화되기 때문이다."
> – 에드 캣멀

4) 권한을 위임하는 환경은 책임을 분명히 한다

리더들에게 자율성을 부여하면서 행동에 대한 책임을 묻지 않으면 혼란이 생긴다. 권위와 책임은 늘 함께한다. 리더십 작가 켄 블랜차드Ken Blanchard는 이렇게 말했다. "권한 위임은 행동할 자유를 부여하는 일인 동시에 결과에 책임을 지게 하는 것이다."[8]

리더들에게 자율성을 보장할 때는 분명한 성과와 일관된 성과가 있어야 한다고 주지시켜야 한다. 한 번만 성과를 보여주면 신뢰를 얻을 수 있다고 생각하는 경우도 있는데, 이는 사실이 아니다. 능력을 일관되게 보여줘야 한다. 책임지지 않아도 되는 영역은 없다. 책임질 때라야 더 나은 결과를 얻는다.

5) 권한을 위임하는 환경은 자율성을 부여한다

리더십에서 책임 소재는 중요하다. 책임을 묻는 것은 책임을 수용하게 한다. 그런데 이 책임보다 더 높은 수준의 책무가 있다. 바로 자율성이다. 리더가 과업을 자율적으로 수행할 수 있는 권한을 위임하면 그 권한 내에서 이를 완수해내기 위해 뭐든지 하려 한다. 그들은 결과를 얻는 데 몰두한다. 해당 과업을 생각하며 아침에 눈을 뜨고 해당 과업을 생각하며 밤에 잠이 든다. 그렇게 해달라는 요청이 없어도 더 큰 노력을 기울인다. 중도에 포기하는 일도 없다. 자율성의 무게를 느끼는 것이다.

권한을 위임한 리더는 직원 몰입도가 향상됐는지를 어떻게 알 수 있을까? 직원들이 어떤 일을 하고 있는지 궁금해하거나 그들이 성과를 낼지 더 이상 걱정되지 않는다면 몰입하고 있는 것이다. 밤잠도 설치지 않는다. 자율적으로 그 과업을 수행하고 있는 리더가 일 생각에 밤잠을 설치리라는 것을 알기 때문이다.

6) 권한을 위임하는 환경은 서로를 돕는 직원을 중시한다

내가 운영하는 조직에서 옹호하는 가치 중 하나가 도움을 주는 것이다. 나는 직원들이 서로에게, 고객에게 도움이 되길 바란다.

몇 년 전, 애틀랜타에 있는 마케팅 대행사 잭슨 스폴딩Jackson Spalding의 공동 창립자인 글렌 잭슨Glen Jackson이 존 맥스웰 컴퍼니의 전 직원들을 대상으로 리더십 강연을 한 적이 있다. 그는 창립자인 자신이 회사에 어떻게 기여하고 있는지를 말해주었다. 그의 통찰력에 깊은 인상을 받은 나는 월례 최고위 리더 모임에 참석해 고견을 들려달라고 부탁했다. 그는 고위급 리더, 즉 창립자가 개입해야 하는 시점에 대해 이야기하며 야구에 빗대 교훈을 전했다. 그의 말에 따르면 리더는 조직이 풀카운트를 눈앞에 두고 있을 때 개입해야 한다. 풀카운트는 3볼과 2스트라이크인 상황이다. 타자는 마지막 공 하나로 볼넷이 될지 삼진아웃을 당할지 땅볼로 아웃될지 안타를 쳐 출루할지를 가늠해야 한다.

조직이 2스트라이크 3볼인 위급한 상황에 처해 있다면 그는 기꺼이 개입해 팀을 돕는다. 그게 아니라면 팀원들 스스로 결정할 수 있도록 권한을 준다. 나는 우리 회사가 2스트라이크 3볼인 상황에 놓일 경우 어떻게 할지를 두고 콜과 토론을 벌였다. 어떤 결론이 나왔을까? 콜은 그런 상황이라면 내게 도움을 청하겠다고 했다. 그는 조직을 이끄는 데 여념이 없으니, 그를 돕는 것이 내가 할 일일 것이다.

7) 권한을 위임하는 환경은 보상을 해준다

보상이 주어지는 일은 이목을 끌게 마련이다. 참여만으로도 인정해주는 오늘날의 문화 속에서 보상이라는 개념은 간과되기 일쑤다. 권한을 위임하는 환경에서는 리더가 성과를 거두는 직원을 보호하고 보상해줘야 한다. 모든 직원을 중시하는 것은 올바른 처사다. 노력을 치하하는 것도 옳은 처사다. 하지만 보상은 성과를 낸 사람에게 돌아가야 한다. 영국의 전 총리 윈스턴 처칠Winston Churchill은 이렇게 말했다. "최선을 다하는 걸로는 부족하다. 때로는 필요한 일을 해야 할 때도 있다."[9] 성과를 낼 때 보상이 주어지면 그들은 권한을 위임받았다고 생각한다. 리더십은 수영과도 같다는 점에서 이 방법은 매우 유용하며, 읽는 것만으로는 익힐 수 없고 훈련을 통해 체득해야 한다.

10-80-10 법칙으로 자율성 나눠주기

내가 개발한 효과적인 방법은 10-80-10 법칙으로, 이는 성공으로 나아갈 수 있도록 준비시키고 높은 성과를 낼 수 있도록 권한을 위임하는 방법이다. 리더십은 수영과도 같다는 점에서 이 방법은 매우 유용하며, 읽는 것만으로는 익힐 수 없고 훈련을 통해 체득해야 한다.

10퍼센트

'끝이 좋으면 다 좋다'all's well that ends well는 말을 들어봤을 것이다. 윌리엄 셰익스피어William Shakespeare의 희곡 제목인 이 말에는 400년도 더

전에 그가 만들어낸 수많은 명언들이 그렇듯 일말의 진실을 담고 있다. 하지만 나는 시작이 좋으면 다 좋다고 생각한다. 풍부한 경험을 가진 리더로서 나는 리더가 과업을 잘 마무리할 수 있도록 순조롭게 출발할 수 있게 도와야 한다. 이는 다음과 같은 다섯 가지 사항을 실천하는 데서부터 시작한다.

1. 목표를 전달한다

프로젝트 시작 단계에서 나는 리더들이 업무를 수행하기 위해 해야 할 일을 숙지하도록 필수적인 사항을 전달한다.

- 비전-프로젝트의 머리. 이는 해야 할 일을 알려준다.
- 미션-프로젝트의 가슴. 이는 이 일을 완수해야 할 이유를 알려준다.
- 가치-프로젝트의 영혼. 이는 완수해야 할 일의 의의를 알려준다.

단, 어떻게 완수해야 할지는 전달하지 않는다. 실제로 그 일을 완수해야 할 사람이 결정할 일이기 때문이다. 조지 패튼George S. Patton 장군은 이렇게 조언한 바 있다. "과업을 어떻게 완수해야 하는지는 절대 말하지 말라. 해야 할 일을 말해주면 그들이 수완을 발휘해 우리를 놀라게 할 것이다."[10] 나는 내가 원하는 바를 분명히 전달해야 하고 그들은 독창성을 발휘해 그 일을 해내야 한다.

> "과업을 어떻게 완수해야 하는지는 절대 말하지 말라. 해야 할 일을 말해주면 그들이 수완을 발휘해 우리를 놀라게 할 것이다."
> ─조지 패튼 장군

2. 계획에 도움이 되는 질문을 한다

사람을 생각하게 만들려면 질문만한 것도 없다. 이를 주제로 쓴 전작이 《인생의 중요한 순간에 다시 물어야 할 것들》이다. 이 책의 내용을 설명하는 데 지면을 할애할 수는 없으니, 프로젝트에 착수하는 시점에 던져야 할 질문들만 추려 제시하면 다음과 같다.

- "잠재력이 무엇인가요?" 이 질문으로 장점을 파악할 수 있고 직원이 생각하는 성공의 이점을 알 수 있다.
- "잠재적인 문제점은 무엇인가요?" 이 질문으로 단점을 파악할 수 있고 직원의 경험과 직관, 사고법을 알 수 있다.
- "질문 있으신가요?" 이 질문으로 되도록 많은 정보와 조언을 전할 수 있다.
- "어떻게 도와줄까요?" 이 질문으로 내가 직원을 지지한다는 것을 알려줄 수 있다. 또한 그 직원이 내게 얼마나 의지하고 싶은지, 자율성을 얼마나 원하는지도 알 수 있다.

과업에 따라 추가 질문을 해야 할 때도 있다. 목표는 리더가 성공할 수 있도록 정비하는 것이다.

3. 자원을 제공한다

직원이 임무를 완수하는 데 필요한 자원이 없는데도 성공하길 바라는 것은 어불성설이다. 필요한 것을 파악해 제공해야 한다. 보조 직원이 필요할 것인가? 추가 자금이 필요할 것인가? 멘토를 지정해줘야 할 것인가? 리더로서의 경험을 십분 활용해 그들을 도울 수 있어야 한다.

4. 격려한다

나는 사람에 대한 믿음이 있다. 스스로에 대한 믿음을 가지도록 돕는 것이 리더의 목표다. 그들을 격려하고 그들에 대한 믿음을 표현해 '내가 할 수 있을까?'가 아니라 '어떻게 할 수 있을까?'를 자문할 수 있도록 도와야 한다. 격려할 때는 그들의 강점과 성취를 상기시킨다. 그러면 성공할 수 있다는 자신감을 심어줄 수 있고 그들에 대한 신뢰감도 표할 수 있다.

5. 권한을 행사하게 해준다

리더가 성공할 준비가 됐다는 확신이 들면 권한을 부여해 목표를 완수할 수 있게 하고 자율성을 발휘하도록 독려한다. 이와 관련해 작가 짐 콜린스는 《위대한 기업은 다 어디로 갔을까》에 이렇게 쓰고 있다.

> 부적합한 사람과 적합한 사람의 한 가지 차이점이라면 전자는 스스로를 '직장'을 가진 사람으로 여기는 반면, 후자는 스스로를 '책임감'을 가진 사람으로 여긴다는 것이다. 요직에 앉은 사람이라면 "어떤 일을 하십니까?"라는 질문에 직함이 아니라 책임의 수준으로 답해야 한다. "저는 x와 y에 대해 최종 책임을 지는 사람입니다."처럼 말이다.[11]

나는 내가 육성하는 리더들이 스스로를 최종 책임을 지는 사람으로 여기길 바란다.

물론 과업을 완수할 때 자율성을 발휘하게 해주는 다른 방법들도 많다. 조직효율성 센터The Center for Organizational Effectiveness는 자율성을 발휘하게 해주는 혁신적인 절차를 고안했다. 이 절차는 해야 할 일을 아는 지혜, 해야 할 일을 하려는 의지, 그리고 그 일을 하는 데 필요한 금전적 지원을 바탕으로 한다. 조직효율성 센터는 이 세 변수에 기초해 최소한의 권한 위임에서 최대한의 권한 위임에 이르는 6단계를 명시하고 있다.

1단계: 주의 깊게 살피라. 보고하라.

단, 조치는 내가 결정할 것이다.(최소한의 권한 위임)

2단계: 주의 깊게 살피라.

자신의 의견과 더불어 장단점을 분석한 대안을 보고하라.

3단계: 주의 깊게 살피라.

계획을 보고하되 내가 승낙하기 전까지는 추진하지 말라.

4단계: 주의 깊게 살피라.

계획을 보고하되 내가 불허하지 않는 한 추진하라.

5단계: 조치를 취하라. 한 일을 보고하라.

6단계: 조치를 취하라. 더 이상의 보고는 필요 없다.

(최대한의 권한 위임)

다소 기계적이긴 하지만 이를 참고하면 리더가 누릴 수 있는 자율성의 기준을 세울 수 있다. 4단계부터 출발해도 무리가 없는 리더를 엄선해 준비시키고 5~6단계로 넘어갈 수 있도록 지도하는 것이 가장 이상적이다.

80퍼센트 – 리더가 잠재력을 발휘할 수 있는 지점

리더십 전문가 워런 베니스Warren Bennis는 이렇게 말했다. "리더십은 비전을 현실로 바꾸는 능력이다."[12] 이것이 바로 권한을 위임받은 리더의 과업이다. 성공을 쟁취할 준비가 돼 있는 리더들에게 권함을 위임하면 비전을 현실로 바꾸려고 노력한다. 그 비결은 뭘까? 내가 알아낸 바로는 다음과 같다.

1. 권한을 위임받은 리더는 더 좋은 아이디어를 더 많이 내놓는다

시인 제임스 러셀 로웰James Russell Lowell은 이렇게 말했다. "(창의력은) 무언가를 발견하는 것이 아니라 무언가를 발견한 후에 이를 바탕으로 유를 창조해내는 것이다."[13] 최고의 리더들은 아이디어를 받아들여 자기 생각을 보탠다. 리더들은 팀원들에게도 자기 생각을 더 보태라고 독려한다. 잠재 리더에게 권한을 위임하고 자율성을 부여하면 혁신성과 창의성을 발휘할 수 있어 결과적으로 더 나은 성과를 올리게 된다.

2. 권한을 위임받은 리더는 기회를 놓치지 않는다

이런 말이 있다. "사업 기회를 놓쳐서는 안 된다. 기회를 붙잡지 못하면 경쟁자가 채갈 것이다." 리더들이 빛을 발할 기회를 주는 것이 당신의 일이다. 그 기회를 붙잡아 성과를 내는 것은 다음 리더들이 할 일이다. 그들이 기회를 쟁취하기 위해 분투하면서 에너지를 낭비하게 해선 안 된다. 당신이 준 기회를 십분 활용하도록 분투하게 해야 한다. 그러면 조직의 비전을 앞당겨 실현시키고 리더로서의 능력을 증명할 수 있다.

3. 권한을 위임받은 리더는 자신의 영향력을 이용한다

좋은 리더들은 권력이 아닌 영향력을 이용해 과업을 수행한다. 그들은 비전을 제시하고 관계를 형성하고 타인을 위해 봉사하고 직원들이 성과를 내도록 돕고 한계를 넘어서게 하고 압박 대신 설득한다. 리더들이 과업을 수행하는 과정에서 당신의 영향력과 지지를 요청하면 응하라. 그들의 노력을 지지하되 직접 실행하게 하라.

4. 권한을 위임받은 리더는 팀의 성공을 돕는다

좋은 리더들은 혼자서 힘든 일을 도맡지 않는다. 그것은 리드가 아니다. 좋은 리더들은 촉진자facilitator다. 촉진자는 회의가 더 잘 진행되도록 돕고, 의견 불일치를 해결하도록 돕고, 문제 해결을 돕는다. 좋은 리더는 팀원들로 하여금 상호작용하도록 만들어주면 최고의 아이디어를 내놓고 적극 참여하고 최선을 다할 것임을 알고 있다.

작가 겸 연설가 겸 커뮤니케이션 코치인 스티브 아두바토Steve Adubato는 이렇게 말했다.

뛰어난 촉진자는 어디에서든 개방적이고 편안하고 상호작용이 가능한 환경을 조성한다. 즉, 모든 사람이 편하게 질문하고 의견을 내놓을 수 있는 환경을 만들어낸다.

촉진자는 타고나지 않는다. 그보다는 지도와 연습으로 만들어진다. 회의, 세미나, 워크숍, 직원회의를 성공적으로 진행하고 싶다면 촉진자로서의 역량을 개발해야 한다.[14]

리더가 촉진자가 될 수 있도록 돕는 것은 그들에게 권한을 위임하는 일이자 다른 사람에게 권한을 위임하도록 돕는 일이다. 여기서 '촉진'은 다음의 다섯 가지를 의미한다.

- 양방향 의사소통이다.
- 상호작용이다.
- 탐구를 유도한다.
- 정보와 아이디어를 전달하는 방식이다.
- 개방형 질문을 던지는 기술이다.

원활하게 촉진할 때 리더와 직원들은 최고의 성과를 낸다. 촉진하는 환경은 상호작용을 이끌어내 리더가 직원들의 현 역량을 바탕으로 리드할 수 있게 해준다. 리더십은 그 과정에서 발전한다.

마지막 10퍼센트 – 끝이 좋으면 다 좋다

권한을 위임받은 리더들과 팀이 그간 매진해온 프로젝트를 완수할 만반의 준비를 시킨 후에는 내가 다시 개입한다. 그들의 성공을 바라는 만큼 나는 다음 세 가지를 이행하려 노력한다.

1. 되도록 가치를 창출한다

이 단계에서 나는 이렇게 자문한다. '더 높은 단계로 나아가고 끝까지 해낼 수 있도록 노력하는 이들에게 내가 어떻게 더 보탬이 될 수 있을까?' 보탬이 될 수 있는 일이 있으면 그 일을 한다. 팀의 노력에 화룡점정을 찍어 가치를 창출할 수 있다면 그렇게 한다. 그들이 일군 성과에 대한 공을 가로채려는 게 아니다. 의뢰인과 고객을 위해 그 노력의 가치를 높이려는 것이다.

2. 공을 치하한다

심리학자 윌리엄 제임스William James는 이렇게 말했다. "가장 뿌리 깊은 인간 본성은 인정받고 싶은 욕구다."[15] 나는 리더들과 팀을 칭찬하는 것을 중요시한다. 그들은 공로를 인정받을 자격이 있고 나도 그 공로를 인정해주고 싶다. 이때 타이밍이 핵심이다. 나는 되도록 곧바로 인정해주려 한다. 그들의 미간에서 땀이 마르기 전에 인정해주고 싶은 마음에 사석에서 치하하는 경우가 많은데, 인정 효과를 극대화하려면 되도록 공개적으로 곧바로 하는 것이 최선이다.

> "가장 뿌리 깊은 인간 본성은 인정받고 싶은 욕구다."
> – 윌리엄 제임스

3. 경험을 통해 배울 수 있도록 질문을 던진다

리더들에게 권한을 부여한 후에는 그들이 성공과 실패에서 교훈을 얻을 수 있도록 다음과 같은 질문을 던져야 한다.

"그 경험은 어땠습니까?" 과업을 수행한 후 그 경과를 평가하지 않는 리더가 많다. 그저 다음 과업을 달성하려 급히 나아갈 뿐이다. 이는 실행에 대한 편견 때문이다. 나는 이 질문을 던져 리더들이 잠시 시간을 갖고 숙고하고 평가하게 한다. 그들은 이 연습을 통해 학습하고 나는 그들에 대해 더 많이 알게 된다. 실제로는 그렇지 않은데도 순조롭게 진행됐다고 답한다면 서로 인식 차이가 있는 것이므로 그들이 현실을 자각할 수 있도록 도와야 한다. 실제로는 그렇지 않은데도 순조롭게 진행되지 않았다고 답한다면 지도가 필요한 것이다. 가장 큰 보상을 가져다주는 대화는 선악을 모두 드러낸다. 한 번은 직원이 이렇게 답한 적이 있다. "꼭 첫 데이트 같았죠. 좀 어색했지만 가망은 보였습니다." 나는 이 대답이 무척 마음에 들었다.

"무엇을 배웠습니까?" 나는 리더에게 권한을 위임할 때마다 그들이 무언가를 배우길 바란다. 이 질문은 성공과 실패의 교훈을 배우게 한다. 늘 말하지만 경험은 최고의 스승이 아니다. 경험에 대한 평가가 최고의 스승이다.

"다음번엔 무엇을 다르게 해보겠습니까?" 이 마지막 질문은 능동적 사고를 유도한다. 리더는 자신이 배운 것을 미래에 어떻게 적용할 것인지 예측한다. 이 단계가 성장에 중요하다. 이 질문은 '끝나서 기쁘다'라는 생각에서 '한 번 더 해볼 수 있는 기회가 어서 왔으면 좋겠다'라는 생각으로 바뀌게 한다.

10-80-10 법칙을 모든 리더에게 천편일률적으로 적용할 수는 없다. 하지만 내게는 효과가 있었다. 여러분도 한번 해보라. 리더들을 올바른 궤도에 올려놓고 자율적으로 성취하도록 권한을 위임하고 교훈을 얻을 수 있게 도우면 모두가 상생한다.

권한을 얻는 리더에서 권한을 주는 리더로

내 경력을 통틀어 가장 오랜 기간 동안 조언을 전하고 권한을 나눠온 사람은 내가 운영하는 모든 조직을 총괄하는 최고경영자 마크 콜이다. 20여 년 전 내가 운영하던 한 단체에서 영업 사원으로 첫발을 내디딘 그는 차차 부사장 자리까지 올랐다. 나는 그의 심성과 대인관계 기술을 항상 높이 평가한다. 그를 알아가면서 뛰어난 잠재력을 발견했고 그때부터 그를 지도하고 조언을 건넸다. 2011년, 나는 그에게 최고경영자 자리를 제안했다.

나는 그와 함께 일하는 것이 즐겁고 그도 모든 조직을 훌륭하게 이끌고 있다. 내 목표는 변함없이 그를 뒷받침하고 권한을 위임하는 것이다. 나는 내 주장을 좀처럼 굽히지 않고 직설적으로 말하는 성격이라 한 발짝 물러서서 그가 리드하도록 권한을 위임해야 한다는 것을 늘 상기한다.

나는 그가 편하게 나를 찾아 의사결정에 대해 논의할 수 있게 한다. 그게 권한을 위임하는 내 방식이다. 그는 이 패턴을 다음과 같이 설명했다.

- 우리는 문제를 찾아낸다: 맥스웰 씨는 제가 자율적으로 문제점을 찾아내거나 기회를 발견할 수 있게 해주십니다. 제가 문제점이나 기회를 보지 못하면 저를 도와주시죠. 우리는 우리가 추구하는 목표를 명확히 이해하고 있는지 서로 확인합니다.

- 우리는 맥락을 논의한다: 맥스웰 씨는 제가 새로운 관점에 눈뜰 수 있게 더 폭넓은 맥락을 제공해주십니다. 그러면 더 빨리 길을 찾을 수 있죠. 우리가 그 문제를 해결한다면 그 문제는 두 번 다시 반복되지 않을 겁니다.

- 우리는 해결 방안을 열거한다: 이 단계에서 저는 늘 신이 납니다. 우리는 기회를 잡거나 문제를 해결하기 위해 다양한 방안을 강구합니다. 되도록 많은 아이디어를 내놓고 그중에서 최선의 방안을 찾아내죠.

- 우리는 방향을 합의한다: 맥스웰 씨는 요청하면 의견을 말씀하시지만 개인적으로 최선이라고 생각하는 방안을 말씀드리면 그 의견에 따르십니다. 그 방안을 실행해야 할 사람은 바로 저니까요. 우리는 항상 나아갈 방향을 찾아냅니다.

- 우리는 지지와 참여를 확보한다: 우리는 어떤 행동을 취할지 합의하고 이를 위해 함께 노력합니다. 팀에 비전과 방향을 전달하고 조직을 성장시키는 것이 제 일이죠.

이 과정은 제 경험상 최고의 리더 개발 도구 중 하나입니다. 각 단계에서 저는 사고력과 창의력, 문제해결 능력을 개발하고 시험하죠. 게다가 저보다 앞서나간 리더가 성공으로 나아가는 과정에서 생기는 문제나 기회를 어떻게 포착하는지 지켜볼 수 있습니다. 저는 맥스웰 씨가 저와 나란히 걷는다는 점이 좋습니다. 대부분의 리더들은 길을 안내하려면 앞장서야 한다고 생각하지만, 맥스웰 씨는 저와 나란히 걸으며 스스로 길을 발견하도록 해주시죠. 앞으로 나아가는 과정에서 권한을 위임하시고 필요할 때 곁에 있어주시고 사소한 일이라도 기꺼이 도와주시니, 큰일을 함께 실현시킬수 있습니다.

둘의 의견이 일치하지 않을 때는 문제를 상세하게 논의하는데, 대부분은 내가 그의 의견을 따라 최종 결정을 내릴 수 있게 권한을 위임한다. 중요한 건 그도 나도 토론에서 이기는 게 목적이 아니라고 생각한다는 점이다. 우리는 '팀'이 이겨야 한다는 데 뜻을 같이한다.

세월이 흐르면서 그와 나는 서로에게 바라는 게 무엇인지, 그에게 권한을 위임하려면 무엇이 필요한지 알게 됐다.

콜이 내게 원하는 것

1. 근접성 - 그는 필요할 때 내가 곁에 있어주기를 원한다.
2. 진정성 - 그는 내가 진솔하고 정직하게 말해주기를 원한다.

3. 존중 - 그는 내가 그의 의견과 노력을 중시하기를 원한다.

4. 의의 - 그는 타인에게 가치를 더해줄 수 있는 기회를 원한다.

5. 믿음 - 그는 자신의 리더십을 믿어주길 원한다.

6. 지혜 - 그는 내 실패에서 얻은 교훈을 전수받기를 원한다.

7. 권한 - 그는 내가 책임과 권한을 위임해주기를 원한다.

8. 영향력 - 그는 필요시 내 의견을 들려주길 원한다.

9. 플랫폼 - 그는 내가 그의 인맥을 넓혀주길 원한다.

내가 콜에게 원하는 것

1. 심성 - 그가 사람들을 사랑하기를 원한다.

2. 성과 - 그가 성과를 이끌어내길 원한다.

3. 에너지 - 그가 자기 분야에서 열정을 보이길 원한다.

4. 팀원 지지 - 그가 한계를 뛰어넘어 영향력을 넓히길 원한다.

5. 신임 - 그가 내게 신뢰할 수 있다는 확신을 주길 원한다.

6. 학습 정신 - 그가 학습과 발전에 개방적이길 원한다.

7. 내면의 힘 - 그가 무거운 짐을 나와 나누길 원한다.

8. 의지 - 필요시 그에게 의지하길 원한다.

9. 보호 - 그가 나를 조건 없이 사랑하고 지지해주길 원한다.

우리가 서로에게 원하는 것과 필요한 것을 이해하는 데는 상당한 시간이 걸렸다. 우리가 그렇게 할 수 있는 능력을 갖추는 데도 역시 많은 시간이 걸렸다. 우리는 지금도 성장하고 배우는 중이다. 콜은 최근 나에게 다음과 같은 편지를 보냈다.

맥스웰 씨께,

맥스웰 씨는 제가 몰랐던 잠재력을 알아봐주셨습니다. 스스로를 리더로 여기기도 전에 맥스웰 씨가 먼저 리더로 봐주셨습니다. 대다수 사람들과 달리 맥스웰 씨는 저를 소통가로 봐주셨습니다. 제가 스스로에 대한 믿음을 갖도록 고취시켜 주셨습니다. 제게 가장 큰 권한을 나눠주신 것입니다. 해낼 수 없으리라 생각했던 일들을 이제 해낼 수 있습니다. 스스로의 능력을 깨닫지 못한 때에 제게 그 권한을 위임해 주셨기 때문입니다.

그가 꾸준히 발전하고 있어 기쁘다. 그는 자신의 잠재력을 펼치기 위해 착실히 나아가고 있다. 그의 리더십은 나날이 발전하고 있으며 리더들에게 권한을 위임하는 일도 능히 해내고 있다. 이는 크나큰 유익이자 보상이다.

THE LEADER'S
GREATEST RETURN

POSITIONING LEADERS

제7장

적재적소에 배치하기

강점을 발휘할 수 있는 자리를 찾아주어
가치를 더 빛나게 하라

의욕이 충만하고 만반의 준비가 돼 있으며 권한을 위임받은 리더보다 강력한 것은 무엇일까? 의욕이 충만하고 만반의 준비가 돼 있으며 권한을 위임받은 리더들이 팀을 이루는 것이다. 그보다 강력한 것은 무엇일까? 리더들이 팀으로 협력하는 것이다. 좋은 리더들이 한데 모여 의욕을 고취하고 비전에 집중하고 한 팀으로 협력하면 못 해낼 일이 없다.

리더들로 이루어진 팀은 강력하다. 하지만 팀을 만들기란 어렵다. 리더들을 한데 모으기가 어렵기 때문이다. 이들이 협력하게 하는 것도 쉬운 일이 아니다. 모두들 자기 의견이 강하고 누군가의 리드를 따르기보다 직접 리더가 되길 선호하기 때문이다.

리더십의
난도

오랜 경험에 비춰 볼 때 리더십 육성 난도는 세 가지로 나뉜다.

　저난도: 나 자신이 리더로 성장하기
　중난도: 다른 사람을 리더로 육성하기
　고난도: 리더들로 이루어진 팀 육성하기

　출발점은 늘 자기 자신이다. 저난도라고 해서 쉬운 일은 아니다. 리드해야 할 사람 중에 가장 어려운 대상은 나 자신이다. 나는 40세 전까지 자기개발을 통해 리더가 되는 데 역점을 뒀다. 누구든 리더십 훈련을 통해 더 나은 리더가 될 수 있다는 생각은 나뿐만 아니라 다른 사람도 성장시키는 동력이 됐다.

　내가 가장 많이 성장했던 시기는 존 우든 코치가 멘토였을 때다. 나는 그와 함께한 가장 애틋한 기억 중 하나로, 그가 좋아하는 식당에서 같이 아침 식사를 하던 때를 꼽는다. 그는 초등학교 졸업식 때 아버지가 주셨다던 카드를 지갑에서 꺼냈다. 80년 넘게 간직하고 있던 카드였다. 그는 내가 구경할 수 있게 카드를 건넸고 나는 카드를 조심스럽게 쥐곤 거기에 적힌 내용을 읽었다.

일곱 가지 할 일

1. 자신에게 충실하라.

2. 남을 도와라.

3. 하루하루를 걸작으로 만들어라.

4. 좋은 책, 특히 성경을 읽어라.

5. 우정을 예술로 승화시켜라.

6. 궂은 날에 대비해 피신처를 만들어라.

7. 기도로 가르침을 구하고 매일 축복을 누림에 감사하라.

그는 이렇게 말했다. "나는 이걸 매일 읽고 최선을 다해 실천한다네."

그는 스포츠 역사상 가장 위대한 팀의 지도자 중 한 명이었다. 그가 역점을 둔 건 무엇이었을까? 그에겐 자기 성장이 먼저였다. 그는 리더들을 육성하고 한 팀으로 구성하기에 앞서 자신이 그만한 자격을 갖추는 것이 중요하다는 것을 몸소 증명했다.

나는 50년 이상 내 리더십을 향상시키려고 힘써 왔고, 이는 지금도 변함이 없다. 더 나은 리더이자 롤모델이 되기 위해 신념, 학습 능력, 직업 윤리, 타인에 대한 사랑, 섬기는 일, 목적의식 있는 삶, 진정성, 일관성 등의 긍정적인 자질을 함양하려 노력한다. 내 자신을 잘 이끌어나감으로써 다른 사람들을 이끄는 권한을 얻으려 노력한다. 쉽지 않은 일이지만 더 능숙해질수록 신뢰도 쌓여 간다. 리더들을 모아 팀을 구성하려면 이렇듯 자기 성장부터 도모해야 한다.

누구를
합류시킬 것인가

당신이 리더로서 자기 성장에 얼마나 충실했느냐에 따라, 당신의 리더 팀에 합류시킬 리더의 등급이 달라진다. 그들에게 당신에 대한 믿음이 없다면 여러분의 리더십을 인정하지 않을 것이고 팀의 일원이 되려고도 하지 않을 것이다. 《존 맥스웰 리더십 불변의 법칙》의 '수용의 법칙'Law of Buy-In에 따르면 "사람들은 리더를 먼저 받아들인 다음에 비전을 받아들인다."[1] 게다가 그들이 당신보다 더 뛰어난 잠재 리더라면 당신을 따르지 않을 것이다. 또한 '존경의 법칙'Law of Respect에 따르면 "사람들은 자연스레 자신보다 강한 리더를 따른다."[2] 당신의 리더십 역량이 (10점 만점에) 5점이라면 리더십 역량이 6점 이상인 직원들은 당신을 따르지 않을 것이다. 당신이 끌어올 수 있는 직원은 기껏해야 3~4점일 것이다. 그러니 꾸준히 자기발전을 꾀하라. 좋은 팀을 육성하고 싶다면 더 나은 리더가 돼야 한다.

리더로 구성된 팀을 육성할 준비가 됐다면 먼저 다음과 같은 리더상을 찾는다.

1. 리더십이 성과로 입증된 리더

두말하면 잔소리지만 그래도 짚고 넘어가자. 리더들로 팀을 조직하려면 리더를 영입해야 한다. 훗날 리더가 될 잠재력을 보유한 동시에 이미 리더십을 입증한 사람 말이다. 리더 출신의 팀원들은 서로를 평가한다. 리더들을 한자리에 모으면 비공식적인 서열이 금세 정해진다. 리더는 다른 리더들을 직관적으로 알아볼 뿐 아니라 서로의 영향력도 본능적으로 감지한다. 리더가 될 수 없는 사람은 소외되거나 무시당할 것이다.

2. 팀원으로서의 역할과 목적을 이해하는 리더

전작 《작은 혁신》에서 언급한 '틈새의 법칙'Law of the Niche에 따르면 각자에게는 가장 큰 가치를 창출할 수 있는 자리가 있다.[3] 자신의 목적의식과 자신이 가장 잘하는 분야를 파악할 줄 아는 사람을 리더팀에 영입하는 것이 이상적이다. 그래야 순조롭게 업무를 진행해나가고 즉시 가장 큰 가치를 창출할 수 있다. 가치 창출은 그 자리에서 수행할 역할을 알고 있는 것에서부터 출발한다. 리더십이 성장하면 팀에 보탤 수 있는 가치도 커진다.

하지만 좋은 리더라고 해서 모두 자기인식을 할 수 있는 건 아니다. 리더로서의 뛰어난 잠재력과 리더로서의 남다른 성과가 자기인식을 겸비했다는 것을 보여주는 분명한 지표인 것도 아니다. 존 맥스웰 컴퍼니의 최고위 코치들에 따르면 부실한 자기인식이 리더들의 가장 큰 문제다. 팀에 영입한 리더가 자신이 왜 영입된 것인지, 어떻게 기여해야 할지를 모른다면 자신의 적성과 역량을 십분 발휘해 최고의 성과를 낼 수 있는 자리에 배치해야 한다. 강점을 말해주고 그 강점을 활용할 수 있는 역할에 배치하라. 함께 목표를 설정하라. 이는 매우 중요한 문제다. 적재적소에 배치되지 않으면 다음과 같은 문제가 발생하

> **부실한 자기인식이 리더들의 가장 큰 문제다.**

기 때문이다.

- 사기가 저하된다.
- 한 팀으로 협력하지 않는다.
- 팀이 발전하지 못하고 진전이 없다.
- 팀이 잠재력을 충분히 발휘하지 못한다.

팀원을 엉뚱한 자리에 배치했다면, 곧바로 잘못된 선택임이 드러난다. 이 경우 책임지고 해당 팀원이 성과를 가장 잘 낼 수 있는 자리에 재배치해야 한다. 다만 한 가지 예외가 있다. 재능과 역량이 매우 뛰어나어느 자리에서든 성과를 낼 수 있는 팀원이 강점을 발휘할 수 없는 자리에 배치된 경우 이를 알아차리지 못할 수도 있다. 어떤 과업이 주어지든고성과를 거두는 팀원이 있다면 계속 새로운 일에 도전하게 하고 강점을 최대한 발휘할 수 있는 자리를 찾아낼 때까지 지속적으로 대화를 나누어야 한다.

3. 다른 리더들의 목적의식과 역할을 파악한 리더
리더들로 팀을 구성하는 것 자체가 까다로운 일이다. 재능 있는 리더는영입 제안을 오히려 제약이나 구속으로 여길 수 있다. 불안해하기도 한다. 뛰어난 리더는 리더가 되고 싶어 하지 리더를 따르고 싶어 하진 않는다. 이러한 긴장을 해소하는 최선의 방법은 서로가 서로를 이해하고진면목을 알아보도록 돕는 것이다. 그러려면 그들을 영입한 목적을 설명해야 한다. 각자의 강점을 강조해야 한다. 팀원으로 영입한 의도를 분명히 이해시켜야 한다. 다른 팀원들이 자신에게 득이 되는 가치를 창출해낼 것이라는 사실을 알면 팀과 팀원 하나하나의 진가를 알게 된다. 팀원들의 가치와 각자의 강점이 어우러져 나타날 효과를 알고 나면 팀원들을 기꺼이 존경하게 되고 조화롭게 협력하게 된다.

4. 팀을 사랑하고 존중하고 신뢰하는 리더

팀원들이 팀보다 자신을 앞세우면 성공하지 못한다. 스포츠 분야만 봐도 알 수 있다. 엄연히 계약 상태인데도 제 역할을 방기하거나 자기 욕심을 채울 수 없다는 이유로 이적을 요구하는 선수가 그렇다. 반대로 팀원들이 동료와 팀을 중시하고 사랑하고 신뢰하면 성공한다.

리더들로 이루어진 팀의 리더는 비전을 전달해 팀원들을 집중시키고 결속시킬 책임이 있다. 팀원들끼리, 그리고 리더와 팀원들이 정서적 유대를 나눌 수 있는 방안을 강구해야 한다. 모두가 정서적 유대감을 공유하면 서로를 위해 노력하고 땀 흘리고 분투할 것이다.

5. 가치를 구현하고 조직의 비전을 실천하는 리더

리더들을 영입해 리더팀을 조직하는 것은 그들에 대한 암묵적 지지의 표명이자 조직 내 다른 사람들의 본보기를 보여주는 것이다. 따라서 이들은 타 직원들이 체득해야 할 바람직한 가치를 몸소 보여야 하며 조직이 추구하는 비전을 달성하려 노력해야 한다.

우든 코치는 선수들에게 이렇게 말했다. "앞으로 할 일을 말로 하지 말고 행동으로 보여라." 말은 가볍지만 행동은 강력하다. 리더팀에 성실한 리더를 영입하려면 팀에 가장 강한 메시지를 전달할 능력, 즉 "나를 따르라"라고 말할 능력을 갖춘 사람이어야 한다. 그를 믿을 수 있다면 직원들은 기꺼이 그를 따를 것이다.

6. 자기 욕심보다 팀의 성공을 중시하는 리더

재능 있는 사람들은 자기 방식대로 일하는 데 익숙하다. 그들은 자신의 영향력을 이용하는 데 익숙하다. 자기주장이 강한 리더가 개인적인 야심보다 팀의 목표를 우선시하게 하려면 어떻게 해야 할까? 《작은 혁신》에서 언급한 '중요성의 법칙'Law of Significance에 따르면, "하나는 위대한 성취를 거두는 데 너무 작은 수"다.[4] 팀의 리더는 팀으로 일할 때 혼자일 때보다 더 크고 중요한 과업을 성취할 수 있고 각자 일할 때 얻을 수 있는 특권과 위상, 기회를 넘어서는 훨씬 더 큰 성과를 달성할 수 있다는 사실을 이해시켜야 한다.

각 리더들을 설득해 서로 존중하고 교감하고 보살피도록 공을 들이면 팀에 소속되면서 포기해야 할 것이 생겼다고 생각하지 않고 더 큰 대의에 보탬이 될 수 있다고 생각한다. 개인의 특권을 포기하면 팀워크의 특권을 누리게 될 것이며 개인주의로 당장은 트로피를 차지할 수는 있지만 팀워크는 꾸준한 성공을 거두게 해준다는 사실을 깨달을 것이다.

7. 꾸준한 성과를 내는 리더

효과적인 리더십을 저해하는 가장 큰 걸림돌 중 하나는 이미 목표에 도달했다고 생각하는 마음가짐이다. 리더는 목표에 도달했다고 생각하는 순간 적극적으로 리드하지 않는다. 그리고 임기와 직위, 위상과 경력을 생각해 자리를 보전하는 데 집중한다. 이 경우 리더십은 난관에 봉착한다. 목표를 달성했다고 생각하면 더는 성과를 만들어내려 하지 않는다. 자기발전과 조직을 위한 가치 창출에 적극 나서지 않는다. 애초에 그 자리에 오를 수 있게 해준 긍정적인 리더십 가치들을 본보기로 삼으려 하지도 않는다. 그 결과 신의와 효율성을 잃게 된다.

리더들을 리더팀에 영입할 때는 아직 목적지에 도달하지 못했음을 주지시켜라. 그들은 지금처럼 열심히 일하라고, 더 큰 변화를 일으키라고 영입된 것이다. 팀에 합류했기 때문에 그들은 더 큰 영향력을 얻고 더 큰 기여도 할 수 있다. 자신들이 이끄는 직원들을 위해 더 큰 가치를 창출하고 조직에도 더 큰 영향을 준다. 더 큰일을 위한 시작이지 끝이 아닌 것이다. 따라서 편히 휴식을 취할 때가 아니라 변화를 만들어낼 때임을 인식시킨다.

리더들로 팀을 구성하는 5단계

좋은 팀은 구성원의 총합보다 큰 법이다. 리더들로 구성된 훌륭한 팀은 위대한 꿈을 이룰 잠재력을 갖고 있다. 내 친구 크리스 호지스는 꿈을 이렇게 정의했다. "꿈은 타인의 도움 없이는 실현할 수 없는 크나큰 내면의 비전이다." 그의 말대로 팀은 꿈의 실현에 결정적 역할을 한다.

꿈만 있고 팀이 없다면 그 꿈은 실현 불가능하다.

꿈은 있되 나쁜 팀이 있다면 그 꿈은 악몽이다.

꿈이 있고 팀도 만들어낸다면 그 꿈은 실현 가능하다.

꿈과 좋은 리더를 가진 팀이 있다면 그 꿈은 반드시 이루어진다.

리더들로 이루어진 팀은 큰 변화와 막대한 보상을 가져다줄 잠재력을 갖고 있다. 리더팀이 올바른 궤도에 올라서게 하려면 다음의 다섯 가지 단계를 실행하라.

1. 개인의 비전과 조직의 비전을 일치시켜라

마커스 버킹엄Marcus Buckingham은 수십 년간 우수한 팀을 만드는 요인을 연구해왔다. 연구를 거듭한 결과 그는 고성과 팀을 만드는 여덟 가지 요인을 발견했다. 즉, 네 가지 영역에 대한 여덟 가지 반응을 살펴보면 성공을 예측할 수 있다고 보았다.

그의 연구 결과는 비전 일치의 중요성을 보여준다. 훌륭한 팀은 개인과 조직의 목적의식, 목표, 가치관이 모두 일치한다. 다음 표를 살펴보자. 우수한 팀의 팀원들은 조직의 목적에 열의를 보이며 자신과 조직의 목적의식이 일치한다는 사실을 안다. 자신과 팀의 가치와 강점이 일치한다고 생각하며, 조직과 팀원의 지지를 받고 있다고도 느낀다. 자신과 조직 앞에 긍정적인 미래가 펼쳐질 것이라고도 생각한다. 모두가 한마음이 되어 같은 곳을 지향하

"꿈은 타인의 도움 없이는 실현할 수 없는 크나큰 내면의 비전이다."
– 크리스 호지스

영역	'우리'에게 필요한 것	'나'에게 필요한 것
목적	나는 우리 회사의 미션에 열의를 갖고 임한다.	일터에서 나는 나에 대한 기대치를 분명히 이해한다.
우수성	내 주변에는 가치가 일치하는 팀원들이 있다.	일터에는 매일 나의 강점을 활용할 기회가 있다.
지지	내 동료들은 나를 지지해준다.	나는 나의 뛰어난 공이 인정받을 것임을 안다.
미래	나는 회사의 장래에 대한 확신이 크다.	일터에서 나는 성장해야 한다는 과제를 안고 있다.[5]

는 것이다.

이 같은 비전의 일치는 결코 우연히 일어나지 않는다. 팀의 리더가 촉진해야 가능하다. 그러려면 비전, 팀, 개인별 강점 및 욕구가 연계되도록 소통해야 한다. 팀원의 기여를 명확히 밝히고 다른 팀원의 기여를 인정하게 하라. 팀원들을 지도하고 멘토링하라(이에 관해서는 다음 장에서 더 얘기하겠다). 지속적이고 창의적으로 소통할 방법을 찾고 소통을 멈추지 말라.

2. 팀원들이 유대감을 형성하게 하라

성공한 팀은 팀원들이 서로를 아끼고 감정적 유대를 느끼며 관계가 끈끈하다는 공통점이 있다. 이는 네이비실이나 특수부대팀을 보면 확연히 드러난다. 이들은 가장 극단적인 상황에서 서로를 위해 싸우고 목숨까지 기꺼이 바친다. 스포츠 경기의 우승팀이나 기업 및 자원봉사 조직 내고성과팀에서도 팀원 사이의 유대감은 확연히 드러난다.

컨설턴트 폴 아놀드Paul Arnold는 팀의 유대감이 미치는 영향에 대한 연구 결과를 다음과 같이 전하고 있다.

1993년, 노스웨스턴대학교 켈로그 경영대학원의 샤Shah와 펜실베이니아대학교 와튼 스쿨의 젠Jehn은 MBA 1년 차를 대상으로 연구를 수행했다. 두 사람은 피실험자들에게 누구와 가장 친해졌는지를 적으라고 한 다음, 그중 절반은 서로 친해진 사람들로 팀을 만들게 하고 나머지 절반은 무작위로 다른 팀에 배정했다. 일련의 실험 결과, 당연하게도 교분을 나눈 팀은 다른 팀보다 높은 성과를 냈다. 놀라운 것은 성과의 편차였다. 단순 업무의 경우 성과가 20퍼센트 더 높았고 복잡한 업무의 경우 무려 70퍼센트가 높았다. 두 사람은 추가 연구를 수행해 두 가지 주요인을 밝혀냈다. 첫 번째 요인은 유대가 끈끈한 팀은 서로 더 많은 지지를 보낸다는 것이었다. 특히 단순 업무의 경우 이 요인이 더 중요하게 작용했으며 사기도 시종일관 높았다. 두 번째 요인은 복잡한 업무 처리 중에 일어나는 논쟁이었다. 유대감을 형성하지 못한 팀의 구성원들은 그 누구의 심기도 거스르고 싶어 하지 않았으며 그 탓에 논의의 장은 화기애애했고 타협으로 마무리 됐다. 유대감을 형성한 팀은 교분을 나눈 덕에 진실한 논쟁을 벌이면서도 인신공격을 하지 않았다. 이처럼 건전한 논쟁을 벌인 결과 더 나은 결정을 내렸다.

결론적으로 높은 수준의 성과를 내고자 한다면 (정서적 수준에서) 보다 밀접한 유대 관계를 맺을 필요가 있다.[6]

그렇다면 팀원들 간 정서적 결속과 유대는 어떻게 촉진해야 할까? 이는 신뢰에서 출발한다. 신뢰는 결속, 성장, 팀워크의 기반이다. 듀크대학교의 남자농구팀 감독 마이크 시셰프스키Mike Krzyzewski는 이렇게 조언했다. "리더가 소통과 신뢰의 분위기를 조성하면 전통이 된다. 선배는 신입에게 리더에 대한 신의를 깨우친다. 리더를 전적으로 좋아하진 않더라도 이렇게 말하는 것이다. '리더는 믿을 만한 사람이야. 우리 팀에 헌신적이지.'"[7] 토대를 마련해주면 신뢰를 이끌어내고 관계를 형성할 수 있다.

패트릭 렌시오니Patrick Lencioni는 팀을 주제로 광범위한 저작을 집필했다. 그는 자신의 저서 《탁월한 조직이 빠지기 쉬운 5가지 함정》에서 신뢰에 관해 다음과 같이 말했다.

팀원들이 신뢰 관계를 형성하면…
· 약점과 실수를 인정한다.
· 도움을 청한다.

- 자신의 책무에 대한 질문과 의견을 수용한다.
- 부정적인 결론을 내리기 전에 일단 믿어준다.
- 위험을 무릅쓰고라도 피드백과 지원을 제공한다.
- 서로의 기량과 경험을 인정하고 이를 잘 활용한다.
- 팀 내 정치가 아닌 실질적인 쟁점에 시간과 에너지를 쏟는다.
- 주저 없이 사과하고 사과를 수용한다.
- 팀으로 협력하는 기회나 회의를 고대한다.[8]

서로를 아끼는 마음에서 중요한 건 받는 것보다 베푸는 것이다. 팀원들을 아끼고 정서적인 교감과 유대를 나눌 때는 베푸는 자세를 지녀야 한다. 진정한 리더는 팀원의 희생을 담보로 한 개인적인 이득에 연연하지 않고, 팀과 팀원들에게 가치를 더해줄 방안을 찾아야 한다.

게일 비비는 현대 경영의 아버지 피터 드러커의 통찰력을 바탕으로 집필한 책에서 탐욕과 관용이 팀 분위기와 성과에 미치는 영향에 대해 다음과 같이 말했다.

탐욕은 공동체를 파괴한다. 탐욕은 본질적으로 한계가 없다. 돈과 명예를 끝없이 추구하게 만들고 타인의 야심과 욕구를 존중하지 못하게 한다. 자신의 욕구와 야심이 팀원 간 통상적으로 지켜야 할 선과 기대보다 앞서기 때문이다. 탐욕은 특히 팀을 좀먹는다. 고위 임원이 탐욕적일 때는 조직

전체를 파괴할 수 있다. 탐욕은 칭찬과 관심, 보상을 지나치게 갈망할 때 드러난다. 혼자서 이목을 독차지하고 싶을 때도 드러난다. 악의와 몰상식은 이 내적 욕구를 보여주는 두 가지 징후다. 만족을 모르는 무한한 갈망이 탐욕의 뿌리다. 반면에 관용은 공동체를 형성한다. 돈과 명예의 지배에서 벗어나게 해주고 상호호혜적 관계를 추구하게 한다. (…) 이는 우리가 직면하는 생의 부침浮沈에 긍정적이고 지속적인 영향을 발휘하는 대처 능력을 갖게 해준다.[9]

받는 것보다 더 많은 것을 베풀고 싶을 만큼 서로를 신뢰하고 결속하고 유대감을 형성하는 리더들로 이루어진 팀은 소통할 줄 알고 매우 생산적

> **"팀워크에서 침묵은 금이 아니라 치명타다."**
> – 마크 샌번

이다. 그 길이 순탄치만은 않고 늘 의견이 일치하지도 않겠지만 일단 협력하고 대화로 문제를 푼다. 이것이 핵심이다. 마크 샌번의 말처럼 "팀워크에서 침묵은 금이 아니라 치명타"이기 때문이다.[10] 자신뿐 아니라 공적 관계에서든 사적 관계에서든 팀원들에 대한 확신을 갖게 되면 한 팀으로 움직인다. 유대가 끈끈한 팀은 성과를 낸다.

3. 리더들이 함께 성장하게 하라

팀원들이 결속하고 전도유망한 미래를 만들어갈 수 있는 최선의 방법 중 하나는 함께 성장하게 하는 것이다. 수 년 전, 나는 리더팀의 구성원들을 위한 성장 계획을 설계하며 다음과 같은 약어 GROWTH를 만들

었다.

Give them a growth environment
(잠재 리더에게 성장할 수 있는 환경을 제공하라).

Recognize each person's growth needs
(잠재 리더의 욕구를 파악하라).

Open up opportunities for them to grow
(잠재 리더가 성장할 기회의 장을 열어줘라).

Walk with them in challenging times
(잠재 리더가 난관에 봉착하면 함께 헤쳐 나가라).

Teach them to learn from every experience
(잠재 리더들이 매 경험에서 배우게 하라).

Help them add value to their teammates
(잠재 리더들이 그들의 팀에 가치를 더해주도록 도와라).

이 여섯 가지 단계를 지금부터 하나씩 살펴보자.

잠재 리더에게 성장할 수 있는 환경을 제공하라

나는 리더와 팀원 모두에게 성장이 중요하다는 사실을 깨닫고 난 후
이들이 성장을 도모할 수 있는 상황들을 다음과 같이 나열해봤다.

- 남보다 뒤처진 상황

- 지속적으로 난관에 봉착하는 상황

- 미래를 지향하는 상황

- 분위기가 긍정적인 상황

- 심리적 안전지대를 벗어난 상황

- 설레는 마음으로 아침에 일어나는 상황

- 실패를 적으로 삼지 않는 상황

- 다른 이들이 성장하는 상황

- 사람들이 변화를 갈망하는 상황

- 성장을 기대하고 이를 본보기로 여기는 상황

리더들이 성장하길 바란다면 이를 위한 환경을 조성하려 노력해야 한다. 그 시작은 여러분이다. 이 중 대부분이 리더가 할 수 있는 일이기 때문이다. 리더는 앞장서서 솔선수범하고 선두에 서서 성장하고 변화를 일으키고 팀원들의 도전의식을 북돋아야 한다. 팀원들이 심리적 안전지대에서 벗어나도록, '안전한 실패'를 할 수 있도록 지도하고 격려해야 한다. 이를 모두 해낼 때 팀원들은 제 역할을 다할 것이다.

잠재 리더의 욕구를 파악하라

리더와 교감하고 협력하다 보면 강점을 이해하게 되고 어떤 역량을 더 개발해야 할지 알게 된다. 그러면 안내하고 도울 수 있다. 하지만 말로 직접 표현하는 게 중요하다. 내 경우 연말에 리더들과 이를 실천한다. 다음 해에 역량 개발이 요구되는 두 가지 영역을 공유해달라고 하면 내가 생각한 부분과 일치할 때가 많다. 스스로 파악하지 못하는 경우 함께 논의한다. 목표는 향후 12개월 동안 매진해야 할 영역을 함께 찾는 것이다.

이 과정에 리더들을 적극 개입시켜 자기개발이 필요한 부분을 묻고 그들의 포부에 긍정적으로 화답하면 동기가 부여된다. 동기는 상명 하달로 부여할 수 없다. 스스로 주도적으로 임할 때 보다 책임의식을 느끼기 때문이다.

잠재 리더에게 기회의 장을 열어줘라

리더들에게는 각자에 알맞은 처방을 내려야 한다. 배경과 경험, 영향력, 관점이 열이면 열 모두 다르기 때문이다. 해당 리더의 수준에 따라 역량 개발 계획도 그에 걸맞게 설계해야 한다.

나는 리더팀의 개별적인 욕구를 파악하고 나면 이를 뒷받침할 계획을 세우고 적극 도움을 준다. 가령 네트워킹 역량을 키워야 할 경우 관련 분야의 인맥을 넓혀주고 성장할 수 있는 기회를 제공한다. 리더 경험이 더 필요하면 프로젝트 리더 역할을 맡겨 역량을 키우게 한다. 비전이 없으면 더 큰 꿈을 꾸게 하고 야망을 갖게 하고 사람들을 소개시킨다. 어떤 방식으로든 역량을 개발하고 잠재력을 꽃피우게 해줄 경험을 제공하고 사람을 만나게 하고 여러 장소를 찾아다닐 기회를 주는 데 주력한다.

잠재 리더가 난관에 봉착하면 함께 헤쳐 나가라

내 경험에 비춰 보면 사람은 어려운 시기에 가장 괄목할 만한 성장을 이룬다. 난관을 통과하며 도움을 구하고 새로운 발상에 눈뜨고 성공적으로 헤쳐 나갈 변화를 일으킬 수 있기 때문이다. 잠재 리더가 난관에 봉착했다면 기꺼이 함께해야 가치를 창출할 수 있다.

나는 청년 리더를 돕는 일에서 만족을 느낀다. 이들은 도움을 받는 데 개방적이기 때문이다. 나는 그들이 혼자가 아님을 알려주고 상황이 불확실할 때 자신감을 심어주려 한다. 방향을 잃었다면 의견을 제시한다. 어떤 질문에든 답한다. 조력자로 함께하다 보면 우정이 더 깊어져 관계에 큰 영향을 주기도 한다. 난관에 봉착한 리더를 훈계하거나 바로잡으려 하지 말고 공감하는 마음으로 돕고 다정하게 방향을 재설정해준다면 삶에 긍정적인 영향을 줄 수 있다.

잠재 리더가 매 경험에서 배우게 하라

어떤 경험이든 교훈은 남는다. 하지만 실패에만 신경을 쓰느라 경험에서 교훈을 얻지 못하는 경우가 많다. 팀에 더 기여할 수 있도록 돕고 싶다면 교훈에 방점을 둔다. 나는 제6장에서 언급한 10-80-10 법칙의 사후 질문 시간을 활용한다. 우리는 긍정적이든 부정적이든 함께 경험하고 사후에 평가하는 시간을 갖는다. 그리고 이렇게 자문한다. "무엇이 순조로웠는가? 어디가 잘못됐는가? 무엇을 배웠는가? 어떻게 개선할 수 있는가?" 개인적인 성장에는 개별적인 역량 개발 계획이 필요하지만 여럿이 함께하는 것은 리더들이 팀과 함께 성장하는 훌륭한 경험이 될 수 있다. 팀 차원의 문답 시간은 이를 촉진하는 데 유용하다.

잠재 리더들이 그들의 팀에 가치를 더해주도록 도와라

당연한 말이지만 리더와 성취가 유형은 경쟁적이고 이기는 것을 좋아
한다. 리더팀을 이끄는 리더는 개인적 성공에 익숙해진 팀원들을 한 팀
으로 성공하도록 지도해야 한다. 이른바 제로섬zero-sum 사고방식에 젖
어 있는 사람이라면 이는 특히나 중요하다. 금융 및 투자 정보 사이트 인
베스토피디아Investopedia는 제로섬을 이렇게 설명한다.

> 제로섬 게임이란 한 사람이 이득을 보면 다른 사람이 그만
> 큼 손해를 보는 상황에서 부나 이득의 순純변화가 제로(0)인
> 상태를 말한다. (…) 포커와 도박이 제로섬 게임의 대표적 사
> 례다. 승자의 이득과 패자의 손실을 합하면 제로가 되기 때
> 문이다. 승자와 패자가 생길 수밖에 없는 체스나 테니스 등
> 도 제로섬 게임이다. (…) 제로섬 게임의 반대 개념은 무역협
> 정을 맺은 두 국가의 무역이 크게 증가하는 윈윈 win-win 게
> 임 또는 전쟁처럼 둘 다 패배자가 되는 루즈루즈 lose-lose 게
> 임이다.[11]

리더들로 구성된 강력한 팀은 승자가 한 명이라 하더라도 나머지 팀
원들이 패배하는 것은 아님을 잘 안다. 팀원들이 서로를 돕거나 가치를
창출해낸다면 손실이 없다. 오히려 팀의 역량을 배가한다. 선수로서 두

226

차례, 코치로서 열한 차례 NBA 우승을 차지한 전
직 NBA 감독 필 잭슨Phil Jackson은 팀의 시즌 모
토가 '무리의 힘은 늑대이고, 늑대의 힘은 무리이
다'였던 적이 있다고 말했다.[12] 이는 팀원 모두가

함께한다는 뜻이다. 리더팀에는 이러한 사고방식을 심어줘야 한다. 함
께가 아니면 아무도 목표를 달성하지 못한다는 사실을 모두가 이해해야
한다.

4. 리더를 적재적소에 배치하라

나는 우든 코치와 함께한 멘토링 시간에 얻은 가르침을 글로 옮긴 적이
많다. 한번은 그에게 그렇게 뛰어난 선수들을 어떻게 서로 결속시키고
협력하게 만드는지 물은 적이 있다.

그는 "어려운 일이지."라고 한마디로 답했다. 그리고 이렇게 말했다.
"선수들이 제 역할을 해낼 적소에 배치해야 하고 개인을 넘어서는 목적
의식이 있어야 한다." 이 말은 내 뇌리에 각인됐다. 팀 플레이어를 이보
다 완벽하게 설명할 수 있을까.

나는 이 장 초반에서 '각자에게는 가장 큰 가치를 창출할 수 있는 자리
가 있다'는 틈새의 법칙을 언급했다.[13] 그 자리란 가장 큰 강점을 가장 잘
활용할 수 있는 자리이자 팀에 가장 큰 공헌을 할 수 있는 자리다. 컨설
턴트 애나 로백Ana Loback은 자신에게 걸맞은 자리를 아는 것의 중요성
과 그 이점을 다음과 같이 설명했다.

연구 결과, 강점을 자각하고 있는 팀들이 유리한 고지를 점하며 더 나은 성과를 내고 궁극적으로 팀원들 간 신뢰를 조성하는 긍정적 환경을 만드는 것으로 밝혀졌다.

모호함은 불신과 불안을 낳는다. 팀원들에게 동기를 부여하고 활기를 불어넣는 요인과 각자의 역할 및 책임을 분명히 밝히면 팀원은 자신들에 대한 기대와 바람을 더 쉽게 파악한다.

자신의 장점과 팀원들의 장점을 아는 것은 팀 전체에 활력을 불어넣고 동기를 부여하는 데 유용하며 팀원들은 강점을 보인 분야에서 서로를 보완할 수 있게 된다.

서로 장점을 공유하고 자신이 잘할 수 있는 분야를 알리면 협업과 헌신을 조성하는 긍정적인 환경이 마련된다. 약점을 공유하고 도움이 필요한 분야를 알리면 신뢰를 구축하고 의사소통이 개선된다.[14]

팀의 리더는 이 과정을 원활하게 촉진시켜야 한다. 우든이 말했듯 리더의 역할은 '선수들이 실력을 발휘할 수 있는 자리를 찾도록 돕고 성공하도록 준비시키는' 것이다. 그러려면 무엇이 필요할까?

요구되는 역량을 파악하라

각각의 자리에 어떤 역량이 요구되는지를 알아야 리더를 배치할 수 있다. 어떤 능력이나 기량을 갖춰야 그 일을 완수해낼까? 경험으로 판단하기 어렵다면 팀 차원에서 논의하고 리더는 이 논의의 촉진자 역할을 한다.

누구의 강점이 적합한지 파악하라

팀원들을 알아가면서 재능과 기량, 장단점, 인성과 기질을 파악했다면 각각의 자리에 누가 가장 적합한지 판단할 수 있다. 리더들과 교감하고 함께 시간을 보낸 노력이 여기서 그 결실을 맺는다. 시간을 들여 팀원들을 알아가려는 노력을 하지 않는 리더는 아무나 자리에 앉혀 놓고 최선의 성과가 나오길 바라는 경우가 많다. 이는 팀을 리드하는 것이 아니다.

리더를 적소에 배치할 때는 다음의 두 가지를 자문해야 한다. 누가 가장 적합한가? 그 자리에 앉히면 서로 어떻게 협력하고 보완할 것인가? 팀원들의 상호작용은 개인적 성공과 팀의 성공 모두에 큰 영향을 준다.

조정이 필요한 시점을 파악하라

필요시 역할을 조정하는 것도 팀의 리더가 할 일이다. 이는 대개 직관적으로 이루어진다. 팀원들에게 충분한 시간과 공간을 주고 업무를 완수하고 성공을 돕는 동시에 변화가 필요한 시점도 알아야 한다. 특정 리더의 역할을 조기에 바꾸면 리더는 자신감을 잃고 팀원들도 신뢰를 잃을 수 있다. 반면 변화의 시기가 늦춰지면 팀은 곤경에 처하고 리더도 팀원들의 신뢰를 잃게 된다.

그렇다면 언제 변화를 가해야 할까? 먼저 업무를 이행하는 데 어려움을 겪고 있는 리더를 코칭하고 변화를 가하는 게 이상적이다. 직무나 업무의 성격이 바뀌어 그 역할을 제대로 해낼 수 없는 팀원이 있거나 팀원이 바뀌어 더는 그 업무를 수행할 수 없을 경우 조정이 필요하다.

5. 리더의 경과 보고를 통해 소통하라

리더들을 도와 팀을 더욱 발전시키는 또 다른 방법은 마음가짐을 일치시키는 것이다. 대다수는 업무를 수행하며 진정한 목적의식을 찾지 못한 채, 스스로를 주어진 업무를 이행하는 데 필요한 자격을 갖춘 직원으로만 인식한다. 이들에게는 '직무 상향'을 제안해야 한다. 해당 업무가 세상을 변화시키고 있다는 사실을 알려줘야 한다. 그러려면 업무를 바꿀 게 아니라 마음가짐을 바꿔야 한다.

태너O.C.Tanner의 부회장 데이비드 스터트David Sturt는 〈포브스〉에 기고한 글에서 저평가받는 단순 직군에 종사하는 이들에 관한 연구를 언급하며 그 연구 결과를 다음과 같이 소개하고 있다.

> 2001년, 제인 더튼 Jane Dutton과 그녀의 동료인 예일대학교의 에이미 브제스니에브스키 Amy Wrzesniewski는 비인기 직종에 종사하는 사람들이 '저평가된 일'을 수행하는 방식을 연구했다. 이들은 보람이 크지 않은 직종으로 병원의 청소 미화원을 꼽아 연구를 진행했다. 그런데 연구를 통해 밝혀진 사실은 이들을 아연하게 했을 뿐 아니라 향후 10년간의 연구 방향 역시 바꾸어놓았다.

이들은 미국 중서부 소재 대형 병원에 소속된 미화원들을 인터뷰한 결과 일부는 자신을 청소부로 인식하지 않는다는 사실을 알아냈다.

그들은 휴지와 물을 갖다두거나 격려의 말을 전하는 등 사소해 보이지만 중요한 방식으로 환자 및 보호자 들과 교류하고 지원을 제공하면서 스스로를 치료팀의 일원인 전문직으로 인식했다. 이 관점은 모든 것을 바꾸어놓았다.

사람들은 흔히 기존의 책무를 넘어서서 자신의 욕구를 반영하고 확장시켜 변화를 불러일으킨다. (…) 그들은 (필요하기 때문에) 요구받은 직무를 수행하면서도, 자신의 일에 새로운 의미를 보태는 방법을 찾아낸다.[15]

이런 사람들은 스스로 자기의 직무를 상향시킨다. 변화를 일으키고 있다는 이유로 자신들이 하는 일이 중요하다고 여긴다.

팀의 리더에게는 팀원의 직무를 상향시킬 기회가 있다. 리더를 적절한 자리에 배치하는 것은 이들이 열정과 강점을 발견해 적절한 역할을 맡기는 것 이상을 의미한다. 이들의 마음가짐을 일치시켜 자기 일에 대한 사고방식을 전환시켜야 한다. 자기보다 팀원 위주로 생각하도록 격려하고 혼자 성과를 거두는 데 집중하기보다 팀원들에게 씨를 뿌리는 일로 하루를 시작하게 해야 한다. 팀원들이 매일 의식적으로 가치를 창출할 수 있도록 도전의식을 불러일으켜라.

나는 최근 존 맥스웰 팀 행사에서 코치들이 자신들의 영향력에 눈뜨도록 돕고 싶은 마음에 강연 말미에 다음과 같이 말했다.

> 우리 팀이 왜 뛰어난가?
> 우리는 가장 중요한 것을 지지한다.
> 우리는 정체된 세상에서 변화를 일으킨다.
> 우리는 서로에게 헌신하며 단합한다.
> 우리는 후세대의 편에 서 있다.
> 그러니 우리 스스로에게 기립박수를 보냅시다!

코치들은 일제히 기립박수를 외치며 화답했다. 이들이 부디 변화를 만들어내고 가치를 창출하고 있다는 자부심을 품고 행사장을 나섰길 바란다.

리더들의 팀 리드하기

마지막으로 내가 이끄는 리더팀에 대한 이야기를 전하려 한다. 네 사람으로 이뤄진 이 소규모 팀은 무거운 책무를 수행한다. 덕분에 나는 강연과 집필에 시간을 쏟을 수 있다. 그들과 함께할 때는 주로 지도와 조언을 건네고 적절한 자리에 배치됐는지를 점검한다. 이 중 세 명은 우리 회사의 최고경영자 마크 콜, 남미에서 우리 비영리단체들을 총괄하는 리데레Lidere의 대표 존 베리켄, 존 맥스웰 컴퍼니·이큅·존 맥스웰 재단의 비서실장 채드 존슨이다.

네 번째 리더이자 최근에 합류한 폴 마르티넬리Paul Martinelli는 존 맥스웰 팀의 대표로, 2011년부터 나와 함께했으며 9년 동안 전 세계에서 3만 명의 코치를 양성했다. 첫 만남 자리에서 그가 나의 원칙에 입각한 코칭 조직을 제안했을 때만 해도, 나는 그의 장점을 잘 몰랐다. 하지만 나는 그가 창의적이고 혁신적이며 끈질긴 사람임을 차차 알게 됐다. 그는 포기를 모르는 오뚝이다. 프로그램·팀·조직을 구축하는 뛰어난 재능도 갖췄다.

불우한 가정에서 자라 순탄치 않은 삶을 산 그는 리더를 비롯한 타인을 신뢰하지 못했다. 나는 그의 신뢰를 얻어야 했고 그도 내 신뢰를 얻어야 했다. 내가 나의 생각과 의도를 상세히 공유하자 그는 비로소 마음을 열기 시작했다. 콜에게도 그와 신뢰 관계를 형성하라고 당부했다. 이는 큰 보상으로 이어졌다. 두터운 신뢰 관계를 구축하자 이미 재능을 갖춘 리더였던 그는 승승장구했다. 그는 말했다. "사람이 신뢰를 얻으면 생각지도 못한 성장과 발전을 이루게 되죠. 역량이나 재능 개발을 넘어 배움으론 가닿을 수 없는 인격체로 거듭납니다. 저는 제게 믿음을 갖고 신뢰감을 직접적으로 표현해주시는 리더를 위해 더 노력할 것입니다."

그는 리더팀 내 최적의 자리에서 제 역할을 다하면서도, 조직 전체를 끊임없이 발전시키고 있다. 그 역량을 인정받아 2019년에는 글로벌 구루스Global Gurus가 선정한 세계 최우수 코칭 전문가에 이름을 올리기도 했다.[16]

그는 오늘도 나와 팀원들 그리고 우리 조직의 가치를 새로 창출하는 방안을 끊임없이 모색한다. 나는 그가 계속 발전할 것임을, 우리의 영향력을 계속 배가시켜 나갈 것임을 믿어 의심치 않는다.

THE LEADER'S
GREATEST RETURN

MENTORING

LEADERS

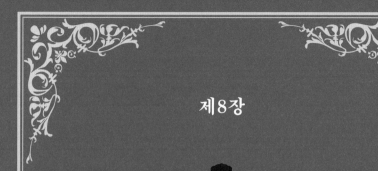

제8장

멘토링하기

최적의 피드백으로
최선의 역량을 이끌어내라

좋은 멘토의 가치는 무엇일까? 셰리 라일리Sheri Riley는 이를 알고 있다. 존 맥스웰 팀의 공인 코치 겸 강연자로 다른 사람의 발전을 돕는 일에 헌신하는 그녀는 최근 나와 대화를 나누면서 자신의 내력을 들려주었다.

그녀는 루이스빌대학교 경영학과에 입학할 당시 엔터테인먼트 업계 취업을 목표로 하고 있었다. 교수들은 학기 초부터 멘토를 찾으라고 조언했다. 그녀는 아버지로부터 진실한 삶을 사는 법과 재정을 관리하는 법에 대해서는 배웠지만, 이 업계의 전문 멘토를 만난 적은 없었다.

그녀는 말했다. "교수님들은 업계 임원진들이 우리에게 기꺼이 15분을 할애할 거라고 말씀하셨죠." 그녀는 부푼 꿈을 안고 자신의 포부에 대해 조언해줄 경영자들을 찾아 나섰다. 여기저기 전화를 돌리고 정식

면담을 요청하는 과정에서 비서들과는 대체로 원만한 관계를 맺었지만 정작 면담을 수락한 임원은 단 한 명도 없었다. 4년 반의 대학 생활 동안 말이다.

낙담했지만 꿈을 포기하진 않았다. 그리고 결심했다. 업계에 진출하면 그들처럼 학생과의 만남을 거부하는 사람이 되진 않겠다고 말이다. 그녀는 이 분야의 전문 멘토는 끝내 찾지 못했지만, 스스로 업계의 멘토가 되기로 결심했다.

다른 사람의 성공에 투자하는 사람

그녀는 학교를 졸업하자마자 싱어송라이터 겸 프로듀서 제럴드 리버트Gerald Levert의 매니지먼트사인 트레벨 프로덕션Trevel Productions에 취직했다. 몇 년 후 애틀랜타 소재 라페이스 레코드LaFace Records는 그녀를 마케팅 담당 이사로 영입했다.

그녀는 이곳에서 첫 비서였던 타션 메이컨Tashion Macon의 멘토가 되었다. 그녀와 일한 지 두 달째 되던 날, 라일리는 그녀를 사무실로 불러 다른 일을 찾아보라고 말했다. "네? 저를 해고하시는 건가요?" 메이컨은 숨이 멎는 듯했다.

라일리가 말했다. "아니. 내 비서로 일하기엔 넌 너무 똑똑해. 내가 멘토가 돼서 네 성공을 돕고 싶어. 후임을 찾아 교육시키면 내가 다른 업무를 맡을게." 빌리 캘러웨이Billy Calloway가 후임이 됐고 6개월 후 메이컨은 제품 매니저가 됐다. 빌리는 전임을 본보기 삼아 자신도 후임을 구했고 곧이어 제품 관리 코디네이터가 됐다. 지금은 영업 및 마케팅 담당 임원이다. 메이컨은 심리학 박사학위를 취득한 후 직접 마케팅 대행사를 설립했다.

라일리의 다음 투자처는 그녀에게 처음 배정된 아티스트였다. 그는 최근에 라페이스와 계약한 15세 청소년이었다. 라일리는 이 아이의 장래 성공 여부는 알 길이 없었지만 비상한 재능이 있다는 것은 금방 알아차렸다. 그런데 그녀를 정말로 놀라게 한 것은 그의 카리스마였다. 그녀는 전국적인 인지도가 없었던 시절에 이 아이를 데리고 애틀랜타 시내 고급 쇼핑몰에 갔던 날을 생생하게 기억한다. 두 사람이 걸어가자 여간해서는 쿨한 척 무게를 잡는 10대 후반 남자아이들이 그를 알아보고 팬을 자처하며 사인을 받으려 호들갑을 떨었다. 함께 장거리 이동을 할 때는 이 아이를 따라다니며 추파를 던지는 30~40대 여성들도 종종 쫓아내야 했다.

그때 결단을 내렸다. 초기에 명성과 부를 얻어 삶이 망가진 젊은 아티스트들에 관한 이야기를 귀에 딱지가 앉을 만큼 들었던 그녀는 이 아이에게만큼은 그런 일이 일어나는 것을 원치 않았다. 그녀는 그를 브랜드가 아니라 한 사람의 인간으로 대우했다. 그녀는 큰누나 같은 존재가 되고 싶었다. 듣고 싶은 말만 하거나 그를 희생시켜 사업적 이득을 얻는 것이 아니라, 조언을 아끼지 않고 진실을 말해주는 사람 말이다. 그녀는 그가 꾸준히 성공적인 경력을 쌓을 수 있도록 확고한 기반을 다지는 데 도움을 주고 싶었다.

이 열다섯 살짜리 아이가 과연 누구인지 궁금할 것이다. 그는 바로 어셔Usher다. 7천 5백만 장 이상의 음반 판매고를 자랑하고[1] 빌보드 차트에 오른 곡만 수십 곡에 달하며 그중 아홉 곡은 빌보드 차트 1위를 차지한,[2] 찬란한 성공을 거둔 가수다. 라일리가 라페이스 레코드를 사직할 때 어셔는 그녀를 고용하려 했다. 하지만 그녀는 월급을 받는 부하직원이 되면 친구이자 그를 성원하는 사람으로 남지 못할 것이라고 말하며 이를 거절했다. 어셔는 그녀에 대해 이렇게 말했다.

> 저는 그녀가 다른 사람과 다르다는 걸 직감했죠. 인간미가 있었거든요. 저를 마케팅 사업으로만 보지 않고 하나의 인간으로 봐주셨어요. 제가 질문에 답을 하면 귀 기울여 경청하셨어요. 다른 의도는 일체 없었죠.
> 그녀는 곧 친구이자 인생 상담가가 돼주었습니다. 때론 엄마 같고 때론 큰누나 같고 때론 코치 같았죠. 항상 저를 지지했고 저도 절대적인 믿음을 갖고 있었어요.[3]

라일리는 현재 강연자이자 인생 전략가, 작가로 일하고 있다. 그녀는 미국을 비롯한 전 세계의 기업들을 대상으로 강연을 다닌다. 하지만 그녀가 가장 큰 열의를 보이는 것은 젊은 성취가들을 멘토링하고 코칭하는 일이다. 현재는 성공 가도를 달리는 스포츠 선수와 연예인들을 돕는 일에 주력한다. NBA, NFL 선수들과 긴밀히 협업하며 선수 경력뿐 아니라 그들이 짧은 선수 생활을 마치고 은퇴한 뒤 목적의식을 찾아 성공적인 삶을 꾸려가도록 돕고 있다.

멘토링의
가치

다른 사람의 도움 없이는 잠재력을 발휘할 수 없다. 자기평가도 중요하지만 멘토의 관점과 도움이 필수다. 우리에게는 스스로가 미처 알지 못하는 사각지대가 있기에 다른 관점을 가진 다른 사람의 도움이 필요하다. 멘토링은 혼자 걸어갈 때보다 더 멀리 더 빨리 성공에 가닿을 수 있게 해준다.

멘토는 내 인생을 크게 변화시켰다. 직접 멘토가 된 것도 내 인생을 변화시켰다. 멘토에게 리더를 육성하는 일보다 더 만족스러운 건 없다. 수십 명의 추종자를 거느리기보다 한 명의 리더를 가르치는 멘토가 되는 편이 낫다. 개인적으로도 보람이 크고, 투자에 비유하면 투자금 대비 가장 큰 수익을 가져다준다. 당신이 육성한 리더가 다른 사람들에게 또다시 긍정적인 영향을 끼칠 수 있기 때문이다. 그것이 리더의 가치를 창출하고 그가 또다시 리더를 육성해 가치를 더 창출해내는 일을 내 목적의식으로 삼은 이유다.

이를 일깨워 준 사람이 피터 드러커다. 1980년대, 나는 여러 리더들과 함께 며칠 동안 그와 휴가를 보낸 적이 있다. 휴가 마지막 날, 그는 십 수 명의 리더들을 바라보며 이렇게 말했다. "지금까지 말씀드린 것은 이제부터 말씀드릴 것에 비하면 중요하지 않습니다. 자, 여러분은 누구를 멘티로 삼겠습니까?" 그러고 나서 두어 시간 동안 리더를 멘토링해야 해야 하는 책임에 대해 이야기했다. 그의 말은 내 삶을 바꿔놓았다.

멘토링은 타인의 삶에 최대한의 노력을 헌신적으로 쏟아붓는 것이다. 우든은 멘토링에 대해 이렇게 말했다.

> 멘토링의 의미를 진심으로 이해한다면 양육만큼이나 중요하다는 걸 알게 될 것이다. 사실이 그렇다. 우리 아버지께서는 종종 이렇게 말씀하셨다. "모든 앎은 타인으로부터 얻는다." 이 세상의 모든 것은 전승된다. 모든 지식은 이미 공유된 것이다. 이를 깨달으면 멘토링은 진정한 유산이 될 것이다. 멘토링은 다른 이에게 남길 수 있는 가장 훌륭한 유산이다. 리더가 가르치고 배우려 매일 아침 일어나는 이유다.[4]

이 말을 떠올릴 때마다 감동이 일어 내게 갖은 노력을 베풀어준 사람들이 떠오른다. 나는 그들에 힘입어 지금 이 자리에 올 수 있었다. 멘토링을 통해 내게 비전을 불어넣고 삶을 변화시킨 가르침을 주신 데 대해 겸허한 마음으로 이들에게 감사를 전하게 된다. 나의 멘토들과 그들이 전한 위대한 가르침을 여기에 옮긴다.

- 멜빈 맥스웰Melvin Maxwell: '훌륭한 자세를 견지하는 것은 선택의 문제다.' 아버지는 태도가 차이를 만든다는 가르침을 주셨다.
- 엘머 타운스Elmer Towns: '근접성에는 힘이 있다.' 타운스는 자기 성

장을 도와줄 사람들을 가까이 하라는 가르침을 주셨다.

- 론 우드럼Lon Woodrum: '영감을 주는 곳으로 가라.' 우드럼은 대통령 도서관(presidential libraries, 미국의 퇴임 대통령을 기리기 위한 도서관 겸 기념관으로, 미 전역에 13곳이 있다―옮긴이)을 방문해보라고 말씀하셨고 나는 그곳을 모두 다녀왔다.

- 밥 클라인Bob Kline: '다른 사람의 잠재력을 가장 먼저 알아보는 사람이 되어라.' 클라인은 25세 때 내 잠재력을 알아보고 나를 이끌어줬다.

- 레스 패럿Les Parrot: '영향력을 확장하라.' 패럿은 내가 저술 활동을 할 수 있도록 독려했다.

- 제리 폴웰Jerry Falwell: '양치기가 아닌 목장주가 되어라.' 폴웰은 양에게 먹이만 줄 것이 아니라 다른 양들이 모여들 수 있는 공간을 만들라고 주문했다.

- 톰 필립Tom Phillippe: '멘티의 지지자가 되어라.' 필립은 멘토 이상이었다. 그는 자신의 명성을 걸어가면서까지 내가 위험을 감수하고 온실에서 벗어날 수 있도록 해준 후원자였다.

- 오벌 부처Orval Butcher: '리더십을 충실히 계승하라.' 부처는 내게 후계자가 돼달라고 요청하며 31년간 이끌었던 조직의 리더라는 바통을 건넸다. 나는 14년간 리더 자리에 충실하려 노력했고 이 바통을 다시 차기 리더에게 순조롭게 넘겨주었다.

- 찰스 스윈돌Charles Swindoll: '사람 운은 최고의 행운이다.' 스윈돌이 역량과 실력이 월등히 뛰어난 리더들을 소개해준 덕분에 그들

의 도움을 받을 수 있었다.

- 존 오즈월드 샌더스J. Oswald Sanders: '리더십이 흥망성쇠를 결정한다.' 나는 그의 저서 《영적 지도력》을 통해 멘토링을 받았다. 이 책은 리더가 되고자 하는 열망에 불을 붙였다. 나는 20년 후 그를 직접 만나 감사의 마음을 전했다.

- 프레드 스미스Fred Smith: '재능은 사람보다 위대하다.' 스미스는 하나님이 주신 뛰어난 재능에 감사해야 한다는 가르침을 주었다. 내가 뛰어난 사람이 아니라 결점을 가진 인간이라는 가르침도 주었다. 이러한 인식이 지금의 나를 만든 토대가 되었다.

- 래리 맥스웰Larry Maxwell: '다른 수입원을 확보하라.' 재능 있는 사업가인 나의 형은 일이 없을 때 요긴한 부수적인 수입원을 확보하라는 가르침을 주었다.

- 빌 브라이트Bill Bright: '세상에 대한 비전을 가져라.' 브라이트는 세상을 바꾸고 싶어 했고 그와 함께할 때마다 내 비전과 목적의식이 확장됐다.

- 지그 지글러: '다른 사람들이 원하는 것을 얻을 수 있도록 도와라. 그러면 네가 원하는 것을 얻을 수 있도록 도울 것이다.' 이 말은 리더십에 대한 시각과 실천을 바꾸어놓았다.

- 실리 예이츠Sealy Yates: '업계에 메시지를 퍼트려라.' 예이츠는 비즈니스 시장을 공략할 책을 써보라고 권했고, 3천 1백만 부가 팔린 지금까지 사람들은 여전히 내 책에서 도움을 얻고 있다.

- 레스 스토브Les Stobbe: '독자들이 페이지를 넘길 것인가?' 스토브

는 글을 쓰는 법과 메시지를 더 설득력 있게 전달하는 법을 알려
주었다.

- 존 우든: '매일을 걸작으로 만들어라.' 우든은 가장 훌륭한 멘토였
  으며, 자신의 철학을 몸소 실천한 사람이었다. 전작 《오늘이 중요
  하다》Today Matters는 그에게서 영감을 받은 책이다.

이외에도 많은 멘토들이 있다. 내 삶은 이 멘토들이 빚어낸 것이다. 내
가 성장과 발전을 거듭해 더 나은 자리에 오른 것은 모두 이들의 견인과
가르침 덕분이다.

좋은 멘토는
누구인가?

멘토링은 직접적 가르침과 간접적 가르침으로 나뉜다. 간접적인 가르침
은 멘토의 공신력이 좌우하므로, 멘토가 누구인지가 가르침의 내용만큼
이나 중요하다. 내 멘토들은 긍정적인 자질들을 내게 전수했다. 나는 그
들의 지혜를 배우며 지적으로 발전했지만 그들의
정신 역시 나를 감화시켰다. 간접적으로 얻은 가
르침은 다음과 같다.

> 멘토링은 직접적 가르침과 간접
> 적 가르침으로 나뉜다.
> 간접적인 가르침은 멘토의 공신
> 력이 좌우하므로 멘토가 누구인
> 지가 가르침의 내용만큼이나 중
> 요하다.

- 멜빈 맥스웰(아버지): 일관성
- 엘머 타운스: 충실

- 론 우드럼: 성찰
- 밥 클라인: 사명감
- 레스 패럿: 창의성
- 제리 폴웰: 신뢰
- 톰 필립: 겸손
- 오벌 부처: 환희
- 찰스 스윈돌: 가능성
- 존 오즈월드 샌더스: 성취
- 프레드 스미스: 관점
- 래리 맥스웰(나의 형): 역점
- 빌 브라이트: 비전
- 지그 지글러: 상호호혜
- 실리 예이츠: 기회
- 레스 스토브: 섬김 정신
- 존 우든: 목적의식

이들이 내게 헌신하며 모든 걸 쏟아부은 데 감사할 따름이다. 나는 70대가 된 지금도 내게 가르침을 주고 자기발전을 독려해줄 멘토를 찾고 있다.

멘토를 찾고 있든 멘토가 되길 원하든 좋은 멘토의 잠재력을 판단하려면 다음 질문들에 '네'라고 답할 수 있어야 한다. 각 질문을 읽고 당신의 멘토는 어떤지 답해보라. 당신의 멘티는 어떻게 답할지도 생각해보라.

1. 공신력 있는 멘토인가?

멘토를 구할 때 중요한 건 공신력이다. 해당 분야에서 성공해본 적이 없는 사람에게 가르침을 구하지는 않는다. 기업을 성공적으로 경영해보지 못한 사람에게 경영에 관한 조언을 구하지도 않는다. 표준 체중보다 20kg이 초과된 과체중인 사람에게 운동에 관한 조언을 구하지도 않는다. 강연 실력이 평균 이하인 사람에게 의사소통 비법을 알려달라고 하지도 않는다.

우리 비영리단체의 이사회에 수년간 몸담아온 성공적인 사업가이자 목사인 친구 데일 브론너Dale Bronner는 멘토링에 관해 쓴 책에서 공신력을 이렇게 설명하고 있다.

> 멘토는 불어로 말하면 'savoir-faire'를 갖춘 사람이다. 여기서 savoir의 사전적 뜻은 '알고 있다,' faire의 사전적 뜻은 '하다'이므로 savoir-faire는 '하는 법을 안다,' 즉 '노하우'를 뜻한다.
> 멘토 역시 특별한 노하우를 갖춰야 한다. 이런 자신감과 지식이 없으면 다른 사람에게 자신의 지식을 전수할 준비가 안 된 것이다. (…) 멘토링은 현장 실습과 다름없다는 점에서 완벽이 아닌 향상에 목적이 있다. 흠잡을 데 없는 완벽함을 추구하려고 하면 좌절만 남는다.
> 멘토링의 근본적인 목적은 다르게 행동하게 만드는 것이 아니라 달라지게 하는 것이다. 이는 하루아침에 되는 일이 아

니다. 혁명처럼 급진적인 것이 아니라 진화처럼 서서히 바뀌는 과정이기 때문이다.[5]

유능한 멘토들은 지식과 실천으로 공신력을 확보한다. 따라서 이 두 가지를 활용해 서서히 바뀔 수 있도록 도와야 한다.

멘토를 찾고 있다면 공신력 있는 사람인지 확인하라. 멘토가 되고 싶다면 공신력을 확보하라. 멘토링을 할 때는 자신의 성공을 증명한 영역에 대해서만 멘토링하라. 공신력이 높아질수록 멘토링 영역도 그에 따라 확장될 수 있다.

"멘토링의 근본적인 목적은 다르게 행동하게 만드는 것이 아니라 달라지게 하는 것이다."
- 데일 브론너

2. 멘토와 멘티의 강점은 같은가?

멘토-멘티 관계를 정립하기 전에 알아야 할 점이 있다. 바로 멘토는 지식을 가르치는 과정에서 또 다른 멘토를 양성하고 있다는 점이다. 멘토링에는 강력한 힘이 있다. 좋은 멘토는 멘티가 삶에서 가르침을 실천하게 한다. 하지만 이는 멘토와 멘티의 강점이 유사할 때 가능한 일이다.

재능 있고 뛰어난 사람을 동경할 수는 있다. 이들과 손을 맞잡아 무언가를 함께 성취할 수 있다면 훌륭한 일이다. 하지만 공통의 강점이 없으면 멘토링은 서로에게 득이 되지 않는다. 멘토는 좌절하고 멘티는 가르침을 실천하지 못한다. 종일 텔레비전만 보는 155cm의 게으름뱅이에게 르브론 제임스LeBron James가 농구를 가르치려는 격이다.

내가 주로 멘토링하는 분야는 리더십과 소통이다. 이 두 분야가 가장 큰 강점이기 때문이다. 잠재 리더들도 이들 분야에 재능이 있거나 실력을 키워온 사람들이다. 그래서 이들이 던지는 질문은 매우 구체적이거나 복잡해 내 50년의 경험을 담아 답하는 기쁨도 크다. 숙련도가 높고 경험이 많을수록 더 적확한 질문을 던진다. 그게 바람직한 방향이다.

멘토와 멘티가 같은 강점을 갖는 것이 중요한 이유는 또 있다. 누구에게나 한 명 이상의 멘토가 필요하기 때문이다. 모든 걸 잘 해낼 수 있는 사람은 없고 하나같이 똑같은 강점을 가진 사람도 없다. 나는 내가 잘하는 분야 이외의 영역에서 발전하는 데 도움을 줄 사람들을 찾는다. 당신도 그래야 한다. 모든 방면에서 뛰어난 멘토가 될 수는 없다. 초보자를 멘토링한다면 다양한 분야를 다룰 순 있지만 연륜이 있는 리더를 멘토링할 때는 전문성이 필요하다.

3. 또 다른 리더를 육성하는 멘토인가?

멘토가 리더를 육성해야 그 리더가 또 다른 리더를 육성할 수 있다. 리더를 알아보지 못하고 끌어오지 못하고 준비시키지 못한다면 리더십 멘토로서의 공신력을 갖추지 못한 것이다. 공신력을 갖추기 위한 토대부터 마련해야 한다. 반대로 멘토를 찾고 있다면 리더를 육성해본 적이 없는 사람을 멘토로 삼아서는 안 된다.

수년 전, 우든 코치를 멘토로 모실 기회가 생겼을 때 나는 냉큼 그 기회를 붙잡았다. 그는 훌륭한 농구 코치였지만 나는 농구를 배울 생각은 없었다. 농구는 내 강점이 아니었거니와 그의 농구 실력만 동경했다면 일회성의 유쾌한 만남으로도 족했으리라. 하지만 그는 리더를 육성해낸 사람이었다. 그의 제자들은 농구보다 삶과 리더십에 대해 더 많은 가르침을 얻었다고 말했다. 그와 만날 때마다 내가 집중적으로 질문하는 분야도 바로 리더십이다.

코칭과 멘토링의 차이

"누가 당신의 멘토였습니까?" 이 질문(이에 대한 내 대답은 이미 알고 있을 터다) 다음으로 많이 받는 질문이 멘토링과 코칭의 차이에 대한 질문이다. 아마도 존 맥스웰 팀이 코칭 회사이기 때문일 것이다. 멘토링과 코칭의 우월을 가리려는 사람들이 있어 이쯤에서 둘의 차이를 짚어보려 한다. 내 경우 멘토링과 코칭은 동시에 이루어지는데, 차이점은 다음과 같다.

코칭	멘토링
역량 중심	생활 중심
공식적 환경	비공식적 환경
더 체계적임	덜 체계적임
지시적 성격	권고적 성격
단기적	장기적
범위가 좁음	범위가 넓음
사안을 설정한다	사안을 수용한다
지위 기반	관계 기반
역량 인식	자기 인식
훈련	양성
실행	존재
거래적	변혁적

리더와 상호작용하는 법(코칭이 적합한가, 멘토링이 적합한가)은 리더의 현 상태와 요구에 따라 달라진다. 하지만 목표는 늘 같다. 리더의 개인적 성장과 직업적 성장을 도와 다음 수준으로 올라서게 하는 것이다. 내 일은 리더가 최선을 다해 헌신하고 도전의식을 북돋우고 격려하고 최고가 되도록 돕는 것이다.

리더를
멘토링하는 법

지금부터 리더를 위한 멘토링 로드맵을 제시하려 한다. 간단해 보이지만 그 여정은 결코 간단치 않다. 멘토는 교사이자 인솔자이자 코치이자 지지자이며 그때그때 그 역할을 바꿀 줄 알아야 한다. 멘토링을 할 때는 다음 단계를 참고하길 권한다.

1. 멘티를 선택하라

성공한 사람에게는 멘토가 되어 달라는 요청이 쇄도한다. 하지만 선택은 멘티가 아닌 멘토가 해야 한다. 나는 이를 가장 훌륭한 리더십 저작에서 배웠다. 바로 성경이다. 실상 내가 리더십에 대해 알고 있는 모든 것은 성경에 뿌리를 두고 있다. 예수만큼 효율적으로 리더를 가르친 사람은 없다. 그는 소수의 평범한 사람들부터 가르치기 시작했고, 이 리더들이 세계적인 운동을 일으켰다.

래디컬 멘토링Radical Mentoring이라는 단체를 세운 기업가 겸 작가 레지 캠벨Regi Campbell은 멘티 선정의 중요성을 이렇게 역설했다.

> 예수 그리스도가 열두 제자를 골랐다. 열두 제자가 예수 그
> 리스도를 택한 것이 아니다.
> 이는 우리가 예수 그리스도로부터 배운 가장 소중한 교훈
> 중 하나이며 예수 그리스도와 같은 멘토가 일깨우는 가장
> 반문화적인 가르침 중 하나이다.
> 나는 멘토를 찾고 있는 젊은이들에 관한 얘기를 심심찮게 듣
> 는다. 이들은 이렇게 요청한다. "저와 아침식사를 함께하시겠
> 습니까? 당신의 지혜를 구하고 싶습니다." 그런 경험은 누구
> 나 한 번쯤 있으리라.
> 성경은 예수 그리스도의 멘토링을 그렇게 묘사하지 않는다.
> 예수 그리스도에게 접근하는 부유한 젊은 통치자의 모습을
> 머릿속에 그려보자. 그는 아마 이렇게 얘기할 것이다. "저는
> 올바르게 살아왔습니다. 저는 계명도 모두 지켰습니다. 제
> 가 당신의 제자가 되려면 어떻게 해야 합니까?"
> 왕국에 관심을 둔 그의 속셈을 알아채고 이렇게 답하는 예
> 수 그리스도의 모습을 그려보라. "좋소, 그럼 가서 전 재산
> 을 처분하고 다시 오시오."[6]

멘토링할 사람을 직접 택하지 않는 것은 펀드를 판매하는 콜센터 직원의 말에 넘어가 투자처를 아무렇게나 고르는 셈이다. 어떤 결과가 나

올지는 알 수 없지만 리더십 잠재력을 가장 많이 보이는 사람을 선별해야 한다. 적합한 멘티를 찾으면 모두가 상생한다.

2. 양자의 기대치를 미리 설정하라

사람들은 온갖 억측을 하며 멘토링을 시작한다. 하지만 이 격언을 새겨야 한다. "억측은 모든 난장판의 어머니다." 내 멘토였던 찰스 블레어Charles Blair는 이렇게 말하곤 했다. "이해심을 갖고 오해를 해소하라." 멘토링을 시작할 때 참고할 만한 조언이다. 각자의 역할을 처음부터 제대로 정립해야 한다. 나는 멘티와 처음 만난 자리에서 다음 세 가지를 설정한다.

기대치 합의하기

우선 두 사람이 똑같이 해야 할 일을 합의한다.

우리는 성과에 대한 합의를 지킬 것이다. 일방적인 관계는 지속되기 어렵다. 일방적인 관계에서는 주기만 하는 사람이 그 관계를 원망하거나 후회하게 된다. 멘토링은 두 사람에게 투자한 만큼의 보상을 안겨주는 데 그 목적이 있다. 두 사람 모두에게 득이 될 때 그 관계는 생명력을 얻는다. 득이 되지 않을 때 누군가는 그 관계에서 빨리 벗어나고 싶어 한다. 서로가 만날 때마다 보람찬 경험이라는 생각이 들어야 한다. 그런 생각이 들지 않는다면 관계는 자연스럽게 끝나고 비난하거나 수치심을 느끼는 일 없이 언제라도 결별할 수 있다.

우리는 서로를 더 나은 사람으로 만들 것이다. 이 같은 긍정적인 기대를 안고 합심해 나아가는 것은 상호작용을 위한 환경을 조성한다. 멘토는 멘티가 더 나은 사람이 되리라고 기대한다. 하지만 멘토 역시 더 나은 사람이 돼야 한다. 그러려면 두 사람 모두 겸허한 자세로 기여해야 한다. 그러면 놀라운 성장 경험을 할 수 있다. 세상을 바라보고 살아가는 올바른 방법은 많다는 사실을 나는 잘 알고 있다. 그러니 모든 이가 스승이 될 수 있다고 믿는 편이 현명하다. 이것이 멘토링의 핵심이다.

멘티의 기대치

다음으로 멘티에게 바라는 것을 알려준다.

미리 준비해 와야 한다. 나는 멘티와 처음 만날 때 사안을 정하라고 요청한다. 자신의 목표가 무엇인지 현재 직면한 문제는 무엇인지 내가 대답할 수 있는 질문이 있는지 말해주길 바란다. 나는 그들에게 결정을 맡긴다. 그리고 멘토링 전에 질문을 미리 보내달라고 요청한다. 그렇게 하면 답변을 미리 생각해둘 수 있다. 멘티는 제시간에 준비된 상태로 내가 있는 곳으로 와서 깊이 있는 대화를 나눌 수 있어야 한다.

내 시간을 투자할 가치가 있음을 증명해야 한다. 나는 시간을 많이 할애할 수 없어 주어진 시간을 최대한 활용해야 한다. 멘티도 마찬가지일 것이다. 멘토가 되기로 한 건 내가 선택한 일이며 반드시 해야 할 의무가 아니다. 멘티가 성장하는 한 나는 기꺼이 만날 것이다. 진전이 없다면 계속할 이유가 없다.

학습이 전부가 아니며 발전해야 한다. 나는 멘티가 주의를 집중하고 필기하고 학습하기를 바란다. 하지만 지적 능력을 발휘하는 것만으로는 부족하다. 나는 변화를 원한다. 배운 것을 적용하고 실천에 옮기는 것은 성장하고 더 나은 리더가 될 수 되는 유일한 길이다. 멘티에게 지난 시간에 배운 것을 어떻게 적용했는지 제일 먼저 묻는 것도 그래서다. 답변을 잘 하지 못하거나 당황한 표정을 짓는다면 나쁜 징조다. 하지만 그런 경우는 드물고 대개는 배운 것을 어떻게 적용했는지 말하고 내게 후속 질문을 던진다. 문제점을 맞닥뜨리고 학습한 지식을 적용할 때 더욱 깊은 학습이 이루어지는 법이다.

또 다른 리더를 멘토링해야 한다. 내가 멘토링을 하는 이유는 내가 배운 것을 전수하기 위해서다. 내 목적의식은 리더를 육성하고 그 리더가 또 다른 리더를 육성하며 가치를 배가하는 데 있다. 멘티가 멘토가 되는 것만큼 이를 효과적으로 실현시킬 수 있는 방법은 없다. 가치가 배가되는 것이 멘토링의 마법이다. 젊은 멘티들이 다른 사람들을 돕고 리더를 육성시켜야 하는 책임감을 느낄 때 나는 그들이 성장한 모습을 본다. 그들이 어느덧 멘토가 되어 자신의 멘티를 소개할 때 나는 멘토로서 보람을 느낀다.

멘토의 기대치

마지막으로 나는 멘티가 내게서 기대하는 것과 내가 지켜야 할 기준을 알려준다.

나는 안심하고 털어놓을 수 있는 사람이 될 것이다. 좋은 멘토는 신뢰할 수 있고 신뢰의 토대를 구축한다. 워런 베니스Warren Bennis와 버트 나누스Burt Nanus는 신뢰를 '따르는 자와 리더를 한데 붙이는 접착제'라고 불렀다.[7] 신뢰를 쌓는 데는 시간이 걸리지만 멘토링의 깊이는 멘티의 취약성이 좌우하므로 신뢰를 구축하는 것이 중요하다. 내 역할은 멘티를 진심으로 대하고 감정을 터놓게 하고 질문에 기꺼이 대답하고 그들이 하는 말을 비밀로 유지하는 것이다. 신뢰는 완벽함이 아닌 진정성의 산물이다. 내게 진정성을 보이고 숨기지 않고 터놓는 것이 그들이 해야할 일이다. 멘티는 나를 안심하고 터놓을 수 있는 사람으로 여겨야 한다.

나는 시간을 낼 것이다. 시간을 낸다는 건 기댈 수 있고 언제든 만날수 있다는 뜻이다. 멘티가 원하면 만날 수 있어야 한다. 내가 육성하는 리더들은 내가 전화기만큼 가까이 있다는 것을 안다. 그들이 원하면 나를 만날 수 있다. 하지만 그런 경우는 드물다. 내 시간을 존중해 필요할때만 만나려 한다. 나는 그들의 전화를 늘 환영하며 상황을 틈틈이 점검한다. 내 조언이 필요하다면 언제든 개입할 준비가 돼 있다.

나는 최선을 다할 것이다. 내 멘토들은 늘 내게 최선을 다했다. 그들에게서 큰 영향을 받은 나는 내 멘토들의 노력이 맺은 결실이다. 내가 최고의 멘토는 아닐지라도 내 멘티들에게는 최선의 노력을 기울일 것이다. 나는 정해진 기준에 부응하기 위해 노력한다.

나는 멘티가 얻는 이득을 우선시할 것이다. 내 멘토링은 멘티 개개인에게 맞춤한 조언이 될 것이다. 그렇다고 늘 둘의 의견이 일치할 것이라는 의미는 아니다. 요구를 무조건 들어주겠다는 것도 아니다. 내 순수한 동기를 지키고 그들의 이익을 최우선시하기 위해 가능한 한 모든 것을할 것이라는 의미다.

나는 기대치를 미리 정해두면 멘토링이 순조롭다는 것을 알게 됐다.

정해두지 않으면 관계가 무너진다. 그건 서로 마
찬가지다. 최종적으로는 멘토로서 신뢰할 수 있
는 친구가 되는 것이다. 우든 역시 그러기를 원했
다. 그는 결코 나의 영웅이 되려 하지 않았다. 그
는 내가 얻는 이득을 우선시했다. 그는 저서에서

영웅과 멘토의 차이를 이렇게 설명한다. "영웅은 당신이 우상화하는 사
람이고, 멘토는 당신이 존경하는 사람이다. 영웅은 우리가 놀라워하는
대상이지만 멘토는 우리의 신뢰를 얻는 사람이다. 멘토는 새로운 사람
으로 탈바꿈시키려 하지 않는다. 더 나은 사람이 되도록 도울 뿐이다."[8]
이는 바로 당신이 추구해야 하는 것이다.

3. 맞춤형 멘토링으로 이끌어라

내가 좋아하는 일 중 하나가 소통이다. 나는 사람들과 어울려 감정을 교
류하고 가치를 창출하도록 가르치는 일을 좋아한다. 하지만 이는 멘토
링이 아니다. 대중은 가르칠 수 있고 집단은 코칭할 수 있지만 멘토링은
한 명씩 개별적으로 이루어진다.

리더십 전문가 피터 드러커는 이렇게 말했다. "교훈을 가르치는 것보
다 삶을 인도하는 것이 중요하다." 이것이 멘토링이다. 멘토링은 다른
사람을 좋은 길로 인도하는 것이다. 그러려면 그들이 현재 놓여 있는 상
황을 파악하고 나아가야 할 방향을 알고 그곳에 도달하기 위해 필요한
것을 제공해야 한다. 멘토링에 임하는 리더는 사람들의 잠재력과 욕구
를 꿰뚫어볼 줄 알아야 한다. 어느 영역을 발전시켜야 다음 단계로 나아

갈 수 있을지 파악할 줄 알아야 한다. 드러커의 말처럼 멘토링에 임하는 리더는 멘티를 꽃으로 생각해야 한다. 장미처럼 비료가 필요한 경우가 있고 진달래처럼 비료가 필요하지 않은 경우도 있다. 적절한 보살핌을 받지 못하면 꽃은 결코 피어나지 않는다. 멘토는 멘티가 어떤 사람인지 무엇이 필요한지를 알아본다.

리더를 멘토링할 때는 각각의 성격, 학습 성향, 좋아하는 어법, 강점과 약점, 내적 동기, 배경과 내력, 가족 관계, 포부, 영감 등에 관심을 기울여라. 멘티의 이익을 위해서라면 모든 지식을 아낌없이 활용하라.

4. 아끼는 마음으로 중요한 대화에 임하라

좋은 멘토는 멘티와 어려운 대화를 나누는 데 주저함이 없다. 그들은 남들이 말하기 꺼리는 문제를 정면으로 돌파한다. 가장 중요한 대화를 나눌 최적의 시점은 바로 지금이다. 흙더미가 작을 때 삽으로 퍼내라고 리더들에게 조언하는 이유도 이 때문이다. 하지만 상대방이 대화를 어려워하면 이렇게 말한다. "다음번에 만나면 ○○에 관해 얘기를 나눠봅시다." 그러면 상대는 그에 대비해 감정적으로 준비할 시간을 가질 수 있다. 그래도 오래 끌지 않는 편이 좋다. 어려운 대화는 오래 끌면 끌수록 말을 꺼내기가 어색해진다. 게다가 침묵은 무언의 승인이라는 인상을 준다. 미해결 문제는 눈덩이처럼 불어나 시간이 지나면 해결하기가 더 어려워진다. 시간을 끌면 끌수록 그 문제를 언급할 가능성도 줄어든다. 형편없는 멘토링이 아닐

> 좋은 멘토는 멘티와 어려운 대화를 나누는 데 주저함이 없다. 그들은 남들이 말하기 꺼리는 문제를 정면으로 돌파한다.

수 없다.

나는 제4장에서 소개한 트레이시 모로를 수년간 멘토링하면서 여러 차례 어려운 대화를 나눴다. 그녀의 허락을 구해 최근에 나눈 대화의 일부를 여기에 옮긴다.

저는 맥스웰 씨를 믿기에 진심을 터놓을 수 있습니다. 대개 질문 형식으로 진심을 전하시는데, 늘 선택은 제 몫으로 남기셔서 저를 아끼신다는 느낌을 받습니다. 멘토링 초반에 제가 좋아하는 어법을 물어보신 일이 있는데, 긍정의 어법이라고 답하자 그때부터 제 어법으로 말씀하셨어요. 단순한 칭찬과 감사의 말이 아니었죠. 저를 성장시키는 말이었습니다. 사랑받고 신뢰받는 멘토가 좀처럼 하기 어려울 말일뿐더러 그런 말을 듣는 축복을 누리는 사람도 많지 않죠.
회피하던 문제나 미루던 문제, 주저하던 문제에 대해 어려운 결정을 내릴 수 있어야 한다고 독려하신 적도 몇 번 있었습니다. 조치를 취해야 할 때 적극적으로 나서도록 단속해주셨고요. 받아들이기 어려운 현실을 애틋한 마음을 담아 돌파하게 해준 사람은 남편이나 부모님 외에는 없었어요. 낙담하지 않고 최선을 이끌어내도록 통찰력을 보여주신 데 놀랐습니다. 맥스웰 씨의 말씀은 저를 위축시키지 않고 오히려 오뚝이처럼 일어나는 리더의 모습을 이끌어내주셨죠.
유독 기억에 남는 순간이 있습니다. 공공장소에서 인터뷰를

하고 난 직후였어요. 청중의 반응이 시큰둥했는데, 도중에 뭔가 허전한 느낌을 받긴 했지만 너무 신경을 곤두세운 나머지 문제를 파악하지 못했습니다. 어서 맥스웰 씨의 피드백을 받고 싶었죠. 대다수의 사람들은 이런 경우 소통의 대가로부터 피드백을 받기가 두려울 테지만 저는 이미 바닥을 쳤다고 생각했고 인터뷰 내내 그 생각뿐이었어요. 뭐가 잘못된 건지 분석하고 싶었고 맥스웰 씨의 호의를 알고 있었기에 솔직하게 말씀해주실 거라고 생각했습니다.

맥스웰 씨는 친절하게 제 잘못을 알려주셨고 사탕발림식의 피드백은 하지 않으셨습니다. 저는 그날 청중의 관심을 이끌어내는 방법과 실패를 경험한 사람에게 조언하는 법을 배웠죠.

저는 우리의 대화가 마무리될 때쯤이면 성장하기 위해 해야 할 일과 성장을 택할 자유를 다시금 깨닫습니다. 맥스웰 씨의 표정과 목소리에서 저에 대한 믿음을 읽을 수 있어요. 현실을 직시하는 건 힘든 일이지만 맥스웰 씨의 피드백은 고대하게 됩니다. 신뢰하기 때문이죠.

모든 멘토들이 중시하는 피드백이 바로 이런 것이다. 나는 그녀의 잠재력을 믿기에 그녀가 최선의 성과를 내길 바란다. 다른 멘티들도 마찬가지다. 자식이나 다름없는 그들이 최선을 이끌어내 최고가 되는 것을 보고 싶다. 이를 위한 방법은 고언苦言뿐이다.

중요한 대화를 나눌 때는 상대방에게 꼭 필요한 말을 거리낌 없이 할 수 있어야 한다. 자신이 아닌 순전히 상대를 위한 충언 말이다. 그리고 상대가 받아들일 수 있도록 전달해야 한다. 단, 유용한 메시지여야 한다. 멘토가 진실을 말하는 유일한 사람일 때가 더러 있다. 라일리가 택한 역할도 바로 이것이다. 그녀는 어서가 알아야 할 진실을 거리낌 없이 말해줄 만큼 그를 아끼는 사람이 엄마 이외에는 없다는 사실을 알고 있었다.

한 가지 덧붙이면 중요한 대화는 쌍방향 소통이어야 한다는 점이다. 멘토도 진실을 수용하는 마음가짐을 지녀야 한다. 리더들에게 피드백을 요청하는 이유도 이 때문이다. 그들도 내가 진실을 알아야 한다고 생각하면 내게 대화를 요청할 수 있어야 한다. 델타 항공의 최고경영자 에드 배스천도 내부 핵심층에 이렇게 말한다고 한다. "내가 중단해야 할 일, 계속 추진해야 할 일, 시작해야 할 일을 말해주세요." 세계 최대 기업 중 하나를 이끄는 리더가 하기 쉬운 말은 아니다.

멘토링 과정은 멘토와 멘티의 특성에 따라 달라져야 한다. 개인적인 경험인 만큼 그럴 수밖에 없다. 그러나 결과는 같아야 한다. 멘티가 리더인 경우 더 높은 자리로 올라서게 해야 한다. 멘토링의 마지막 단계는 멘티가 멘토의 바통을 건네받아 멘토를 뛰어넘는 것이다. 나는 이를 잘 보여주는 감동적인 이야기를 읽은 적이 있다. 진위 여부는 알 수 없지만 무척 좋아하는 이야기다.

레오나르도 다빈치는 천재성을 발하기 전 다음 일화에서 영감을 받은 것으로 알려졌다. 유명했던 늙은 스승이 노환으로

날로 쇠약해지자 자신의 유작을 제자인 다빈치가 마무리해
야 한다고 생각했다. 스승의 솜씨를 존경해 마지않던 젊은 다
빈치는 선뜻 응하지 못했다. 스승은 다빈치가 어떤 말을 해도
꿈쩍하지 않고 고집스럽게 '최선을 다하라'고만 했다.

다빈치는 떨리는 손으로 붓을 잡고 이젤 앞에 무릎을 꿇은
채 기도했다. '존경하고 사랑하는 스승님을 위해 이 작업을
끝마칠 수 있도록 제게 힘과 능력을 주십시오.' 그림을 그리
는 손은 흔들림이 없었고 두 눈은 잠들어 있던 천재성으로
번득였다. 자신은 사라지고 작업에 대한 열정만 남았다. 그
림이 완성되자 늙은 스승은 작품을 살폈다. 스승의 눈은 걸
작에 고정돼 있었다. 그는 제자를 껴안으며 소리쳤다. "나는
이제 붓을 놓겠다."[9]

위대한 멘토의 최종 목표가 바로 이것이다. 스승은 제자에게 자기 자
신을 쏟아붓고 자신을 능가하는 모습을 보고 싶어 한다. 그것이 바로 멘
토링이 만들어내는 걸작이다. 이 최종 목표를 달성하지는 못할지언정
이를 위한 노력을 결코 멈춰선 안 된다.

THE LEADER'S
GREATEST RETURN

REPRODUCING
LEADERS

제9장

리더십 문화 조성하기

인재 양성을 1순위로 두는
조직문화를 만들어라

조직을 경영하고 수익을 유지하는 데 반드시 필요한 것은 무엇일까? 좋은 리더다. 조직을 성장시키는 데 반드시 필요한 것은 무엇일까? 좋은 리더다. 조직에 긍정적인 변화를 일으키는 데 반드시 필요한 것은 무엇일까? 좋은 리더다. 어느 조직이든 더 나은 리더가 더 많이 필요하다. 조직이 좋은 리더를 더 많이 키워내지 못하면 조직의 미래도 불투명하다.

왜 그럴까? 리더십 역량이 그 사람의 한계를 좌우하기 때문이다.[1] 리더십 역량이 크면 더 크게 성공시키고 더 큰 변화를 만들어낸다. 뛰어난 리더십 역량을 지닌 리더가 많을수록 그 조직의 성공 잠재력도 더 커진다. 조직 내 리더의 질과 양이 조직의 한계를 결정하는 것이다.

좋은 리더를 더 많이 키워내지 못하면 조직의 미래도 불투명하다.

여기서 다른 법칙이 하나 더 작용한다. 다름 아닌 《작은 혁신》에서 설명한 '벤치의 법칙'Law of the Bench이다. 이에 따르면 훌륭한 팀은 훌륭한 깊이를 갖는다.[2] 팀에 우수한 선수(여기서는 '리더')가 더 많을수록 팀은 더 좋은 성적을 거둔다. 왜일까? 바로 다음과 같은 이유 때문이다.

- 좋은 벤치는 팀의 역량을 높인다.
- 좋은 벤치는 팀이 유연성을 발휘하게 한다.
- 좋은 벤치는 팀을 장기적으로 지속 가능하게 한다.
- 좋은 벤치는 팀에 여러 선택지를 제공한다.

나는 신학을 전공해 리더십 교육을 정식으로 받은 적이 없어 이 교훈을 어렵게 터득해야 했다. 하지만 평생 성경을 공부하면서 리더십에 대해 배웠다. 내가 리더십에 대해 아는 것은 모두 성경에 나온 이야기와 교리, 선언과 관련이 있다. 이렇게 말하면 실망하는 사람들도 더러 있다. 염려 말라. 당신을 개종시키려는 게 아니다. 검증된 진정한 리더십 원칙을 공유함으로써 당신을 돕고자 할 뿐이다.

나는 맨 처음 리더 역할을 맡았을 때 리더십의 중요성을 미처 이해하지 못했다. 그 조직을 떠나자 내가 추진했던 일들은 중단됐고 그들도 새로운 성과를 거두지 못했다. 모든 게 흐지부지된 것이다.

나는 신약성경 디모데후서를 읽고 불현듯 깨달음을 얻어 리더가 또다른 리더를 육성하는 계획을 구상했다. 디모데후서는 훌륭한 리더였던 바울이 디모테오에게 보낸 편지 형식으로 쓰였다. 바울은 디모테오에게 이렇게 말했다. "그대가 나에게서 들은 것을 믿음직하고 유능한 리더들에게 전수해 그들이 또 다른 이들을 가르치게 하라."[3] 바울은 디모테오가 리더가 될 수 있도록 준비시켰다. 바울은 이 편지에서 다른 리더들을 준비시키고 멘토링할 책임이 디모테오에게 있다는 점을 분명히 밝히고 있다. 그의 과업은 꾸준히 다른 사람들을 가르치고 준비시키는 것이었다. 이 한 구절은 바울(1세대)이 디모테오(2세대)를, 디모테오가 믿음직한 리더(3세대)를, 믿음직한 리더가 또 다른 리더(4세대)를 가르치고 준비시키면서 4대로 이어지는 리더 육성 과정을 보여준다.

나는 이 구절을 읽고 초점을 바꿔 리더가 또 다른 리더를 육성할 수 있도록 교육시키는 것을 목표로 삼았다. 이는 지난 50년간 지켜온 내 비전이기도 하다. 나는 잠재력이 큰 이들에게 열과 성을 다해 꾸준히 투자해왔다. 리더를 육성하는 일에 자신감이 붙은 뒤에는 이 리더들이 또 다른 리더를 양성할 수 있도록 교육시켰다. 바울을 본보기로 삼은 것이다. 내게는 그러한 역량을 갖추는 과정 자체가 자기개발의 여정이었다.

리더가 얼마간의 성공을 일구면 안일함에 빠지기 쉽다. 리더가 되는 과정이 워낙 지난하다 보니 일단 정상에 오르면 경치를 감상하듯 현실에 안주하려 한다. 더는 나아가지 않고 향긋한 장미향에 취하고 싶은 것이다. 하지만 개인 차원의 성취가 최상의 목적이어서는 안 된다. 자신의 지식과 경험을 활용해 다른 사람들을 돕고 리더로 성장하도록 독려하고 그들이 향후 또 다른 리더를 육성할 수 있게 이끌어야 한다.

잭 헤이포드Jack Hayford는 나 말고도 많은 이들을 그렇게 도와온 사람이다. 그는 리더십에 관해 이루 말할 수 없을 만큼 많은 가르침을 전수했을 뿐 아니라 내가 50대에 심장마비로 병석에 누웠을 때 내 강연을 대신해주겠다고 자청한 고마운 사람이다.

헤이포드가 양성한 리더 중 한 명인 작가 마크 배터슨Mark Batterson은 헤이포드의 가르침을 이렇게 전했다.

> 20대였던 나는 일주일간 잭 헤이포드가 운영하는 목자 양성 학교에 다녔다. 그 일주일이 사역의 방향을 바꾸어놓았다. 80대인 지금도 그의 재치와 지혜는 단연 최고다. 얼마 전 한 모임에서 그는 자신의 비결이 '자신에 반하는 결정을 내리는 것'이라고 말했다. 단순하면서도 심오한 말이었다. 우리는 희생 없는 성공을 원하지만 삶은 그리 호락호락하지 않다. 성공은 공짜가 아니다. 응당한 대가를 치러야 한다. 염가에 얻을 수 있는 것도 아니다. 가장 이로운 선택은 자신을 거스르는 것이다. 그러려면 하루도 빠짐없이 올바른 결정을 내리는 훈련을 해야 한다. 그에 따른 보상은 여러분이 치른 대가보다 훨씬 더 클 것이다.
>
> 이 말을 구체적으로 현실에 적용해보자. 빚을 청산하고 싶으면 충동적인 지출을 하지 말아야 한다. 그러려면 예산을 철저히 지켜야 한다. 날씬한 몸매를 원한다면 헬스장에 가야 한다. 이 모두가 자신의 욕구에 반하는 결정이다.[4]

헤이포드의 비결은 리더십 개발에도 해당된다. 더 좋은 리더를 더 많이 보유하고 싶은 조직은 그 대가를 치러야 한다. 안주하거나 성공에 취하지 않고 자신을 거스르는 결정을 내려 그 시간을 리더 양성에 투자해야 한다.

리더가 또 다른 리더를 양성하기 위해서는 다음과 같은 여섯 가지 성장 단계를 거쳐야 한다.

1. 더 효과적으로 업무를 수행하게 해주는 성장
2. 역할을 수행하며 다른 사람을 육성하게 해주는 성장
3. 역할을 수행하며 자신의 역량과 자질을 전수하게 해주는 성장
4. 고위 리더 역할을 수행할 기회를 주는 성장
5. 다른 사람이 고성과를 내도록 해주는 성장
6. 성장 중인 리더들과 멘토링 관계를 구축하게 해주는 성장

자신의 일에 재빨리 능숙해지는 사람이 있는가 하면 그렇지 못한 사람도 있다. 다른 사람에게 가르침을 전수하기보다 대가의 경지에 오르는 데 모든 걸 바치는 사람도 있다. 하지만 대다수는 다른 사람이 배우고 성장하는 데 기꺼이 도움을 주려 한다. 적어도 위의 2단계까지는 그렇다.

자신의 역할을 대신 수행하도록 다른 사람을 효과적으로 멘토링하고 이끌기 위해서는 얼마간의 기술과 헌신이 필요하다. 그 일을 해내면 더 큰 리더 역할을 수행할 기회가 주어질 것이다. 그 과정에서 어느 순간 다음 단계로 올라 멘토링 과정을 또 한 번 반복할 수 있게 된다. 다만 이번에는 일꾼이 아니라 리더를 양성한다는 점이 다르다.

대를 이어 리더를 양성할 때 성장의 최고 단계에 다다를 수 있다. 양성된 리더가 또 다른 리더를 육성하는 과정이 세대를 거듭하며 리더를 배가시키는 효과를 발휘하는 것이다.

문화를 만드는 리더의 다섯 가지 조건

위 성장 단계의 상층부로 올라서고 싶다면, 그리고 조직 내 다른 리더들도 그렇게 하도록 독려하고 싶다면 리더가 후임 리더를 육성하는 문화를 조성해야 한다. 그러면 리더 육성이 일상으로 자리 잡는다. 이를 목표로 하지 않는 조직은 후임 리더를 더 많이 키워낼 생각은 하지 않고 자기 자리를 보존하는 데 급급한 리더들로 넘쳐나게 된다. 이처럼 편협한 사고는 성장을 저해하고 편협한 리더들을 더 많이 끌어들인다. 그 결과 조직은 성공과 멀어지고 발전도 요원해진다.

리더가 또 다른 리더를 육성하는 문화를 조성하려면 다음과 같은 리더의 다섯 가지 기준을 충족시켜야 한다.

1. 팀의 리더는 문화 전달자다

당신이 이끄는 팀이나 조직의 문화는 리더가 먼저 만들어나가야 한다. 몸소 조직문화의 본보기가 되고 그 문화를 육성하고 꾸준히 모니터하고 보상을 통해 장려해 나가면서 리더가 또 다른 리더를 육성시키는 문화를 최우선으로 정착시켜야 한다. 칙필레의 고성과 리더십 부사장인 마크 밀러는 이렇게 말했다. "리더십은 경쟁 우위를 점하게 해줄 중요한 요소가 될 것이다. 우리는 당당하고 자신 있게 '리더는 이곳에서 탄생한다'고 말하는 조직으로 알려지고 싶다."[5] 조직은 리더십 문화 조성에 이러한 마음가짐으로 임해야 한다.

나는 다음과 같은 6C 모델에 따라 리더십 개발을 중시하는 조직을 이끌고 있다.

- 됨됨이Character: 드러내라. 강한 됨됨이가 토대가 되어야 한다. 말만으로는 부족하다. 됨됨이가 정체성의 바탕이 되어야 한다. 리더에 걸맞은 됨됨이를 갖추려 매일같이 노력해야 한다. 성실한 자세를 갖추고 타인을 존중하고 다른 사람의 성공을 진정으로 바라고 최선을 다해 그들을 도와야 한다.
- 명료성Clarity: 몸소 보여라. 리더를 육성하는 데 시간을 투자해야 한다. 직접 개입해 그 과정을 몸소 보여주면 팀은 이를 본보기 삼아 그 중요성을 이해할 것이다.
- 소통Communication: 말하라. 리더십 개발에 대해 꾸준히 논의해야 한다. 그래야 일상의 언어로 자리 잡아 매일같이 그에 관해 대화를 나눌 수 있게 된다.
- 기여Contribution: 책임지고 맡아라. 리더는 최종 책임자다. 리더 육성에 대한 책임감을 가져야 다른 리더들도 그렇게 할 것이다. 누군가 나서서 "내가 떠맡겠다"라고 말할 때 팀은 더 큰 힘을 얻는다.

- 일관성Consistency: 당장 실행하라. 리더 개발은 끝이 없는 과정이다. 매일 실행해야 하는 일이다. 앞으로 더 나은 리더가 더 많이 요구될 것이기 때문이다.
- 축하Celebration: 환영하라. 리더 개발이 지속적으로 인정받고 보상받고 축하받을 때 그 중요성이 더 크게 인식돼 조직문화로 자리매김한다.

> **"뱉은 말을 매일 실천하는 일보다 어려운 것은 없다."**
> – 아서 고든

작가인 아서 고든Arthur Gordon은 이렇게 말했다. "말보다 쉬운 것은 없다. 뱉은 말을 매일 실천하는 일보다 어려운 것은 없다. 오늘 약속한 것은 내일이고 모레고 또다시 점검하고 또 한 번 공언해야 한다."[6] 리더가 매일 리더십을 개발하는 모습을 보일 때 팀원들 모두 그 중요성을 인식하게 된다. 리더가 이를 방기하거나 다른 사람에게 내맡긴다면 그 일이 후순위라는 메시지를 보내는 것과 같다.

2. 누구나 멘토링을 해야 한다

리더십 개발 문화는 고위 리더부터 하향식으로 조성하기 시작해 말단에서 점차 상향식으로 구축해나가는 것이다. 이는 다음을 의미한다.

- 모든 사람에게는 멘토가 있다.
- 모든 사람에게는 멘토링 경험을 공유할 사람이 있다.
- 모든 사람에게는 멘토링해야 할 사람이 있다.

멘토링을 장려해 리더가 또 다른 리더를 육성하는 환경을 만들려면 멘토링 운동을 일으켜야 한다. 가르치고 배우는 것이 일상적으로 이루어지고 요구돼야 한다. 그 대상이 꼭 리더일 필요는 없으며 모두가 참여해야 한다. 서로에게서 꾸준히 배우고 모두가 경험을 나눠야 한다. 성장이 일상적으로 이루어지고 요구돼야 한다.

이런 환경을 조성하려면 심리적 안전지대를 벗어나도록 자극해야 한다. 이를 위한 가장 좋은 방법은 까다로운 질문을 던지는 것이다. 작가 로이스 재커리Lois J. Zachary와 로리 피슐러Lory A. Fischler는《강력한 동기로 시작하라》Starting Strong에서 리더 육성 시 물어야 할 개인별 학습 목표에 관한 질문을 이렇게 제시했다.

- 심리적 안전지대로부터 벗어나려고 마지막으로 노력한 때는 언제입니까?
- 심리적 안전지대에서 벗어나려면 무엇이 필요합니까?
- 도전하기 망설여지지만 자신의 한계를 넘어서게 해줄 일은 무엇입니까?
- 어떤 지식, 기술, 경험이 부족합니까?
- 힉습 과정에서 내가 어떤 도움이 될 수 있습니까?[7]

멘토가 되어 다른 사람을 육성하는 것은 일종의 마음가짐이다. 누구든 이런 마음가짐을 매일 실천해야 한다. 그러면 조직문화가 변하고 조직의 잠재력도 커진다.

3. 리더는 추종자가 아닌 리더를 육성한다

재능 있는 리더가 추종자를 끌어모으는 건 쉬운 일이다. 카리스마 넘치고 그럴듯한 비전을 제시하는 리더에게는 더 쉬운 일이다. 하지만 조직의 미래는 더 충실한 추종자를 더 많이 모으는 것이 아니라 더 능력 있는 리더를 더 많이 육성하는 데 달려 있다.

리더가 추종자를 모으는 데 중점을 두면 조직은 확장하는 것이 아니라 오히려 축소된다. 데니스 웨이틀리Denis Waitley는《성공의 다이내믹스》에서 이 같은 축소 효과를 설득력 있게 설명하고 있다.

> 대형 광고대행사 오길비 앤드 매더 Ogilvy and Mather의 설립자 데이비드 오길비 David Ogilvy는 신입 관리자들에게 러시아 인형을 주곤 했다. 다섯 개의 인형이 겹겹이 포개져 있는 마트료시카matryoshka 인형이었다. 가장 작은 인형 안에는 다음과 같은 메시지가 적혀 있었다. "각자가 자신보다 더 작은 직원을 고용한다면 소인들로 이루어진 회사가 되고 말 것이다. 각자가 자신보다 더 큰 직원을 고용하면 거인들로 이루어진 회사가 될 것이다." 거인을 발굴하고 고용하고 양성하는 데 헌신하라.[8]

인형 안에 또 다른 인형이 들어 있는 러시아 인형인 마트료시카를 본 적이 있을 것이다. 리더가 추종자를 모으고 이들이 또 다른 추종자를 끌어모으는 데 역점을 두면 조직의 리더십 풀과 역량이 축소된다. 리더가

최고의 실력자를 육성하는 데 역점을 두면 조직
의 리더십 풀과 잠재력이 커진다.

《리더십 엔진》의 저자 노엘 티시Noel Tichy는 이

렇게 말했다. "이기는 기업은 리더 개발을 담당하
는 좋은 리더가 각 층위에 배치돼 있기 때문에 이기는 것이다."[9] 리더가
또 다른 리더를 육성하는 데는 리더가 필요하다는 사실을 알아야 한다.
리더가 아니면 리더를 키울 수 없다. 조직도 리더 없이는 리더를 키울 수
없다. 리더를 키우려면 리더 자질을 알아보고 본보기가 되고 육성하는
방법을 아는 리더가 필요하다.

4. 리더는 역할을 뛰어넘어 꾸준히 성장한다

제5장에서 좋은 리더는 자신의 책무를 위임하고 더 큰 역할을 맡는다고
설명했다. 리더를 육성하는 사람으로 거듭나려면 개인적 성취보다 타인
의 성공을 돕는 일에 중점을 둬야 한다.

리더를 육성하는 문화 속에서 일하는 리더는 자신의 책무를 내려놓고
성장을 모색한다. 새로운 역할이나 직위를 맡으면 그 분야를 숙달하기
무섭게 그 자리를 대체할 사람을 준비시킨다. 최고의 리더들은 자신의
리더 역할을 넘겨받을 대체자를 육성한다.

강연가 필립 네이션Philip Nation은 이 과정을 다음과 같이 설명했다.

리더인 우리는 후임자를 기르는 데 목표를 둔다. 혹자는 자
신의 능력을 넘어서거나 자신의 역할을 대체할 사람을 준비

시키는 데 적극 나서는 것이 진정한 리더십이라고 말한다. 리더의 자리만 보전하려는 행태는 '지휘와 통제' 체계에서 비롯된다. 이는 마키아벨리의 《군주론》에 나온 리더십 유형으로, 사람을 영입하고는 다양한 책무를 맡겨 커나갈 수 있는 기회를 주지 않고 한 사람의 목표만 이행하게 하는 것이다.[10]

리더가 후임자를 육성해 자신의 책무에서 점차 벗어나면 더 큰 역량을 키울 수 있고 조직에서 더 큰일을 할 자유를 얻는다. 그러면 한 단계 더 올라설 수 있을 뿐만 아니라 그 뒤를 잇는 사람들도 키워낼 수 있다.

NFL의 후임 리더 육성 문화가 그 예다. 성공하는 팀은 후임 리더 육성 문화를 갖고 있다. NFL은 실력과 리더십을 겸비한 선수들을 찾아내기 위해 드래프트나 자유계약선수제도free agent를 활용한다. 베테랑 선수들이 어린 선수를 멘토링하고, 최고의 코치들이 현업을 수행하면서 코디네이터와 어시스턴트를 육성하며 후임 리더를 준비시키는 것도 모두 이 문화의 일환이다. NFL의 위대한 감독 대다수는 이러한 후임 코치 육성 과정의 오랜 역사 속에서 탄생했다. 리더십 개발이 수십 년간 여러 세대를 거쳐 이루어진 것이다.

리더가 자신의 책무를 위임하며 꾸준히 성장을 도모하고 있는지 판단하려면 어떻게 해야 할까? 다음과 같이 자문해보면 된다.

- 이 사람의 팀에는 리더보다 추종자가 더 많은가?

- 이 리더는 매년 똑같은 일을 하고 있는가?
- 이 리더는 장시간 일하는가?
- 이 리더는 혼자서 업무를 떠맡고 있는가?

모두 '그렇다'는 답이 나온다면 그 리더는 책무를 위임하지 못해 성장의 기회를 놓치고 있는 것이다. 조직이 미래의 리더를 육성하는 데 도움이 되지 않는 것이다. 이 경우 리더가 성장이 정체된 이유를 인식하도록 도와야 한다.

5. 리더는 멘토를 넘어 후원자가 된다

제8장에서 언급한 라일리는 내게 조언자와 멘토, 후원자의 차이를 이렇게 설명했다. 조언자는 대변자이면서 옹호자다. 멘토는 모든 것을 전수해 방향을 제시하고 돕는 사람이다. 후원자는 실제로 기회의 문을 열어 성공하게 해주는 사람이다. "여기 기회가 있습니다."라고 말해주는 후원자가 있다면 그 문 앞에 서 있기만 하면 된다.

경제학자이자 재능혁신센터Center for Talent Innovation의 설립자인 실비아 앤 휴렛Sylvia Ann Hewlett은 후원자의 중요성을 이렇게 설명했다.

누가 당신을 뒷받침해주는가? 누가 당신을 지원해주는가?
누가 당신을 옹호해주는가?
멘토가 아닌 후원자다.
오해는 말라. 멘토도 중요하다. 당연히 필요한 존재다. 귀한 조언을 건네고 자긍심을 키워주고 다음 단계로 나아가지 못할 때 꼭 필요한 자문을 제공한다. 하지만 정상에 오르게 해주는 입장권은 아니다.

초고속 승진이나 차후의 기회, 돈벌이에 관심이 있다면 당신에게 필요한 건 후원자다. 후원자는 조언과 가이드를 제공하는 건 물론, 다음과 같이 훨씬 더 중요한 역할을 수행한다.

- 당신의 가치와 잠재력에 믿음을 갖고 있고 보증인이 될 준비가 돼 있으며 당신을 대신해 위험을 감수한다.
- 승진이나 연봉 인상 등의 의사결정 시 당신의 편에 서서 영향력을 행사한다.
- 당신이 위험을 감수하도록 지원한다. 직업적 성취를 이루고 싶다면 당신을 뒷받침해주는 선임 리더가 꼭 필요하다.[11]

멘토는 수동적인 교사에 머무르기도 하지만 후원자는 자신이 육성하는 리더를 성공시키는 데 적극 나선다.

30대 초반 시절, 내 후원자는 톰 필리프Tom Phillippe였다. 내 잠재력을 알아본 그는 성공의 사다리를 오를 수 있도록 기회의 문을 열어주었다. 인맥을 넓혀줬고 실패해도 다시 일어서게 도와줬다. 나를 비난하는 사람이 있으면 나를 변호했고 성공하면 응원을 보냈다. 어리석은 짓을 하면 나를 보호했고 성숙해질 때까지 참을성 있게 기다려주었다. 나보다 앞서 걸으며 장애물을 없애줬고 나란히 걸으며 한 걸음씩 디딜 수 있게 격려해줬다. 내 뒤에서 걸으며 나를 도왔다. 그의 존재 자체가 내겐 유익이었다. 그는 내게 진심 어린 지지를 보냈다.

그는 내가 꾸준히 성공을 거두는 동안에도 내 곁을 지켰다. 그는 40년간 내 후원자였다. 그 덕분에 더 멀리 나아가고 더 높이 오를 수 있었다. 내게 잠재력이 있다고 말해주고 위험을 무릅쓰고라도 나를 지지하고 보호해준 그에게 늘 감사하다.

후임을 육성하는 리더가 되려면 후원자가 돼야 한다. 준비시키는 것만으로는 부족하다. 멘토링만으로도 부족하다. 기회의 문을 열어줘야 한다. 지지해줘야 한다. 그들이 성공적인 리더가 될 수 있도록 위험을 감수하라. 그들이 성공에 이를 수 있도록 기회를 제공하라. 그들이 당신을 능가할 때 가장 열렬한 지지자가 돼라.

3G 리더 육성법

리더십 개발 문화가 정착된 조직의 궁극적인 목표는 3G를 갖춘 리더를 육성하는 것이다. 나는 리더를 선별할 때 3G를 갖춘 사람인지부터 살핀다. 즉, 탄탄한 기반을 갖추고Grounded, 재능 있고Gifted, 성장하고 있는Growing 사람이어야 한다. 나는 리더 육성 과정에서 긴밀히 협력하며 다음의 세 가지 영역을 꾸준히 발전시키고 있는지 지켜본다.

1. 탄탄한 기반을 갖춘 리더

콩 심은 데 콩 나고 팥 심은 데 팥 난다. 이는 보편적인 법칙이다. 나는 탄탄한 기반을 갖춘 안정적인 리더를 찾는다. 이들은 다음과 같은 특징을 갖고 있다.

겸손

멘토였던 존 우든은 내가 아는 사람 중 가장 겸손한 리더다. 그는 이렇게 말하곤 했다. "재능은 하나님이 주신 것이니 겸손하라. 명성은 다른 사람이 주는 것이니 감사를 표하라. 자만은 자신에게서 비롯되는 것이니 경계하라."[12] 리더들이 새겨야 할 유용한 경고다.

학습 능력

재능 있는 리더는 대개 의지가 강하고 자신만만하다. 이는 바람직한 특성이지만 재능은 사람을 완고하게 만들기도 한다. 변화를 받아들이지 않는 사람은 배우려는 욕구도 없어 가르치기 힘들다. 학습 의지나 개선 의지가 없는 사람을 가르치려 애쓰는 것은 시간 낭비다. 그렇다면 어떤 자질을 갖춘 사람을 육성해야 할까? 먼저 다음과 같은 학습 능력 단계를 고려해야 한다.

1. 조언을 구하지 않는다.
2. 조언을 원하지 않는다.
3. 조언에 반감이 없다.

4. 조언을 듣는다.

5. 조언을 환영한다.

6. 적극적으로 조언을 구한다.

7. 자신에게 주어진 조언을 따른다.

8. 조언해준 사람에게 공을 돌린다.

그런 다음 잠재 리더가 어떤 단계에 있는지 물어보라. 당신이 선택한 리더는 3단계에 머물러 있을 것이다. 적어도 반감은 없다는 말이다. 그보다 더 높은 단계에 있다면 바람직한 일이다. 그러나 어느 단계에 있느냐보다 더 중요한 건 발전을 보여주는 징후다. 당신의 목표는 그들이 8단계에 도달하도록 돕는 것이다. 좋은 리더는 이 경지에 다다른 사람이다.

진정성

진정성은 권력이나 지위보다 더 큰 영향력을 행사한다. 진정성 있는 사람은 자신의 강점과 약점을 알고 있고 본모습을 숨기지 않는다. 당신은 자아도취나 자기 비하에 빠지지 않고 자기 자신을 있는 그대로 자각하는 리더를 택해야 한다. 그들은 본모습에서 편안함을 느낀다. 이들은 남아프리카공화국의 전 대통령 넬슨 만델라가 말한 유형의 사람이다. "나는 신으로 대접받고 싶지 않다. 미덕과 악덕을 다 가진 평범한 사람으로 기억되고 싶다."[13]

성숙함

칼럼니스트 앤 랜더스Ann Landers는 성숙함이 기꺼이 기다리는 것, 인내, 자제, 고결, 책임감, 신뢰성이라고 쓴 바 있다. 그것은 자신의 말이 틀렸음을 인정할 줄 알고, 약속을 지킬 줄 알며, 결정을 내리고 완수할 줄 아는 능력이다. "성숙함은 변하지 않는 것을 수용하고 변해야 하는 것을 어떻게든 변화시킬 용기가 있고 이 둘을 구분할 줄 아는 지혜를 지닌 상태를 말한다."[14] 이들이야말로 탄탄한 토대 위에 서 있다.

고결함

NBA 올랜도 매직의 수석 부사장인 내 친구 팻 윌리엄스Pat Williams는 이렇게 말했다. "항해의 기본 원칙은 눈에 보이는 것이 아닌 수면 아래를 살피는 것이다. 고결함도 마찬가지다. 보이지 않는 자질이 겉으로 드러난 자질을 넘어서야 한다. 그렇지 않으면 인생의 폭풍우를 헤쳐 나가지 못한다." 통찰력은 겉으로 보이지 않고 내면에 숨겨져 있다. 리더는 진실하게 말하고 소신을 지켜야 한다. 고결함은 난관을 헤쳐 나갈 수 있도록 길을 안내해준다.

겸손, 학습 능력, 진정성, 성숙함, 고결함은 강력한 리더십을 탄생시키는 견고한 토대다. 리더십을 행하는 방법에만 치우쳐 그 사람의 본질을 무시하면 피상적이고 일시적인 결과만 나타날 뿐이다. 토대가 튼튼한 사람들과 함께하며 이를 더욱 강화시키면 더욱 심도 있게 리더를 육성시킬 수 있고 어떤 난관에 부딪히더라도 내면의 힘을 발휘해 다시 일어나게 할 수 있다. 지금은 은퇴한 NFL 감독 토니 던지Tony Dungy는 이렇게 말했다. "이겨야 하는 상황에서 믿음이 안 가는 사람에게 중요한 역할을 맡길 건가요? 당연히 아니죠." 리더의 토대가 탄탄하면 믿음이 생긴다.

2. 성공을 돕는 재능을 보유한 리더

"사람의 선물은 그의 길을 넓게 하며 또 존귀한 자 앞으로 그를 인도하느니라."[15] 내가 가장 좋아하는 잠언 구절 중 하나다. 능력은 잠재력을 결정한다. 리더의 재능은 성장과 성공의 첫 번째 동력이다.

재능은 메꿀 수 없는 것이다. 스포츠 코치 세계에서는 이런 말이 회자된다. "신이 주지 않은 것은 채울 수 없다." 전설적인 코치이자 친구인 루 홀츠Lou Holtz는 이런 재치 있는 말을 했다. "좋은 선수도, 형편없는 선수도 지도해봤지만 재능이 뛰어난 선수를 지도할 때라야 내 실력이 십분 발휘된다." 리더도 마찬가지다. 재능이 넘치는 리더가 팀에 많을수록 그 팀이 성공할 잠재력도 더 커진다.

재능은 왜 중요한가?

재능의 이점을 남용하지 마라

재능 있는 리더는 다른 사람보다 먼저, 더 많은 것을 본다. 그들은 멀리 떨어진 지평선에서도 문제를 찾아낸다. 남들보다 앞서 해결책을 찾아낸다. 그들은 본능이 이끄는 대로 의사결정을 내린다. 그게 이들의 독보적인 이점이다.

타고난 재능을 지닌 리더를 육성할 때는 개인의 이득이 아닌 조직과 리더는 매일 자문해야 한다.
"내 재능을 나 자신을 위해 쓰고
있는 걸까, 남들을 위해 쓰고 있는
걸까?"

팀의 이득을 위해 재능을 써야 한다는 사실을 주지시켜야 한다. 재능 있는 리더는 매일 이렇게 자문해야 한다. "내 재능을 나 자신을 위해 쓰고 있는 걸까, 남들을 위해 쓰고 있는 걸까?"

재능이 열어주는 기회를 절대 놓치지 마라

케빈 홀Kevin Hall은 《열망하라》Aspire에 이렇게 썼다. "성공하는 사람들은 문제가 아닌 기회에 중점을 둔다. opportunity(기회)의 어원은 port, 즉 물길로 상업지구나 도시로 드나들게 해주는 입구다. 옛날에는 조수와 바람이 적당할 때 항구가 열렸고 그로 인해 무역과 여행과 전쟁이 가능해졌다. 하지만 항구가 열리는 때를 포착한 사람만이 그로 인해 주어지는 기회를 누릴 수 있다."[16] 재능 있는 리더가 장차 기회를 붙잡을 수 있도록 지금 준비시켜야 한다. 기회가 왔을 때 준비를 시작하면 이미 늦는다. 기회가 오면 곧장 붙잡아야 하니 말이다. 그러려면 미리부터 준비해야 한다.

본보기가 되어라

사랑하는 사람이 갑자기 좋은 선물을 해준 적이 있는가? 유년 시절, 생일이나 크리스마스 때 부모님이나 형제, 친구가 준 선물이 생각날 것이다. 기념일이나 특별한 일이 있을 때 배우자가 준 멋진 선물이 생각날 것이다. 그때 기분이 어땠는가? 감격했는가? 설렜는가? 겸허한 마음이 들었는가?

선물 받은 사람은 선물에 대한 책임의식이 없다. 선물을 받은 것 자체는 업적이 될 수 없다. 타고난 재능과 역량도 우리가 직접 일군 것이 아니다. 마땅히 받아야 하는 것이 아니라 마땅히 감사해야 하는 것이다. 따라서 최대한 활용해야 한다. 재능이 선물임을 명심하면 겸손해진다. 나의 멘토 프레드 스미스Fred Smith가 말했듯 "재능은 사람보다 위대하다." 타고난 재능은 직접 일군 것이 아니라는 사실을 인정할 줄 알아야 한다.

리더는 겸손한 자세를 견지해야 한다. 또한 스스로 본보기가 돼 당신이 육성하는 리더도 겸손한 자세를 갖도록 도와야 한다. 재능이 기회를 열어주는 건 맞지만 열심히 노력해야 기회도 계속 주어진다.

재능에 따르는 책임을 수용하라

아버지는 종종 이렇게 말씀하셨다. "많이 받은 사람은 그만큼 내놓아야 한다."[17] 나는 내 재능을 최대한 발휘해야 한다는 책임감으로 살았다. 제4장에서 언급했듯 조지 워싱턴 카버는 1915년에 이렇게 말했다. "이 세상에 태어나 의미 있는 명분 없이 살다 죽을 권리는 그 누구에게도 없다."[18] 리더의 기준은 이보다 더 높아야 한다. 리더에게는 더 큰 재능과 더 큰 영향을 미칠 잠재력이 있기 때문이다.

리더가 재능을 최대한 발휘하고 또 다른 리더를 육성하는 데 이 재능을 써야 한다는 책임감을 심어주면 그들은 지금보다 더 나은 세상을 만들어낼 수 있다.

3. 성장을 도모하는 리더

세 번째 G는 성장growth과 관련이 있다. 자기개발 욕구와 역량을 지니고 있는 리더는 어떻게 알아볼 수 있을까? 또 다른 리더를 키워낼 수 있는 리더를 육성할 때는 꾸준히 성장하는 모습이 보여야 한다. 다음은 그 신호라 할 수 있다.

- 지속적으로 성장하고 있다.
- 성장 과정을 이해하고 있다.
- 육성시킬 또 다른 리더의 성장 잠재력을 포착한다.
- 그러한 성장을 촉진하는 역량이 있어야 한다.

당신의 도움을 받아 차기 리더가 성장시켜야 할 영역은 바로 사고방식이다. 사고방식은 성패를 가른다. 하지만 리더마다 사고방식도 다를 수밖에 없다. 또 다른 리더를 육성하는 방법을 가르칠 때는 자신의 관점에 의문을 제기할 수 있도록 독려해야 한다.

사고력을 키우게 하라

리더는 가만히 앉아 딴 사람한테 대신 생각해달라고 하는 사람이 아니다. 자신이 직접 적극적으로 사고해야 한다. 좋은 리더는 주도적이다. 새로운 아이디어와 새로운 방식을 떠올리고, 문화·사기·시기·모멘텀 같은 무형의 요소들을 고려하고, 큰 그림을 염두에 둔 채 세부사항까지 파고들고, 상황을 재빨리 파악해 알고 있는 정보와 직관에 따라 결정을 내린다.

리더 육성 초기에 해야 할 가장 중요한 일은 당
신의 생각과 그렇게 생각하는 이유를 알려주는
것이다. 잠재 리더들을 고위직 회의에 참여시켜
고위 리더들의 사고법을 직접 경험할 수 있게 하

리더 육성 초기에 해야 할 가장
중요한 일은 당신의 생각과 그렇
게 생각하는 이유를 알려주는 것
이다.

라. 효율적으로 사고하는 리더를 곁에서 직접 관찰하며 배운 것을 적용
하는 경험이 쌓일수록 잠재 리더들의 사고력도 향상될 것이다.

폭넓게 사고하게 하라

대다수의 사람들은 편협하게 사고한다. 그러나 좋은 리더는 비전과
팀을 위해 폭넓게 생각해야 한다. 이에 대해 작가 겸 코치인 데이비드 슈
워츠David J. Schwartz는 말했다. "키나 몸무게, 학력, 출신 배경으로 그 사
람의 성공을 평가하지 않는다. 폭넓은 사고력으로 평가한다. 사고의 범
위로 성취의 규모가 결정된다."[19]

리더가 자기 자신을 과소평가하거나 자신이 육성하는 리더들을 과소
평가하지 않게 하라. 사람들은 대체로 자신을 믿어주는 리더가 기대하
는 수준까지 발전한다. 잠재 리더를 신뢰하고 있음을 직접 표현하고 그
들이 육성하는 사람들에 대한 믿음을 갖게 하라. 믿음을 공유하면 모두
가 상생한다.

창의적인 사고를 요청하라

내가 아는 최고의 리더들은 고정관념에 얽매이지 않는다. 그들은 선

택지를 좋아한다. 그들은 모든 문제에 해결책이 있다고 믿을 뿐 아니라 다양한 해결책이 있다고 생각하고 그중에서 최선을 찾아내기 위해 고심한다.

리더가 창의적인 사고를 개발하도록 도와라. 한계에 도전하고 고정관념을 벗어나도록 격려하라. 열린 마음으로 창의성을 마음껏 펼쳐 혁신과 효율을 달성하라고 주문하라.

사람을 먼저 생각하게 하라

리더의 책임이 막중해질수록 중압감도 커진다. 어떤 리더들은 스트레스를 받으면 사람이 얼마나 중요한지를 잊는다. 그들은 결과와 시스템만 생각한다. 중요한 건 최종 결과뿐이다. 하지만 리더십은 언제고 사람이 먼저다. 사람이 없으면 리더십을 펼칠 수 없다. 다른 사람에게 도움이 되지 않는다면 리더로서 방향을 잃은 것이다.

조직이 더 커져 리더가 더 높은 자리에 오르고 책임이 더 무거워지며 큰 성공을 거둔다 해도 항상 사람이 먼저다. 좋은 리더는 늘 사람을 먼저 생각하며 그들에게 가치를 더할 방법을 궁리한다.

리더 개발이 일상으로 자리 잡은 환경에서 또 다른 리더를 육성하는 문화를 정착시키면, 그리고 3G를 갖춘 리더를 육성하면서 잠재력을 최대한 이끌어내고 또 다른 리더를 육성할 수 있도록 가르치면 현재와 미래의 리더가 한 벤치에 공존하는 리더십 집중 조직으로 거듭난다. 리더 부족에 허덕일 일이 없고 주어지는 기회를 붙잡을 준비가 된 조직 말이다.

다른 조직이 다음 목표를 찾느라 분주할 때 당신이 키운 리더들은 먼저 기회를 포착해낼 것이다. 다른 사람들이 리더를 찾느라 쟁탈전을 벌일 때 당신은 벤치에서 필요한 리더를 골라내기만 하면 그만이다. 리더 육성이 조직문화로 자리 잡으면 성공이 보장된다. 당신과 조직 모두 리더 육성을 통해 가장 큰 보상을 얻게 될 것이다. 이것이 바로 마지막 장의 주제인 복리의 힘이다.

COMPOUNDING LEADERS

제10장

시너지 발휘하기

새로운 리더들과 함께
최강의 조직으로 거듭나라

사회인으로 첫발을 내디뎠을 때 재무 분야의 역량을 쌓기 위해 경영학 과정을 수강한 적이 있는데, 그때 한 경제학 교수의 강의가 내 인생을 바꿔놓았다. 그는 80 대 20 법칙으로도 알려진 '파레토 법칙'에 대해 설명했다. 20세기 초 이탈리아 경제학자 빌프레도 파레토Vilfredo Pareto가 발견한 이 법칙은 어떤 범주에서든 특정 집단의 20퍼센트가 전체 성과의 80퍼센트를 책임진다는 것이다.

- 20퍼센트의 노동자가 전체 제품의 80퍼센트를 생산한다.
- 20퍼센트의 판매 직원이 전체 판매고의 80퍼센트를 책임진다.
- 20퍼센트의 제품이 전체 수익의 80퍼센트를 벌어들인다.
- 20퍼센트의 인구가 전체 부의 80퍼센트를 차지한다.

- 20퍼센트의 팀이 리그 우승의 80퍼센트를 차지한다.

실제 통계를 보면 정확히 80 대 20의 비율로 나뉘진 않지만 대체로 이에 근접하며 거의 모든 영역에서 찾아볼 수 있다.

이는 무엇을 의미할까? 첫째, 이 법칙은 대다수의 본성을 거스른다는 것이다. 우리는 평등을 전제하는 경향이 있다. 팀원이 다섯 명이면 모두에게 업무가 균등하게 배정될 것이라 생각한다. 실은 그렇지 않다. 열 명이 총 1만 달러의 기부금을 낸다면 1천 달러씩 기부하리라고 생각한다. 하지만 그런 일은 절대 없다. 그중 다수는 한 푼도 내지 않을 것이고 두 명이 8천 달러를 기부할 공산이 크다.

교수가 이 개념을 설명할 때 나는 고개를 끄덕였다. 이 법칙이 내 삶을 바꿔놓으리라는 직감이 들었다. 중요한 일에 집중하면 그렇지 않은 일

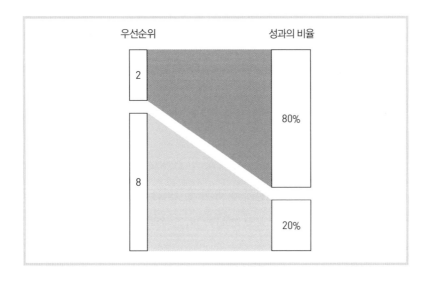

에 시간과 노력을 쏟을 때보다 훨씬 더 큰 보상이 주어질 것이라는 깨달음을 얻은 것이다. 중요한 20퍼센트에 전력을 다한다면 파레토 법칙에 따라 80퍼센트의 보상이 그 20퍼센트에서 창출될 것이다. 선택과 집중이 필요했다.

나는 곧장 파레토 법칙에 따라 업무를 수행했다. 그러자 생산성이 높아졌다. 열심히 일하고 바쁘게 사는 게 상책이 아니었던 것이다. 하루에 해야 할 일이 열 가지라면 무턱대고 열 가지 일을 다 해내려고 하지 않았다. 우선 중요도나 가치를 기준으로 우선순위를 정했고 그중 선순위에 오른 두 가지 일에 전력투구했다. 그러자 꾸준히 고성과를 올릴 수 있었다. 이것이 반복되는 과정에서 얼마나 열심히 일하느냐가 아니라 얼마나 똑똑하게 일하느냐가 성패를 좌우한다는 깨달음을 얻었다.

나는 이 법칙을 내 삶에 적용하기로 했다. 인생의 10대 과업 중 최우선 과제 두 가지를 고르고 거기에 모든 것을 쏟아부었다. 그 두 가지는 '성장'과 '씨 뿌리기'였다. 이 과업은 지금도 변함이 없다. 이제는 '자기발전'과 '다른 사람의 삶에 가치를 더하기'라고 부른다는 점이 다를 뿐이다.

나는 50여 년간 이 법칙의 도움을 받았다. 작가이자 사진가인 제임스 클리어James Clear는 이 파레토 법칙을 분석한 글을 쓴 적이 있다. 그에 따르면 보스턴 셀틱스와 로스앤젤레스 레이커스가 역대 NBA 우승의 약 절반을 차지했고, 약 20퍼센트의 상위 팀이 역대 NBA 우승의 75.3퍼센트를 차지했다. 축구의 경우 77개국이 월드컵에 출전했지만 브라질, 독일, 이탈리아 3개국만이 20회의 월드컵 대회 중 열세 차례 우승하는 영광을 차지했다.

홍미로운 건 그가 80 대 20 법칙을 한 단계 더 발전시켰다는 점이다. 그는 '1퍼센트의 법칙'을 제시하며 이렇게 정의했다. "1퍼센트의 법칙은 단 1퍼센트의 우위를 유지하는 개인, 팀, 조직에게 점점 더 많은 보상이 집중된다는 것이다. 성과를 두 배로 늘리려고 두 배 더 노력하는 건 의미가 없다. 아주 조금만 더 노력하면 된다."[1] 그는 자연에서 찾아볼 수 있는 예를 들어 다음과 같이 설명한다.

> 가령 두 식물이 나란히 자란다고 치자. 이 식물들은 햇빛과 토양을 더 많이 차지하려 경쟁할 것이다. 한 식물이 조금 더 빨리 자라면 햇빛과 빗방울에 좀 더 많이 노출된다. 이렇게 에너지를 좀 더 많이 얻으면 더 빨리 자라날 것이고 이 패턴이 반복돼 옆의 식물보다 더더욱 많은 에너지를 얻게 된다. 이런 식으로 우위를 유지하면 옆의 나무보다 더 많은 씨앗을 퍼뜨리고 더 많이 번식하게 된다. 작은 우위라도 유지해 세대를 거듭하면 더 크게 번성해 결국 숲을 장악한다.
>
> 과학자들은 이를 '누적 효과' accumulative advantage라고 부른다. 작은 우위가 시간이 흐르면서 누적돼 더 큰 경쟁 우위로 바뀌는 것이다. 한 식물이 작은 우위를 확보해 경쟁자를 밀어내고 결국 숲을 차지하는 것처럼 말이다. (…) 좋은 것과 위대한 것의 간극은 보기보다 좁다. 작은 우위는 경쟁을 거듭할수록 축적돼 그 효과가 복리처럼 불어나고 (…) 결국 작은 우위를 점한 사람이 대부분의 보상을 독차지하게 된다.

그는 아마존 열대우림을 이루는 1만 6천 종 이상의 나무 중 227종이 50퍼센트 이상을 차지한다고 말했다.[2]

나는 이 법칙을 삶에 적용시키며 꾸준히 리더를 육성하면 보상이 복리처럼 늘어난다는 것을, 그리고 꾸준함을 잃지 않으면 우위도 더 커진다는 것을 깨달았다.

파레토 법칙을 리더 양성에 적용하라

파레토 법칙을 활용한 리더십이 엄청난 보상을 가져다준다고 장담하는 이유는 다음과 같다.

1. 초기의 작은 우위가 보상을 가져다준다

열대우림의 예가 보여주듯 작은 우위를 찾아내 최대한 활용하면 더 큰 경쟁 우위가 된다. 나는 리더를 교육할 때 재능, 타이밍, 인간관계, 목적의식 영역에서 각자의 우위를 찾아내고 이를 발전시키라고 주문한다.

재능

뛰어난 재능은 초기 단계부터 남보다 유리한 위치를 선점하게 해주는 차별화 요소다. 하지만 재능만으로는 앞서지 못한다. 이 우위를 유지하려면 바람직한 선택, 자기 수양, 성실한 노력이 동반돼야 한다. 재능이 뛰어난 사람은 함정에 빠지기 쉽다. 재능만 믿고 자기발전에 힘쓰지 않으면 더 열심히 노력하는 이들에게 추월당하고 만다.

20대 시절부터 내 리더십과 소통 능력은 남들보다 뛰어났다. 하지만 재능을 적당히 활용해 요령껏 하는 길을 택하지 않고 내게 주어진 재능을 더욱 발전시키며 자기발전에 전력을 기울였다. 그런 결심을 하지 않았다면 어떻게 됐을까? 그 시절에서 한 발자국도 나아가지 못한 초라한 재능으로 얼마나 더 성공을 거둘 수 있었을까?

리더에게 우위로 작용하는 재능이 있다면 감사히 여기라고 격려하고 주어진 재능을 더욱 발전시키도록 해야 한다. 단 1퍼센트의 우위를 얻을 수 있는 작은 일이라도 꾸준히 한다면 우위를 유지하면서도 그 재능으로 조직과 다른 리더, 자기 자신을 도울 수 있다.

타이밍

적시에 적재적소에 있다는 것은 우위다. 이 우위를 기회로 인식하고 활용해야 한다.

나는 타이밍의 덕을 톡톡히 본 사람이다. 1991년 《리더십의 법칙 2.0》을 집필할 당시만 해도 리더십 분야는 미개척지였다. 기업문화 개선 전략이 경영에만 초점을 맞추고 있었기 때문이다. 하지만 세상은 개인 리더십의 중요성과 리더십 역량 개발에 더 주목하기 시작했다. 재능과 무관하게 후천적 노력으로 가능했기 때문이다.

리더가 우위를 확보하려면 타이밍을 어떻게 이용해야 할까? 우위를 선점하고 선봉에 서서 실행하는 기회를 붙잡는 것이 바로 그 방법이다.

리더와 리더들로 이루어진 팀, 그리고 조직 전체가 우위를 확보하는 데 타이밍을 활용하는 방법을 모색해야 한다.

인간관계

성공적인 리더십은 인맥에 좌우된다. 원만한 인간관계는 분명 우위다. 사람이 리더십의 핵심이기 때문이다. 나는 운이 좋은 편이었다. 인간관계의 가치를 알고 이를 구축하는 데 힘쓴 아버지를 보면서 자랐기 때문이다. 사람을 중시하고 격려하고 이끄는 아버지의 모습을 매일 봐왔기에 리더십에서 경쟁 우위를 차지할 수 있었다.

리더가 인맥을 형성하고 또 다른 리더와 관계를 다지도록 도우면 중요한 우위를 제공할 수 있다. 최근 칼리 피오리나Carly Fiorina는 내게 한 젊은 직원을 소개하며 이렇게 말한 적이 있다. "제 캠페인을 도우려고 하버드 로스쿨까지 포기한 친구죠." 그 직원에게는 엄청난 기회가 아닐 수 없다. 매년 하버드 로스쿨 졸업생은 수백 명에 이르지만 휴렛팩커드 전 최고경영자의 대통령 선거 유세에 참여할 기회를 얻는 사람은 극히 소수다. 그 직원은 인간관계를 우선시한 덕에 큰 가르침을 배울 기회를 얻은 것이다.

목적의식

자기 삶을 적극 주도하는 사람은 거의 없다. 대다수는 주어진 것을 수동적으로 받아들인다. 의도는 선할지 몰라도 목적의식 없이 행동하는 것이다. 반면에 목적의식은 선한 의도를 선한 행동으로 옮기게 한다. 수동적이고 변덕스러운 사람을 능동적이고 긍정적인 사람으로 만든다. 목적의식 있는 삶은 변화를 일으키는 최선의 길이다.

여러분은 리더가 목적의식을 갖도록 돕고 있는가? 그들이 가장 큰 성과를 냈고 앞으로도 그럴 수 있는 전문 분야는 무엇인가? 그들이 전문 분야를 찾는 데 도움이 되고 있는가? 그 분야에서 성장하도록 독려하고 있는가? 그들이 전문성을 활용할 방법을 모색하고 있는가?

위 네 가지 영역에서 지원과 지지를 아끼지 않아야 리더가 작은 우위를 선점할 수 있다. 이 작은 우위들을 꾸준히 키워나가면 훗날 엄청난 보상을 가져다줄 잠재력으로 발전하게 된다.

2. 큰일을 이루는 데는 끈기가 필요하다

노년에 이르러 좋은 점 중 하나는 축적된 경험이 많다는 것과 이를 통해 귀한 통찰을 얻었다는 점이다. 나는 이 나이에 이르기까지 끈기가 낳는 복리 효과를 두 눈으로 목격해왔다. 작은 일이라도 매일같이 실행하면 누적된다. 시간이 오래 걸려도 착실하게 쌓인다. 거북이가 토끼와의 경주에서 이기기 위해 더 빨라야 할 필요도, 먼저 출발할 필요도 없다. 그저 하루도 빠짐없이 작은 일을 꾸준히 하면 된다. 매일, 매주, 매년, 수십년을 하다 보면 그 효과가 누적된다. 혈기 왕성한 젊은 사람은 끈기를 발휘하기가 어려울 수도 있지만 직접 경험해본 사람으로서 단언컨대 그만한 가치가 있다.

나는 끈기가 결실을 맺는다는 것을 보여주는 산증인이다. 나는 수십 년간 파종하고 경작한 결과물들을 지금 수확 중이다. 기대했던 것보다 훨씬 더 풍요로운 결실을 수확하고 있다. 오랜 세월을 이 일에 헌신했기에 가능한 일이다. 내가 깨달은 성공적인 리더십 공식은 다음과 같다.

올바른 선택 + 끈기 + 시간 = 큰 보상

나는 리더십 분야에서 올바른 선택을 했고 이를 다음과 같이 실행에 옮겼다.

1973년, 나는 리더십이 모든 걸 좌우한다고 생각했다. 그 이후로 나는 개인적 성장과 리더십 개발에 하루도 빠짐없이 투자해왔다.

1976년, 나는 리더 양성이라는 과업에 돌입했다. 그리고 이 과업을 40년 이상 이어오고 있다.

1979년, 나는 리더의 성장을 돕기 위해 집필 활동을 시작했다. 그때부터 쉼 없이 책을 집필하고 있으며 지금까지 100권 이상의 저작을 남겼다.

1984년, 나는 리더 멘토링 자료를 제작했다. 카세트테이프 강좌로 시작해 비디오, CD, 팟캐스트, 세미나, 디지털 학습 시스템, 코칭 프로그램에 이르는 다양한 형태의 자료를 제작해왔다.

1986년, 나는 리더 육성 회사를 설립했다. 이후로 세 개의 회사와 두 개의 비영리단체를 더 설립했고 이 조직들은 여전히 건재하다.

1994년, 나는 더 많은 리더 육성을 위해 리더들에게 도움을 요청했다. 첫 비영리단체인 이큅은 해외 리더 교육 전략을 개발해 자원봉사 리더들을 교육시켰고, 이들이 키운 리더들이 더 많은 리더들을 육성하고 있다.

3. 소수의 리더가 수많은 추종자보다 더 큰 보상을 가져다준다

리더십에 관해 깨달은 가장 중요한 교훈 중 하나는 파레토 법칙을 사람에게도 적용할 수 있다는 것이었다. 이는 가히 혁명적이었다. 나는 모든 이를 사랑하고 소중히 여기라는 가르침에 따라 이를 매일 실천하고 있다. 하지만 모든 사람을 발전시켜야 할 필요는 없다. 상위 20퍼센트를 육성하면 복리 효과를 누릴 수 있기 때문이다.

팀원이 열 명이라고 치자. 모두가 알다시피 사람마다 생산성은 다르다. 아마 상위 두 명이 대부분의 실적을 낼 것이다. 당신이 투자했을 때 가장 큰 보상을 가져다줄 가능성이 가장 높은 팀원은 누구인가? 상위 두 명의 리더다. 이들은 다른 사람의 생산성이 높아지도록 돕기 때문이다. 내가 상위 두 명, 즉 상위 20퍼센트에 시간과 노력의 80퍼센트를 투자하는 이유다. 나는 그들에게 가치를 더해주고 그들은 다시 다른 이들에게 가치를 더해 효과를 배가시킨다.

이 법칙을 40년간 적용한 결과 효과적인 리더십을 발휘할 수 있었다. 소수의 리더만 육성해 시간을 아끼고 에너지를 절약했을 뿐만 아니라 내가 택한 리더들이 가장 큰 보상을 가져다주면서 효과도 배가됐다. 빼기로 곱하기의 효과를 누리는 셈이었다.

이런 생각을 하는 사람도 있을 것이다. '다른 팀원들은 어떡하라고?

그들도 육성해야 마땅한 사람들 아닌가? 아무것도 얻지 못한 채 방치되고 있는 건 아닌가?' 아니다. 내가 직접 나서서 그들을 교육시킬 필요가 없어진 것뿐이다. 내가 육성한 상위 리더들이 그들을 육성할 것이기 때문이다. 제9장에서 언급했듯 리더가 또 다른 리더를 육성하는 문화를 조성하면 결국은 모두가 자신들의 후임을 육성하게 된다. 이 같은 환경에서는 모두가 잠재력을 발전시킬 수 있다.

현재 내가 하는 모든 일은 이 구상에서 비롯된 것이다. 내가 설립한 기업이나 우리가 개발한 자료들, 내가 집필한 저작물들은 모두 다른 사람들에게 가치를 더해주는 리더들이 또 다른 가치를 창출해낼 수 있도록 돕고 있다. 내가 최고의 리더를 최선을 다해 육성하고 그들이 또 다른 최고의 리더를 최선을 다해 육성하면 모두가 보상을 가져갈 것이다.

새로운 리더가 불러오는 복리 효과

당신이 육성한 리더가 어떻게 복리 효과를 만들어내는지를 이해하면 리더에게 주어지는 가장 큰 보상이 무엇인지도 알 수 있다. 그 보상은 막대하기도 하지만 장기적이기도 하다. 내가 꼽은 일곱 가지 보상은 다음과 같다.

1. 리더는 리더십이라는 짐을 분담한다

최근에 이런 질문을 받았다. "다른 사람들을 돕는 데 자신의 재능을 쓰는 것보다 더 훌륭한 일은 무엇입니까?" 나는 이렇게 대답했다. "다른 리더들과 합심해 자신의 재능을 타인을 돕는 데 쓰는 것입니다." 리더십이 흥망을 좌우한다면 리더가 더 나은 리더십을 펼치도록 돕는 일에 시간을 쏟아야 마땅하다.

인사 컨설팅 기업 DDIDevelopment Dimensions International가 최근 발표한 보고서에 따르면 그 이유는 다음과 같다.

> 최고의 자질을 갖춘 리더를 보유한 조직은 재무 성과, 제품 및 서비스 품질, 직원 몰입도, 고객 만족도 등 주요 성장 지표에서 경쟁사보다 13배 더 높은 수치를 보였다. 조직의 현 리더십을 저평가하는 리더의 경우 6퍼센트만 경쟁사보다 뛰어난 성과를 거뒀다. 반면 조직의 리더십을 고평가하는 리더의 경우 무려 78퍼센트가 경쟁사보다 뛰어난 성과를 거뒀다.[3]

이는 통계로 검증된 수치다. 우리 회사가 경쟁사보다 13배 더 뛰어난 성과를 거두기를 바라지 않는가? 이런 성과를 가져다줄 양질의 리더를 얻으려면 리더를 양성해야 한다.

1996년에 이큅을 설립할 무렵 나는 전 세계 모든 나라에서 리더를 키우겠다는 꿈을 품고 있었다. 어떻게 그 일을 해낼지가 문제였다. 소수의 사람으로는 불가능한 과업이었다. 우리에게 필요한 건 우리가 키운 리더가 가져올 복리 효과였다. 그래서 리더를 모집하고 육성하기 시작했다. 우리는 다음과 같은 방법으로 19년간 세계 각국에서 리더를 양성했다.

- 400명의 자원봉사자를 모집해 리더로 육성했다.
- 이 리더들을 연간 2회 3년간 해외로 파견해 또 다른 리더를 육성하게 했다.
- 이 리더들은 4천 5백 회에 걸쳐 총 4,900만 킬로미터를 이동했다.
- 이 리더들은 리더십 교육자료 제작을 위해 5천 6백만 달러를 모금했다.
- 이 리더들은 총 16만 2천회에 걸쳐 리더십 강의를 진행했다.
- 이 리더들은 자신들이 육성한 리더들이 또 다른 리더들을 육성하게 했다.
- 지금까지 5백만 명 이상의 리더들이 육성됐다.

그들의 도움이 없었더라면 그 무엇도 실현되지 않았을 것이다. 이큅을 설립했을 때만 해도 큰 비전을 갖고 있었지만 이 비전을 실현시킬 리더는 거의 없었다. 하지만 이 비전이 더 많은 리더들을 끌어모았고, 이 리더들이 비전을 더 크게 키웠다. 초기에는 비전이 우리가 가진 자원보다 컸다. 일부가 움직이기 시작하자 자원이 나타나기 시작했다. 리더를 양성하고 조직하면서 비전이 차차 실현되기 시작했다. 내가 전하고 싶은 교훈은 자원이 나타나기를 가만히 기다리지 말라는 것이다. 지금 가진 것으로 시작하라. 적임자가 나타날 때까지 기다리지 말라. 지금의 리

더로 시작하라. 그 비전이 옳은 길이면 그에 걸맞
은 리더가 나타날 것이다.

2. 양성된 리더는 자원을 배가시킨다

성공한 뒤에는 비전에 비해 자원이 적어 보인다. 하고 싶은 건 많지만 모
든 걸 이뤄내기에는 시간과 자원이 정해져 있다. 이 딜레마를 해결할 방
안은 무엇일까? 바로 양성된 리더다. 이들은 다음과 같은 방법으로 여러
분의 자원을 크게 늘려줄 것이다.

- 시간: 역량 있는 리더로 이루어진 팀이 있으면 더 많은 시간을 확
  보할 수 있다. 당신이 믿는 리더들에게 권한을 위임하면 되기 때
  문이다.
- 사고: 팀원들이 리더로 성장하면 보다 현명한 조언자로서의 자격
  을 갖추게 된다. 바람직한 생각을 가진 이들이 팀으로 협력하면
  위대한 생각이 탄생한다.
- 성과: 리더로 키운 팀원들이 협력하면 당신이 일일이 관여할 필요
  가 없어진다. 이들이 책임을 이어받아 팀을 발전시키고 이끌어나
  갈 것이기 때문이다.
- 사람: 리더를 양성하면 이들이 같은 생각을 공유하는 다른 사람들
  을 끌어모은다. 팀이 강력할수록 더 많은 이들이 일원이 되기를
  원한다. 그들이 당신을 대신해 사람들을 모집하고 조직을 더욱 발
  전시킬 수 있다.

- 충성심: 잠재 리더들을 육성하면서 리더의 삶도 개선된다. 그들은 고마움을 넘어 충성심을 보이기도 한다. 덕분에 당신의 삶도 풍요로워진다.

  내 여정에 동참한 리더들은 내 유산을 이어갈 버팀목이다. 최상위 리더들은 지도자 교육과 오찬 학습, 비디오 워크숍, 기업 워크숍, 교육 프로그램을 진행하며 또 다른 리더를 육성하고 가치를 창출해내는 다양한 방법들을 모색한다. 이들이 하는 일은 열거하기 힘들 정도로 많다. 노력을 멈추지 않는 이 리더들이 못 해낼 일은 없다.

3. 리더는 모멘텀을 만들어낸다

모멘텀은 리더의 가장 친한 친구다.[4] 큰 문제를 해결할 수 있게 하고 평범한 사람을 비범한 사람으로 만들고 긍정적인 변화를 일으키기 때문이다.

강연가이자 컨설턴트인 마이클 맥퀸Michael McQueen은 모멘텀을 이렇게 설명한다.

> 모멘텀이 호의적으로 작용하면 이점이 된다. (…) 모멘텀이 작용하면 직원이나 고객을 끌어들이기 위한 방안을 고심할 필요가 없다. 둘 다 여러분이 지향하는 바에 자연스레 끌릴 것이기 때문이다. 사랑을 하면 그 사람의 결점을 눈감아주는 것처럼 모멘텀도 약점을 덮어준다.

모멘텀은 여러분을 실제 모습보다 역량이 더 뛰어나고 수완
이 좋은 사람으로 보이게 만든다. 반대로, 모멘텀이 불리하
게 작용하면 실제론 그렇지 않더라도 무능해 보이거나 변변
찮아 보이게 만든다.[5]

모멘텀을 만들어내는 가장 좋은 방법은 효과적인 리더십을 활용해 긍정적인 힘을 발휘하는 것이다. 리더는 앞으로만 나아가는 사람이다. 누구보다 발전을 우선시한다. 홀로 모멘텀을 만들어내려는 것은 2톤짜리 자동차를 혼자 미는 것과 같다. 표면이 평평하지 않은 이상 혼자 힘으로는 도저히 무리다. 하지만 비슷한 힘을 가진 열 명의 사람들이 도와준다면 좀 더 수월해진다. 여럿이 모이면 자동차를 밀어낼 수 있을 뿐만 아니라 빨리 움직이게 할 수 있다. 리더들이 모이면 조직에 이와 유사한 힘을 실어준다.

4. 리더가 당신의 영향력을 확대시킨다

《뿌리》와 《말콤 엑스 자서전》의 저자 알렉스 헤일리Alex Haley는 교훈을 되새기기 위해 울타리 위에 올라앉은 거북이 사진을 집무실에 걸어뒀다고 한다. 거북이가 그 높이까지 올라가려면 분명 다른 이의 도움을 받았을 것이다. 누구도 혼자 힘으로 성공할 순 없다. 모두가 다른 사람의 도움이 필요하다.

초청 강연을 다니던 초기에 나는 되도록 많은 리더들과 대화를 나누려고 했다. 100명의 리더와 1천 명의 추종자 중 하나를 택해야 한다면

나는 전자를 택할 것이다. 100명의 리더가 1천 명 이상의 사람들에게 영향을 끼치기 때문이다. 리더를 육성해 그들과 함께 일할 때 생겨나는 영향력은 한 사람의 영향력을 초월한다.

5. 리더는 안주하지 않는다

발전하고 성장하는 리더들로 이루어진 팀을 이끄는 리더는 안일하지 않다. 팀이 성장하면 그에 보조를 맞춰 리더도 성장해야 한다. 데이브 앤더슨Dave Anderson은 《기업을 성장시키기 위한 7단계》Up Your Business!에서 리더의 성장에 대해 이렇게 썼다.

> 극소수의 리더와 조직만 위대한 성과를 거두는 이유는 대부분의 경우 일정 수준의 성공을 거두면 안주하기 때문이다. 대다수는 더 이상 성장하지 않고 학습하지 않고 위험을 부담하지 않고 적응하지 않는다. 과거의 성공과 실적을 내세워 더는 오를 곳이 없다고 말한다. 성공한 조직의 리더들은 과거의 성공을 과신해 기록으로 남기려 하고 성공 지침을 만들고 성공 전략을 공식화하려고 안달한다. 이러한 사고방식은 성장이 아닌 현상 유지에 치중하게 하고 혁신을 저버리고 최적화를 추구하게 만든다.[6] (…) 비즈니스의 목적은 잠재력을 최대한 발휘하는 것이다. 잠재력을 최대한 발휘하는 것은 한계를 최대한 넘어서고 역량을 최대한 끌어올리고 최대한 많은 사람을 발전시키는 것이다. 이를 실현

성장하는 리더들을 이끄는 일은 자기발전을 추동하는 최고의 자극제다.

하기란 현실적으로 불가능하다 하더라도 그 과정에서 겸손함과 의욕과 집중력을 갖추게 된다.[7]

리더로서 정점에 도달했다는 생각은 위험하다. 누군가가 우스갯소리로 말했듯이 공작새가 깃털 먼지떨이로 전락하는 건 한순간이다. 리더 자리를 지키고 싶다면 자기발전에 힘써야 한다. 성장하는 리더들을 이끄는 일은 자기발전을 추동하는 최고의 자극제다.

젊고 의욕 넘치는 리더와의 협력은 내 의욕을 북돋운다. 그들의 열정이 내 열정을 불타오르게 한다. 그들의 끈질긴 집념이 나를 일어서게 한다. 또 다른 리더를 육성하기 위한 그들의 헌신은 나로 하여금 또 다른 리더 육성의 기회를 찾아 나서게 한다. 리더가 되고 싶어 하는 그들의 마음이 내 의지에 기름을 붓는다. 리더십의 성장은 전염성이 있다. 리더 육성은 최고가 되기 위한 노력에 불쏘시개가 된다.

6. 조직의 미래가 밝아진다

제조업체 미드파크Mid-Park의 회장 앨런 버나드G. Alan Bernard는 이렇게 말했다. "좋은 리더는 자기보다 특정 분야를 더 잘 아는 사람들을 곁에 둔다. 이는 리더십의 특징이다. 자신보다 특정 분야에 더 유능한 이들을 고용하고 관리하는 것을 겁내지 말라. 그들은 더 강한 조직으로 거듭나게 해준다."[8]

우리 조직은 나보다 특정 분야에 더 뛰어난 리더들이 채우고 있어 미래가 밝다. 나는 현재 콜에게 후계자 교육을 시키는 중이다. 그는 20년 간 나와 함께하며 친구이자 리더로서 자신의 능력을 입증해왔다. 소감을 묻자 그는 이렇게 말했다.

저도 나름의 야심이 있지만 개인적 야심을 좇지는 않아요. 누군가의 후계자로 지명되면 목표를 하나로 단결시켜야 합니다. '제2의 리더'로서 제 리더의 목표와 제 목표를 일치시켜야 하죠. 그래야 저도 성장할 수 있습니다. 리더를 따라잡기란 쉬운 일이 아닙니다. 저는 다음과 같은 방식으로 목표를 일치시킵니다.

- 제 리더를 위해서라면 언제든 시간을 냅니다.
- 제 리더의 최우선 사항을 매일 여쭤봅니다.
- 제 리더의 말을 경청해 생각과 심리를 이해하고, 누구에게 관심을 갖고 있는지 누가 악영향을 주는지를 파악합니다.
- 제 리더의 계획에 변동 사항이 생겨도 매번 확인하지 않고 융통성 있게 대처합니다.
- 제 리더를 대변해 소통하면서 그분의 목표와 팀원들의 목표를 일치시키려 합니다.
- 항상 제 리더에게 보고하고, 문제가 생기면 해결 방안과 다른 옵션을 제시합니다.

- 성공은 비전을 가진 리더의 영향력과 목표에서 비롯된다
  는 점을 늘 마음에 새기고 있습니다.

리더의 자리를 이어받으려면 리더의 비전과 목표에 애착을
가져야 합니다. 전임자와 후임자의 목표를 구분할 수 없을
정도로 깊은 동반자적 관계를 구축해야 하죠. 두 목표가 얽
히고 합쳐져 우리 모두의 목표가 됩니다.

나는 우리 조직의 미래가 밝다고 생각한다. 콜과 다른 리더들이 내 뒤
를 이어 그 역할을 수행할 것이기 때문이다. 당신은 어떤가? 몸이 아프
거나 조직을 떠나거나 은퇴하고 나면 조직에 어떤 미래가 펼쳐질까? 강
하고 유능한 리더들을 육성하고 그들이 또 다른 리더들을 양성하고 있
다면 조직의 미래도 밝을 것이다.

7. 리더는 또 다른 리더 양성으로 성과를 배가한다

훌륭한 리더는 승수乘數다. 무엇이 주어지든 배로 증가시킨다. 스포츠 분
야의 혁신적 리더를 육성하는 단체인 아레테 훕스Arete Hoops의 설립자
퀸 맥도웰Quinn McDowell은 복리 개념에 착안한 승수 효과를 다음과 같
이 설명했다.

복리는 우주에서 가장 강력한 힘 중 하나다. 복리 효과는 금
전, 습관, 인생 전반에 크나큰 변화를 일으킨다. 간단한 예를

들어보자. 초기 자본 4만 달러를 평균 10퍼센트의 금리로 40년간 투자하면 당신은 백만장자가 된다. 4만 달러의 단리 이자는 13만 6천 달러이지만 이 원금에 붙은 이자의 이자인 복리 이자는 86만 9천 달러다. 이 같은 복리 효과는 돈뿐 아니라 삶의 모든 영역에 적용된다. 인간관계, 습관, 돈, 성공, 개인적 성장 등 삶의 여러 측면에서 얻을 수 있는 가장 큰 보상은 작은 투자에서 비롯된다. 리더는 투자 매니저처럼 사고해야 한다.[9]

그는 리더가 '첫 번째 결실'에 끈기 있게 장기적으로 투자해야 한다고 말한다. 리더십에서 복리 효과를 누리고 싶다면 최고의 리더에게 꾸준히 최선을 다해야 한다. 리더 육성 과정은 지난하며 고된 일이지만 오로지 그것만이 실질적인 성과를 가져온다. 따라서 목적의식을 갖고 투자해야 한다.

가장 큰
가치를 주는 일

보상의 복리 효과를 상징적으로 보여주는 성공 사례 중 하나가 케빈 마이어스Kevin Myers다. 1997년, 나는 애틀랜타로 이주해 그의 멘토가 되어 리더 육성 교육을 시작했다. 목사였던 그는 당시 신도 규모가 약 800명이었던 교회의 리더였고 그 수는 점차 늘고 있었다.

나는 멘토링을 시작하면서 그의 뛰어난 의사소통 재능을 알게 됐다. 리더로서의 잠재력도 컸다. 하지만 리더십은 개선이 필요했다. 우리는 정기적으로 만났고 그에게 질문을 준비해 멘토링 시간을 주도적으로 이끌어보라고 주문했다. 그는 이렇게 회상했다. "제 리더십에 즉각 변화가 생겼죠. 저보다 뛰어난 분이 저를 가르치시는 데 열성을 다하셨으니까요. 저는 미해결 문제들에 대한 질문을 신중하게 고르고 준비해야 했습니다. 수준이 비슷한 사람들과 함께 있으면 자기를 과신하게 되고 질문보다 답을 더 많이 알고 있다고 착각하게 되죠. 그러다 자신보다 뛰어난 사람과 어울리면 그 격차를 깨닫게 되면서 해답보다 질문이 더 많아지게 됩니다."

만남을 거듭할수록 그의 질문은 더욱 깊어졌다. 초반의 질문들은 그의 교회를 성장시키는 방법에 집중돼 있었다. 그는 실행 가능한 목표를 세우는 것으로 전략을 바꿨다. 주말 예배 신도가 2천 명을 넘자 3천 명을 목표로 했다. 나는 그에게 최소 7천 명의 신도를 이끌 수 있는 능력이 있다고 말해주었다. 그는 편지에 이렇게 썼다. "맥스웰 씨는 제가 더 높은 산을 오르도록 도와주셨습니다. 도달할 수 없었던 산을 도달할 수 있게 도와주셔서 더 높은 목표를 세우게 됐습니다. 쉬운 목표를 달성한 후 안주할 핑계가 없어진 거죠."

멘토링 초기에 그는 큰 변화의 계기를 맞았다. 당시 리더십 콘퍼런스에 강연자로 그를 초청한 적이 있는데, 청중의 반응이 싸늘했다. 그는 청중의 호응을 이끌어내지 못한 게 처음이라고 말했다. 돌아가는 비행기에서 나는 그에게 이 경험을 교훈으로 삼으라고 말했다. 그는 훗날 이렇게 말했다. "제게 '실패에 매몰되지 말라'고 말씀하셨어요. 그때만 해도 격려의 말이려니 했죠. 하지만 경험을 통해 자연스레 교훈을 이끌어내게 해주신 거였어요. 덕분에 변화의 계기로 삼을 수 있었죠." 그해 말, 그는 같은 장소에서 열린 또 다른 콘퍼런스에서 똑같은 주제로 강연을 했다. 이번에는 기립박수를 받았다.

그가 개인적인 고난을 겪을 때도 곁에서 그를 도왔다. 그는 이렇게 말했다. "꿈꾸던 삶이나 비전이 사라질 때도 있습니다. 맥스웰 씨는 그 꿈을 가슴 속에 묻고 상실을 애도하고 또다시 꿈을 가질 수 있게 해주셨어요. 좋은 리더는 새로운 꿈을 꾸고 그다음 산을 오른다는 것을 깨우쳐주셨습니다."

그는 저수지가 아닌 강이었다. 그는 내 가르침을 그대로 전수했다. 자신만을 위한 일은 아니었다. 그는 다른 사람에게도 최선을 다하며 축복했다. 그의 교회는 날로 커져갔고 내 이름을 딴 리더십 센터도 설립했다. 나는 그를 비롯한 열두 명의 리더들이 또 다른 리더들을 육성하는 과정을 지켜봤다. 그들은 의대 레지던트 프로그램을 본뜬 과정을 도입해 지금까지 130명의 리더를 육성했고 다른 교회 역시 이 프로그램을 채택해 100명의 리더들을 육성했다. 그와 담임목사 댄 레일랜드는 2년짜리 멘토링 프로그램을 운영하고 있으며 지금까지 51명이 그 과정을 거쳤다.

그가 다른 리더들에게 모든 것을 쏟아붓자 또다시 복리 효과가 나타났다. 이것만큼 보람 있는 경험이 또 있을까. 리더를 육성하던 초기에는 이렇게 놀라운 보상이 있으리라고 생각조차 하지 못했다. 보상을 바라고 시작한 일이 아니었기 때문이다. 이들이 또 다른 사람들의 가치를 창출해내리라는 생각으로 리더를 육성했을 뿐이다. 이는 지금도 변함없이 멘토링의 동기가 되고 있다. 그 세월을 거치며 나는 다음과 같은 사실을 깨달았다.

리더 육성은 다른 이들에게 보상을 가져다준다.
리더 육성은 리더에게 보상을 가져다준다.
리더 육성은 그 리더를 교육시킨 이에게도 보상을 가져다준다.

쉽지 않은 일인 건 분명하다. 오래 걸리는 일이라는 것도 분명하다. 그 과정에서 실수도 범할 것이다. 하지만 그만한 가치가 있다는 것 역시 분명하다. 어떤 비용을 치르든 당신이 얻게 될 보상은 그보다 훨씬 더 클 것이다. 리더 육성은 리더가 가장 큰 영향을 끼치고 가장 큰 보람을 느낄 수 있는 일이다. 더 기다릴 것도 없다. 우리에겐 지체할 시간이 없다. 지금 당장 시작하라.

주
NOTES

One is too small a number to achieve greatness.
위대함을 달성하는 일은 혼자서는 절대 불가능하다.

- 존 맥스웰

서문

1 A. L. Williams, *All You Can Do Is All You Can Do but All You Can Do Is Enough!* (New York: Ivy, 1989), 133.

2 Gayle D. Beebe, *The Shaping of an Effective Leader: Eight Formative Principles of Leadership* (Downers Grove, IL: InterVarsity Press, 2011), 22.

3 "World's Top 30 Leadership Professionals for 2019," Global Gurus, accessed May 28, 2019, https://globalgurus.org/best-leadership-speakers.

4 존 맥스웰, 《리더십 불변의 법칙》, 박영준 옮김, 비즈니스북스, 2023.

5 피터 드러커, 《피터 드러커 자기경영노트》, 조영덕 옮김, 한국경제신문, 2020.

6 Mark Miller, *Leaders Made Here: Building a Leadership Culture* (San Francisco: Berrett-Koehler, 2017), 1.

7 같은 책, 116.

8 "Carnegie's Epitaph," *Los Angeles Herald*, 29, no. 132, February 10, 1902, https://cdnc.ucr.edu/cgi-bin/cdnc?a=d&d=LAH19020210.2.88&e=-------en--20--1--txt-txIN--------1.

9 The Inspiring Journal, "50 Powerful and Memorable Zig Ziglar Quotes," *The Inspiring Journal* (blog), May 7, 2015, https://www.theinspiringjournal.com/50-pow-

erful-and-memorable-zig-ziglar-quotes/.

제1장_탐색하기: 리더로 성장할 인재가 누구인지 알아보라

1   James M. Kouzes and Barry Z. Posner, foreword to *The Hidden Leader: Discover and Develop the Greatness Within Your Company*, by Scott K. Edinger and Laurie Sain(New York: AMACOM, 2015), loc. 136 of 366, Kindle.

2   Acoustic Life, "Can THIS Guy Save Our Guitars? Bob Taylor Interview," *Behind the Acoustic Guitar with Tony Polecastro*, YouTube video, 32:43, published August 29, 2016, https://www.youtube.com/watch?v=r2nxIf4uMQo.

3   Glenn Rifkin, "Guitar Makers Regret Loss of Rare Woods," *New York Times*, June 6, 2007, https://www.nytimes.com/2007/06/06/business/worldbusiness/06iht-sbiz.4.6026426.html.

4   Taylor Guitars, "Taylor Guitars 'The State of Ebony'—Guitar Wood—Bob Taylor Video," YouTube video, 13:21, published May 30, 2012, https://www.youtube.com/watch?v=anCGvfsBoFY.https://www.youtube.com/watch?v=anCGvfsBoFY.

5   Alan Deutschman, "Inside the Mind of Jeff Bezos," *Fast Company*, August 1, 2004, 4, https://www.fastcompany.com/50661/inside-mind-jeff-bezos.

6   Peter F. Drucker, "How to Make People Decisions," *Harvard Business Review*, July 1985, https://hbr.org/1985/07/how-to-make-people-decisions.

7   Mark Miller, "Create the Target Before You Shoot the Arrow," *LeadingBlog*, LeadershipNow.com, March 13, 2017, https://www.leadershipnow.com/leadingblog/2017/03/create_the_target_before_you_s.html.

8   Quoted in Eric Buehrer, *Charting Your Family's Course*(Wheaton, IL: Victor, 1994), 110.

9   하이랜드 교회 설립자이자 담임 목사인 크리스 호지스와 저자의 대담.

10 Rodger Dean Duncan, "Titles Don't Make Leaders," *Forbes*, August 25, 2018, https://www.forbes.com/sites/rodgerdeanduncan/2018/08/25/titles-dont-make-leaders/#2f6f89086021.

11 Daniel Coenn, *Abraham Lincoln: His Words*(n.p.: BookRix, 2014).

12 David Walker, "After Giving 1,000 Interviews, I Found the 4 Questions That Actually Matter," *Inc.*, June 23, 2017, https://www.inc.com/david-walker/after-giving-1000-interviews-i-found-the-4-questions-that-actually-matter.html.

13 존 맥스웰, 《다시 리더를 생각하다》, 이한이 옮김, 비즈니스북스, 2020.

14 에드 배스천 델타 항공 CEO, 저자와의 대화.

15 Jeffrey Cohn and Jay Morgan, *Why Are We Bad at Picking Good Leaders?* (San Francisco: Jossey-Bass, 2011), 47.

16 Carol Loomis, *Tap Dancing to Work: Warren Buffett on Practically Everything*, 1966-2013 (2012; repr., New York: Portfolio, 2013), 135.

17 James A. Cress, "Pastor's Pastor: I'm Glad They Said That!" *Ministry*, December 1997, https://www.ministrymagazine.org/archive/1997/12/im-glad-they-said-that.

18 Beebe, *The Shaping of an Effective Leader*, 30('서문' 주2 참조).

19 배스천, 저자와의 대화.

20 Ralph Waldo Emerson, *Essays & Lectures*, ed. Joel Porte (n.p.: Library of America, 1983), 310.

21 Aleksandr Solzhenitsyn, *The First Circle*, trans. Thomas P. Whitney (London: Collins, 1968), 3.

22 Garson O'Toole, "Hell! There Ain't No Rules Around Here! We Are Tryin' to Accomplish Somep'n!," Quote Investigator, April 19, 2012, https://quoteinvestigator.com/2012/04/19/edison-no-rules/.

23 존 맥스웰, 《사람은 무엇으로 성장하는가》, 김고명 옮김, 비즈니스북스, 2012.

24 "Mario Andretti: Inducted 2005," Automotive Hall of Fame, accessed May 28, 2019, https://www.automotivehalloffame.org/honoree/mario-andretti/.

25 Red Auerbach with Ken Dooley, *MBA: Management by Auerbach: Management Tips from the Leader of One of America's Most Successful Organizations* (New York: Macmillan, 1991), 28.

26 Taylor Guitars, "Taylor Guitars 'The Next 40 Years'—Bob Taylor," YouTube video, 4:29, published January 21, 2014, https://www.youtube.com/watch?v=7HcfV-JNOspo.

27 Acoustic Life, "Can THIS Guy Save Our Guitars?"

28 "Andy Powers—Class of 2000," MiraCosta College (website), accessed May 28,

2019, http://www.miracosta.edu/officeofthepresident/pio/meetfaculty/Andy-Powers.html.

29 Acoustic Life, "Can THIS Guy Save Our Guitars?"

30 Taylor Guitars, "Taylor Guitars 'The Next 40 Years.'"

31 Acoustic Life, "Can THIS Guy Save Our Guitars?"

제2장_인재 모으기: 서로 교류하고 자극할 수 있는 성장의 장을 마련하라

1 존 맥스웰, 《존 맥스웰 리더십 불변의 법칙》, 박영준 옮김, 비즈니스북스, 2023.

2 Rajeev Peshawaria, *Too Many Bosses, Too Few Leaders*(New York: Free Press, 2011), 196.

3 Bryan Walker and Sarah A. Soule, "Changing Company Culture Requires a Movement, Not a Mandate," *Harvard Business Review*, June 20, 2017, https://hbr.org/2017/06/changing-company-culture-requires-a-movement-not-a-mandate.

4 Tim Elmore, "How Great Leaders Create Engaged Culture," *Growing Leaders* (blog), November 29, 2018, https://growingleaders.com/blog/how-great-leaders-create-ate-engaged-cultures/.

5 Mack Story, "The Law of Magnetism: You Decide When You Go and Where You Go," *You Are the Key to Success*(blog), LinkedIn, December 1, 2014, https://www.linkedin.com/pulse/20141201211027-25477363-the-law-of-magnetism-you-decide-when-you-go-and-where-you-go/.

6 굿리즈(Goodreads) 사이트의 "Michelangelo Buonarroti 〉 Quotes 〉 Quotable Quote" 참조. Accessed May 29, 2019, https://www.goodreads.com/quotes/1191114-the-sculpture-is-already-complete-within-the-marble-block-before.

7 브레네 브라운, 《리더의 용기》, 강주헌 옮김, 갤리온, 2019년.

8 Beverly Showers, Bruce Joyce, and Barrie Bennett, "Synthesis of Research on Staff Development: Framework for Future Study and a State-of-the-Art Analysis," *Educational Leadership* 45, no. 3(November 1987): 77-78, quoted in "Mentoring Social Purpose Business Entrepreneurs," Futurpreneur Canada, accessed January 16, 2019, https://www.futurpreneur.ca/en/resources/social-purpose-business/

articles/mentoring-social-purpose-business-entrepreneurs/.

9 Matthew Syed, *Bounce: Mozart, Federer, Picasso, Beckham, and the Science of Success*(New York: HarperCollins, 2010), 5-6.

10 같은 책, 8.

11 같은 책, 11-13.

제3장_경청하고 이해하기: 무작정 리드하기보다 먼저 들어주고 교감하라

1 Gregory Kesler, "How Coke's CEO Aligned Strategy and People to Re-Charge Growth: An Interview with Neville Isdell," *Journal of the Human Resource Planning Society* 31, no. 2 (2008): 18.

2 Claudia H. Deutsch, "Coca-Cola Reaches into Past for New Chief," *New York Times*, May 5, 2004, https://www.nytimes.com/2004/05/05/business/coca-cola-reaches-into-past-for-new-chief.html.

3 Neville Isdell with David Beasley, *Inside Coca-Cola: A CEO's Life Story of Building the World's Most Popular Brand*(New York: St. Martin's, 2011), loc. 3 of 254, Kindle.

4 Kesler, "How Coke's CEO Aligned Strategy and People to Re-Charge Growth," 18.

5 Deutsch, "Coca-Cola Reaches into Past for New Chief."

6 Isdell, *Inside Coca-Cola,* loc. 5 of 254.

7 Kesler, "How Coke's CEO Aligned Strategy and People to Re-Charge Growth," 19.

8 Isdell, *Inside Coca-Cola,* loc. 164 of 254.

9 Kesler, "How Coke's CEO Aligned Strategy and People to Re-Charge Growth," 20.

10 Isdell, *Inside Coca-Cola,* loc. 179 of 254.

11 같은 책, loc. 184.

12 Kesler, "How Coke's CEO Aligned Strategy and People to Re-Charge Growth," 19.

13 존 맥스웰, 《존 맥스웰 리더십 불변의 법칙》, 박영준 옮김, 비즈니스북스, 2023.

14 "Carole King Quotes," *Best Music Quotes*(blog), July 28, 2015, https://bestmusic-quotes.wordpress.com/2015/07/28/carole-king-quotes/.

15 Forbes Coaches Council, "16 Essential Leadership Skills for the Workplace of To-morrow," *Forbes*, December 27, 2017, https://www.forbes.com/sites/forbes-coachescouncil/2017/12/27/16-essential-leadership-skills-for-the-work-place-of-tomorrow/#655c87eb54ce.

16 Steffan Surdek, "Why Understanding Other Perspectives Is a Key Leadership Skill," *Forbes*, November 17, 2016, https://www.forbes.com/sites/forbes-coachescouncil/2016/11/17/why-understanding-other-perspec-tives-is-a-key-leadership-skill/#7496edae6d20.

17 사이먼 시넥, 《나는 왜 이 일을 하는가》, 윤혜리 옮김, 세계사, 2021.

18 존 맥스웰, 《존 맥스웰 리더십 불변의 법칙》, 박영준 옮김, 비즈니스북스, 2023.

19 스티븐 샘플, 《창조적인 괴짜들의 리더십》, 표완수 옮김, 김영사, 2003.

20 Quoted in Bruce Larson, *My Creator, My Friend: The Genesis of a Relationship*(Waco, Texas: Word, 1986), 166.

21 허브 코헨, 《협상의 법칙》, 강문영 옮김, 청년정신, 2011.

22 "Larry King in quotes," *The Telegraph*, December 16, 2010, https://www.telegraph.co.uk/culture/tvandradio/8207302/Larry-King-in-quotes.html.

23 Billy Graham, *Billy Graham in Quotes*(Nashville: Thomas Nelson, 2011), 9.

24 Adelle M. Banks, "Offstage and On, Billy Graham's Ministry Was a Team Effort," Religion News Service, February 21, 2018, https://religionnews.com/2018/02/21/offstage-and-on-billy-grahams-ministry-was-a-team-effort/.

25 David W. Augsburger, *Caring Enough to Hear and Be Heard*(Harrisonburg, VA: Herald Press, 1982), 12.

26 James Brook, "The Art of Inquiry: Leadership Essentials(Part 1)," Helios, March 22, 2017, http://helios.work/the-art-of-inquiry-leadership-essentials-part-1/.

제4장_동기 부여하기: 목표를 찾도록 돕고 이를 이룰 수 있게 격려하라

1 대니얼 핑크, 《드라이브》, 김주환 옮김, 청림출판, 2011.

2 같은 책.

3 같은 책.

4 같은 책.

5 Forbes Coaches Council, "16 Essential Leadership Skills for the Workplace of To-morrow" (제3장 주15 참조).

6 Peggy Noonan, "To-Do List: A Sentence, Not 10 Paragraphs," *Wall Street Journal*, June 26, 2009, https://www.wsj.com/articles/SB124596573543456401.

7 Gary R. Kremer, ed., *George Washington Carver: In His Own Words* (Columbia, MO: University of Missouri, 1991), 1.

8 Joseph P. Cullen, "James' Towne," *American History Illustrated*, October 1972, 33-36.

9 대니얼 핑크, 《드라이브》, 김주환 옮김, 청림출판, 2011.

10 존 맥스웰, 《신뢰의 법칙》, ㈜웨슬리퀘스트 옮김, 21세기북스, 2006.

11 존 우든·스티브 제이미슨, 《존 우든의 부드러운 것보다 강한 것은 없다》, 최의창 옮김, 대한미디어, 2001.

12 J. Pincott, ed., *Excellence: How to Be the Best You Can Be by Those Who Know* (London: Marshall Cavendish Limited, 2007), 15.

13 Bill Watterson, *There's Treasure Everywhere* (Kansas City: Andrews McMeel, 1996), loc. 171 of 178, Kindle.

14 "What Are You Making," Sermon Illustrations, accessed February 1, 2019, http://sermonideas.net/view/What-are-you-making/?s=171.

15 Quoted in *WJR 3* (Washington Communications, 1981), 59.

16 Stephen Guise, "Habit Killers: Four Fundamental Mistakes That Destroy Habit Growth," *Develop Good Habits: A Better Life One Habit at a Time* (blog), updated March 27, 2019, https://www.developgoodhabits.com/habit-killers/.

17 John Ruskin, "When Love and Skill Work Together, Expect a Masterpiece," *Diabetes Educator* 18, no. 5 (1992): 370-71.

제5장_훈련시키기: 한 사람의 온전한 전문가로서 준비시키고 트레이닝하라

1 Morgan W. McCall, *High Flyers: Developing the Next Generation of Leaders* (Boston: Har-

vard Business Press, 1998), 185.

2 에베소서 4장 12절.

3 Steve Olenski, "8 Key Tactics for Developing Employees," *Forbes*, July 20, 2015, https://www.forbes.com/sites/steveolenski/2015/07/20/8-key-tactics-for-developing-employees/#4ec359f56373.

4 Michael McKinney, "If It's Important, Be There," *Leading Blog*, LeadershipNow. com, July 25, 2012, https://www.leadershipnow.com/leadingblog/2012/07/if_its_important_be_there.html.

5 Lorin Woolfe, *The Bible on Leadership: From Moses to Matthew — Management Lessons for Contemporary Leaders*(New York: AMACOM, 2002), 207.

6 James Donovan, "How a 70/20/10 Approach to Training Can Positively Impact Your Training Strategy," *Commscope Training*(blog), September 27, 2017, https://blog.commscopetraining.com/702010-learning-development-philosophy-fits-infrastructure-industry/.

7 Quoted in Ken Shelton, *Empowering Business Resources: Executive Excellence on Productivity*(n.p.: Scott, Foresman, 1990), 100.

8 Olenski, "8 Key Tactics for Developing Employees."

9 Deanna Allen, "Conference at Arena Expected to Draw 13,000 Church Leaders," *Gwinnett Daily Post*, September 29, 2013.

제6장_권한 위임하기: 자율성을 주어 자신의 가능성과 일의 즐거움을 깨닫게 하라

1 "Gallup Daily: U.S. Employee Engagement," Gallup, accessed March 18, 2019, https://news.gallup.com/poll/180404/gallup-daily-employee-engagement. aspx.

2 존 맥스웰, 《존 맥스웰 리더십 불변의 법칙》, 박영준 옮김, 비즈니스북스, 2023.

3 Bob Burg and John David Mann, *It's Not About You: A Little Story About What Matters Most in Business*(New York: Penguin, 2011), loc. 1596 of 1735, Kindle.

4 Quoted in C. William Pollard, *The Soul of the Firm*(Grand Rapids: Zondervan, 1996), 25.

5 알베르트 슈바이처, 《나의 어린 시절》, 권혁준 옮김, 정원출판사, 2006.

6 Quoted in Pollard, *The Soul of the Firm*, 111.

7 에드 캣멀·에이미 월러스, 《창의성을 지휘하라: 지속 가능한 창조와 혁신을 이끄는 힘》, 윤태경 옮김, 와이즈베리, 2014.

8 Ken Blanchard, *Leading at a Higher Level, Revised and Expanded Edition*(Upper Saddle River, NJ: Pearson, 2010), 64.

9 Quoted in Bertie Charles Forbes, *Forbes* 116, nos. 1–6 (1975).

10 조지 패튼, 《조지 패튼: 내가 아는 전쟁》, 우보형 옮김, 길찾기, 2017.

11 짐 콜린스, 《위대한 기업은 다 어디로 갔을까》, 김명철 옮김, 김영사, 2010.

12 Quoted in Dianna Daniels Booher, *Executive's Portfolio of Model Speeches for All Occasions*(London: Prentice-Hall, 1991), 34.

13 Quoted in Manchester Literary Club, *Papers of the Manchester Literary Club* 26(Manchester, UK: Sherratt & Hughes, 1899), 232.

14 Steve Adubato, "Great Facilitation Pays Big Dividends," *Stand and Deliver*(blog), accessed February 21, 2019, https://www.stand-deliver.com/columns/leadership/1328-great-facilitation-pays-big-dividends.html.

15 래드클리프 대학(Radcliffe College) 철학 2A 수강생을 대상으로 한 윌리엄 제임스(William James)의 강의(1896년 4월 6일). 다음에서 인용함. *The Oxford Dictionary of American Quotations,* Hugh Rawson과 Margaret Miner 선정, 2nd ed.(New York: Oxford, 2006), 324.

제7장_적재적소에 배치하기: 강점을 발휘할 수 있는 자리를 찾아주어 가치를 더 빛나게 하라

1 존 맥스웰, 《존 맥스웰 리더십 불변의 법칙》, 박영준 옮김, 비즈니스북스, 2023.

2 같은 책.

3 존 맥스웰, 《작은 혁신》, 서희연 옮김, 다산북스, 2009.

4 같은 책.

5 다음의 내용을 편집함. "The 8 Questions That Predict High-Performing Teams," *Marcus Buckingham*(blog), accessed March 25, 2019, https://www.marcusbuckingham.com/rwtb/data-fluency-series-case-study/8-questions/#iLightboxposti-

mages/0.

6 Paul Arnold, "Team Building from the Ashes," *Ignition Blog*, December 29, 2010, https://slooowdown.wordpress.com/2010/12/29/team-building-from-the-ashes/.

7 Quoted in Gregory A. Myers Jr., *Maximize the Leader in You: Leadership Principles That Will Help Your Ministry and Life*(Maitland, FL: Xulon, 2011), 98.

8 패트릭 렌시오니, 《탁월한 조직이 빠지기 쉬운 5가지 함정》, 이종민 옮김, 다산북스, 2007년.

9 Gayle D. Beebe, *The Shaping of an Effective Leader: Eight Formative Principles of Leadership*(Downers Grove, IL: IVP, 2011), loc. 1029 of 3277, Kindle.

10 Mark Sanborn (@Mark_Sanborn), Twitter, September 19, 2014, 8:28 a.m., https://twitter.com/mark_sanborn/status/512986518005514240.

11 Will Kenton, "Zero-Sum Game," Investopedia, May 8, 2019, https://www.investopedia.com/terms/z/zero-sumgame.asp.

12 러디어드 키플링(Rudyard Kipling)의 시에서 저자들이 인용함, 필 잭슨·휴 델레한티, 《필 잭슨의 일레븐 링즈》, 엄성수 옮김, 한스미디어, 2014.

13 존 맥스웰, 《작은 혁신》, 서희연 옮김, 다산북스, 2009.

14 Ana Loback, "Call on Me... to Strengthen Team Trust," Strengthscope, accessed March 22, 2019, https://www.strengthscope.com/call-on-me-to-strengthen-team-trust/.

15 David Sturt, "How 'Difference Makers' Think —the Single Greatest Secret to Personal and Business Success," *Forbes*, June 4, 2013, https://www.forbes.com/sites/groupthink/2013/06/04/how-difference-makers-think-the-single-greatest-secret-to-personal-and-business-success/#b41cd5ee4bda.

16 "World's Top 30 Coaching Professionals for 2019," Global Gurus, accessed May 31, 2019, https://globalgurus.org/coaching-gurus-30/.

제8장_멘토링하기: 최적의 피드백으로 최선의 역량을 이끌어내라

1 Ryan B. Patrick, "Usher: Underrated," *Exclaim!*, September 14, 2016, http://ex-

claim.ca/music/article/usher-underrated.

2 Gary Trust, "Chart Beat Thursday: Usher, will.i.am, B.o.B," *Billboard*, May 6, 2010, https://www.billboard.com/articles/columns/chart-beat/958333/chart-beat-thursday-usher-william-bob.

3 Usher Raymond IV, foreword to *Exponential Living: Stop Spending 100 of Your Time on 10 of Who You Are*, by Sheri Riley(New York: New American Library, 2017), xii.

4 John Wooden and Don Yaeger, *A Game Plan for Life: The Power of Mentoring*(New York: Bloomsbury, 2009), 4.

5 Dale Carnegie Bronner, *Pass the Baton!: The Miracle of Mentoring*(Austell, GA: Carnegie, 2006), loc. 128 of 1071, Kindle.

6 레기 캠벨, 《멘토 예수》, 천종수 옮김, 크리스천석세스, 2009.

7 워렌 베니스, 《워렌 베니스의 리더와 리더십》, 김원석 옮김, 황금부엉이, 2006.

8 Wooden and Yaeger, *A Game Plan for Life*, 6.

9 J. R. Miller, "October 28," in *Royal Helps for Loyal Living*, by Martha Wallace Richardson(New York: Thomas Whittaker, 1893), 308.

제9장_리더십 문화 조성하기: 인재 양성을 1순위로 두는 조직문화를 만들어라

1 존 맥스웰, 《리더십 불변의 법칙》, 박영준 옮김, 비즈니스북스, 2023.

2 존 맥스웰, 《작은 혁신》, 서희연 옮김, 다산북스, 2009.

3 디모데후서 2장 2절.

4 Mark Batterson, *Play the Man: Becoming the Man God Created You to Be*(Grand Rapids: Baker, 2017), loc. 817 of 2897, Kindle.

5 Mark Miller, *Leaders Made Here*, 121('서문' 주6 참조).

6 Arthur Gordon, *A Touch of Wonder: A Book to Help People Stay in Love with Life*(n.p.: Gordon Cottage Press, 2013), 6.

7 Lois J. Zachary and Lory A. Fischler, *Starting Strong: A Mentoring Fable*(San Francisco: Jossey-Bass, 2014), 149.

8 데니스 웨이틀리, 《성공의 다이내믹스》, 정해근 옮김, 프레스빌, 1995.

9 노엘 티시, 《리더십 엔진》, 이재규 옮김, 21세기북스, 2000.

10 Philip Nation, "Ministry Leaders: Do You Recruit People for the Task or Repro-duce Leaders for the Mission?" *Vision Room*, accessed April 10, 2019, https://www.visionroom.com/ministry-leaders-do-you-recruit-people-for-the-task-or-re-produce-leaders-for-the-mission/.

11 Sylvia Ann Hewlett, *Forget a Mentor, Find a Sponsor: The New Way to Fast-Track Your Career* (Boston: Harvard Business Review Press, 2013), 11-12.

12 John Wooden, *They Call Me Coach* (Waco, TX: Word, 1972), 184.

13 Caitlin OConnell, "Who Is Nelson Mandela? A Reader's Digest Exclusive Inter-view," *Reader's Digest*, accessed April 16, 2019, https://www.rd.com/true-stories/inspiring/who-is-nelson-mandela-a-readers-digest-exclusive-interview/.

14 Ann Landers, "Maturity Means Many Things, Including..." *Chicago Tribune*, July 17, 1999, https://www.chicagotribune.com/news/ct-xpm-1999-07-17-9907170129-story.html.

15 잠언 18장 16절.

16 Kevin Hall, *Aspire: Discovering Your Purpose Through the Power of Words* (New York: Wil-liam Morrow, 2009), xii.

17 누가복음 12장 48절.

18 Kremer, *George Washington Carver*, 1 (제4장 주7 참조).

19 데이비드 슈워츠, 《크게 생각할수록 크게 이룬다》, 서민수 옮김, 나라, 2022.

제10장_시너지 발휘하기 : 새로운 리더들과 함께 최강의 조직으로 거듭나라

1 James Clear, "The 1 Percent Rule: Why a Few People Get Most of the Rewards," James Clear (website), accessed April 18, 2019, https://jamesclear.com/the-1-per-cent-rule.

2 같은 자료.

3 Quoted Jazmine Boatman and Richard S. Wellins, *Time for a Leadership Revolution: Global Leadership Forecast 2011* (Pittsburgh: Development Dimensions International, 2011), 8, https://www.ddiworld.com/DDI/media/trend-research/globalleader-shipforecast2011_globalreport_ddi.pdf.

4 존 맥스웰, 《리더십 불변의 법칙》, 박영준 옮김, 비즈니스북스, 2023.

5 Michael McQueen, *Momentum: How to Build It, Keep It or Get It Back*(Melbourne: Wiley Australia, 2016), 7-9.

6 Dave Anderson, *Up Your Business! 7 Steps to Fix, Build, or Stretch Your Organization*, 2nd ed.(Hoboken, NJ: John Wiley and Sons, 2007), loc. 3284 of 4786, Kindle.

7 Anderson, loc. 3310.

8 Quoted in Michael D. Ames, *Pathways to Success: Today's Business Leaders Tell How to Excel in Work, Career, and Leadership Roles*(San Francisco: Berrett-Koehler, 1994), 175.

9 Quinn McDowell, "Does Your Leadership Produce Compound Interest?" Athletes in Action, accessed April 18, 2019, https://athletesinaction.org/work out/does-your-leadership-produce-compound-interest#XLiNiC_Mwjc.

THE LEADER'S
GREATEST RETURN